L'ANIMA DELLA PSICOSINTESI

I Sette Concetti Chiave

di Kenneth Sørensen | dedicato a Roberto Assagioli

"La Psicosintesi di Assagioli si diffonde in spazi lontani e vasti. È ambiziosa nell'obiettivo e nella materia di cui tratta. Per questo motivo potrebbe essere a volte difficile capirne l'essenza – con il rischio di perdersi nei dettagli. Kenneth Sørensen fa l'ottimo lavoro di sintetizzare in un libro breve e ben studiato gli aspetti essenziali della psicosintesi, offrendo una panoramica che consentirà al lettore di coglierne i temi principali nella teoria e nella pratica, così come il suo sviluppo storico".

Piero Ferrucci, scrittore internazionale di bestseller, psicoterapeuta e filosofo.

Questo nuovo libro di Kenneth Sørensen risulta particolarmente prezioso e riuscito, perché l'autore non si limita qui a una semplice descrizione o narrazione della Psicosintesi, ma ne offre un'interessantissima, profonda e ben suffragata interpretazione critica, alla luce innanzitutto della sua personale esperienza, ma poi anche di tutto il variegato contesto filosofico e culturale a cui Assagioli ha attinto e si è collegato. L'originalità dell'opera deriva dal fatto che Sørensen si "espone" in prima persona, con una sua lettura a mio avviso decisamente interessante e innovativa, rifacendosi però nel contempo con assidua scrupolosità e correttezza al pensiero autentico di Assagioli, che viene citato con notevole ampiezza.

Aggiungendo a questo i vari collegamenti che Sørensen fa fra la Psicosintesi e le attuali correnti della psicologia transpersonale, si può dire che questo suo libro non solo viene a colmare una lacuna finora esistente nella letteratura psicosintetica, ma le fa anche fare un bel passo in avanti.

Vittorio Viglienghi
Maggio 2020

Durante la sua lunga vita Roberto Assagioli (1888-1974), il fondatore della Psicosintesi, ha coltivato molti e diversificati interessi, taluni anche tra loro apparentemente in contrasto, soprattutto per la sensibilità dell'epoca. Penso, ad esempio, alla psicoanalisi e alle filosofie orientali, alla psicologia umanistica-esistenziale e alle tecniche attive di derivazione comportamentista, alla psichiatria e alla meditazione, alla medicina psicosomatica e all'astrologia. Ha così lasciato ai continuatori della sua opera un'eredità vasta e ricchissima, non sempre facile da ricomporre in una sintesi armonica.

Uno dei metodi che Assagioli proponeva per risolvere queste contraddizioni era il primato dei "fatti" psichici, della dimensione esperienziale, esistenziale su quella intellettuale, teorica e filosofica. Egli infatti non si stancava di ribadire la Psicosintesi è scientifica e neutrale, empirica ed esistenziale; che "la descrizione dei risultati non è una teoria, bensì le risultanze di esperienze soggettive."

Kenneth Soerensen si propone di seguire e sviluppare questa linea di lavoro. Ne è dimostrazione il fatto che l'intento dichiarato di questo bel libro è quello di mostrare soprattutto "come l'applicazione pratica della Psicosintesi possa aiutare a creare maggiore armonia, amicizia e buona volontà nel mondo."

Per svolgere questo intento, l'Autore identifica anzitutto il nucleo centrale ed originale, l'essenza o Anima della Psicosintesi (da cui il titolo dell'opera) indicato da Assagioli stesso in un documento del 1974, redatto pochi mesi prima di morire. Tale nucleo centrale è formato dalle sette esperienze fondamentali che costituiscono la condizione sine qua non del training psicosintetico. Esse sono:

la disidentificazione (libertà),
l'Io o sé personale (presenza),
la volontà (potere),
il modello ideale (focalizzazione),
la sintesi (flusso),
il supercosciente (abbondanza)
il Sé transpersonale (amore).

In seguito Kenneth struttura brillantemente e sviluppa in modo originale l'esposizione dei contenuti attorno a tale nucleo centrale. Ho trovato particolarmente interessante che ognuna di queste esperienze venisse illustrata anche con esempi pratici tratti da un caso clinico.

Dopo quasi 25 anni di studio e applicazione della Psicosintesi, non posso che essere pienamente d'accordo con l'Autore quando afferma che è difficile trovare una pratica che si riveli più utile e che abbia migliori potenzialità del nostro modello nel rispondere alle crisi che interrogano gli individui e i gruppi, particolarmente in questo periodo storico di intense transizioni.

Consiglio molto volentieri la lettura di questo libro.

Petra Guggisberg Nocelli, psicoterapeuta ASP, psicosintetista SIPT, formatrice e autrice de

"La Via della Psicosintesi" e "Conosci, possiedi, trasforma te stesso"

"Concordiamo tutti sul fatto che il nostro mondo sta entrando in una nuova epoca: insieme alla rottura di forme di vita precedenti, non più adatte a garantire ad alcun essere umano una vita gioiosa e creativa, possiamo riconoscere scorci di modelli nuovi e più adeguati. Kenneth presenta in questo libro i sette pilastri della psicosintesi, così da collocarlo all'avanguardia tra gli strumenti utili a una radicale ricostruzione della vita sul Pianeta. Il modo in cui lo fa, profondo e chiaro allo stesso tempo, è un contributo non solo a una visione psicologica, ma anche alla ricostruzione della vita sul nostro Pianeta. Grazie Kenneth!".

Marina Bernardi (Presidente della Comunità di Etica Vivente, Italia e Co-fondatrice dell'Iniziativa per il Lavoro di Gruppo).

"La Psicosintesi è come un albero che continua a produrre e a far crescere nuove foglie e frutti ogni anno che passa. Lo stato di salute di qualsiasi albero dipende dalla qualità e dalla profondità delle sue radici; Kenneth Sørensen ci offre un'ottima fonte di nutrimento per stimolare e rivitalizzare le radici della Psicosintesi costituite dai sette concetti chiave di Assagioli. Apprezzo la chiara e avvincente presentazione de *L'Anima della Psicosintesi*; questo libro rassicura e conferma che lo spirito della nuova psicologia è veramente vivo e vibrante".

Michael Lindfield (Co-fondatore dell'Iniziativa per il Lavoro di Gruppo e Presidente di Meditation Mount, Ojai, California).

Copyright: Kentaur Forlag 2020
Autore: Kenneth Sørensen
Traduzione di: Francesco Viglienghi
Stampato presso: IngramSpark
Impaginazione: www.haugereitz.dk
Foto di Copertina: Joshua Sortino - unsplash
Kentaur Forlag: www.kennethsorensen.dk
1a. Edizione
EAN 9788792252203
ISBN: 978-87-92252-20-3

Questo libro è dedicato a Roberto Assagioli

INDICE

INTRODUZIONE

Sin da quando ho completato il mio master in psicosintesi (Sørensen, 2008), ho alimentato l'intenzione di scrivere un libro sul sistema di sviluppo psicologico e spirituale di Roberto Assagioli: infatti un certo numero di questioni, che non potevo esaminare in quel momento, era rimasto senza risposta. Poco prima della sua morte Assagioli (1888-1974) definì sette concetti chiave che rappresentavano l'essenza della psicosintesi, ma nelle mie letture non riuscivo a trovare nulla che elaborasse tali concetti: sembrava che negli scritti di psicosintesi che esploravano il nucleo dell'insegnamento di Assagioli[1] vi fosse una lacuna.

Volevo scrivere un libro sull'*Anima* della Psicosintesi, incentrato sulla visione e sulle ricerche di Assagioli e che, nello stesso tempo, presentasse anche le mie intuizioni, basate su anni di esperienza di lavoro nell'ambito dello sviluppo personale e spirituale. Mi sembrava chiaro che i sette concetti chiave di Assagioli potessero essere collegati a sette modelli di sviluppo: Libertà, Presenza, Potenza, Concentrazione, Flusso, Abbondanza e Amore. Essi costituiscono l'oggetto e l'obiettivo principale di questo libro.

Il compito appariva impegnativo. La psicologia di Assagioli è amplissima, inclusiva e contiene numerose prospettive filosofiche e psicologiche: ci si può facilmente perdere in pensieri cosmici riguardanti la creazione e il nostro posto in essa. Con la metafisica di Assagioli ho anche incontrato un problema. La Psicosintesi soddisfa tutti i criteri che caratterizzano il *modello integrale* del pensatore americano Ken Wilber, che così lo definisce in relazione alle sue idee sulla spiritualità integrale. La Psicosintesi, quindi, potrebbe anche collocarsi nel quadro di una particolare tradizione filosofica, qualcosa che non avevo potuto affrontare nel mio MA.

Quando leggiamo la letteratura sulla psicosintesi uscita dopo la morte di Assagioli, la troviamo spesso paragonata a una grande varietà di scuole metafisiche e filosofiche: per esempio lo yoga, il misticismo ebraico, lo gnosticismo, il neo-platonismo, la teosofia e altre tradizioni esoteriche. La cosa è comprensibile. Assagioli era un pensatore integrale, che nella sua vita ha abbracciato ed esplorato molte filosofie diverse, il che rende difficile definire l'essenza della Psicosintesi. Se lo scopo di questo libro è di essere chiaro, la questione della metafisica della Psicosintesi va affrontata.

---

1   John Firman, scomparso nel 2008, è stato uno dei più creativi pensatori della Psicosintesi dai tempi di Assagioli. Ha discusso in profondità i sette concetti chiave, ma è molto critico nei confronti di parecchie idee di Assagioli e suggerisce alcuni cambiamenti fondamentali alle teorie di Assagioli sulla personalità e lo sviluppo. Vedi Firman 1991, 2004 e Sørensen, 2008. Anche il libro di Petra Guggisberg Nocelli *La Via della Psicosintesi* dedica la parte IV ai sette concetti chiave. Venni a conoscenza di questo libro nel 2017, quando fu pubblicato in inglese e dopo la pubblicazione di questo mio lavoro nel 2015.

Nell'introduzione al suo libro *Principi e Metodi della Psicosintesi terapeutica* Assagioli scrive:

> La Psicosintesi non mira né tenta di dare una
> spiegazione metafisica o teologica del grande
> Mistero: conduce alla sua porta, ma lì si arresta
> (Assagioli, 1975, pp. 6-7)

Nello stesso testo scrive che la Psicosintesi è "neutrale rispetto alle varie forme religiose", perché ha un approccio di tipo scientifico, il che è certamente discutibile. Leggendo i libri e gli articoli di Assagioli, appare chiaro che il suo lavoro è intriso di considerazioni metafisiche. Spalanca le porte alle idee di sintesi cosmica, emanazione, involuzione ed evoluzione, Atman, Brahman, Sé universale, ecc.

Dal punto di vista spirituale, la visione di Assagioli è chiaramente teistica: Dio, Brahman, il Sé universale sono per lui una realtà. Questi concetti non sono neutrali e sarebbe difficile integrare, diciamo, una visione buddista classica all'interno di questa struttura filosofica. Assagioli era naturalmente portato a esplorare il grande mistero e a più riprese ha chiarito che la sua psicologia si basa sulla sua esperienza fenomenologica.

Credo che la migliore descrizione della metafisica di Assagioli sia il *panenteismo evolutivo*. Questo è un concetto che Wilber e il co-fondatore dell'Istituto Esalen, Michael Murphy, utilizzano per definire la loro filosofia. Nel suo articolo sul panenteismo evolutivo Murphy mostra come alcuni dei più grandi intellettuali della storia siano arrivati a questo concetto: hanno usato nomi diversi, ma presentano tutti sufficienti caratteristiche comuni per poterli collegare (Murphy, 2012).

Evolutivo significa che Dio (Brahman, lo Spirito, l'Uno) permea *e* trascende l'universo. La presenza di Dio nella creazione è sia trascendente *sia* immanente: Dio è in ogni cosa, ma è più grande dell'universo creato. È attraverso l'evoluzione - e quindi l'umanità - che si sviluppa il potenziale intrinseco di Dio. Secondo questa teoria l'Anima umana e tutti gli altri esseri "emanano" da Dio o "Pleroma"" (psicologicamente il Sé umano); la parola emanazione deriva dal latino "emanare" che significa "fluire da", in questo caso dall'abbondanza di Dio. Tutte le creature sono emanate dalla stessa Sorgente divina e hanno viaggiato attraverso i vari livelli di coscienza nel mondo fisico. In questo contesto l'essere umano "dimentica" le sue origini. Il desiderio inconscio/consapevole di questa unità originale crea in lui il desiderio di tornare alla Sorgente, e questo impulso guida l'evoluzione. Lo scopo del nostro essere è di risvegliarci al potenziale divino, che siamo qui per dispiegare e manifestare.

Per la pubblicazione di questo libro ho compilato una serie di citazioni dai libri e dagli articoli di Assagioli per i lettori che vogliano verificare l'origine dei miei pensieri: da tali scritti si evince chiaramente che Assagioli ha basato la Psicosintesi sul panenteismo evolutivo (Sørensen, 2016). In questo libro includerò citazioni di Assagioli che dimostrano la sua convinzione che l'essenza trascendente di Dio sia anche una presenza immanente nella creazione e che l'universo sia creato e mantenuto attraverso l'involuzione e l'evoluzione. Il Sé transpersonale o Anima ha un ruolo integrale in questa danza cosmica.

Ne consegue quindi una domanda: si deve "credere" nel panenteismo per praticare la psicosintesi? Non secondo Assagioli, né secondo lo spirito della psicosintesi. Infatti egli scrive:

"La Psicosintesi è una concezione scientifica e, come tale, è neutrale nei confronti delle varie forme religiose e delle varie dottrine filosofiche, a eccezione solo di quelle materialistiche che quindi negano l'esistenza di realtà spirituali" (1975, p. 6).

Anche se Assagioli lascia trasparire le proprie concezioni metafisiche, ciò non significa che gli studiosi di Psicosintesi non possano coltivare le loro idee al riguardo. Personalmente sono interessato soprattutto a come l'applicazione pratica della psicosintesi possa aiutare a creare maggiore armonia, amicizia e buona volontà nel mondo: devo ancora trovare un modo migliore della psicosintesi per comunicare una psicologia spirituale pratica. Con la psicosintesi ho formato manager, ingegneri e professionisti e trovo che il potere esplicativo del "diagramma dell'Ovoide" di Assagioli, pur nella sua semplicità, sia unico. La sua utilità in psicoterapia è, credo, senza rivali, ed è particolarmente efficace quando si lavora con le crisi.

La semplicità è la via d'accesso a grandi idee. Dalla complessità può essere distillata una semplice essenza dal grande potere esplicativo. Spero che nel corso dei capitoli seguenti questa semplicità possa rivelarsi.

Volevo scrivere un libro fedele alle idee originali di Assagioli e utile alla formazione in psicoterapia psicosintetica. Quando sono diventato Direttore della Formazione e dell'Educazione presso l'Istituto norvegese di Psicosintesi, abbiamo deciso di imperniare la formazione attorno ai sette concetti chiave di Assagioli; da qui è scaturita l'urgente necessità di questo libro.

Intraprendo questo compito con grande umiltà e quindi non pretendo di fornire "la verità sulla psicosintesi". Assagioli ha affermato di aver dato vita solo a degli inizi e di non voler stabilire dogmi. La Psicosintesi si evolve e continuerà a evolversi; tuttavia si basa su alcuni presupposti e questi sono il mio punto di partenza. Il libro presente è un tentativo, in buona fede, di arrivare al nocciolo della straordinaria psicologia sviluppata da Assagioli oltre un secolo fa. Sono in debito con i molti psicosintetisti che mi hanno preceduto, come Piero Ferrucci, Diana Whitmore e John Firman, per citare alcuni nomi fondamentali per lo sviluppo della Psicosintesi. Oltre a ciò che costoro e altri hanno dato, offro anche le mie intuizioni, basate su una vasta pratica spirituale e sulla mia esperienza come psicoterapeuta psicosintetico.

Assagioli fu un entusiasta sostenitore della Psicoanalisi, ma già nel 1910 aveva criticato alcune teorie di Freud nella sua tesi di dottorato in Psicoanalisi.

Presentò le sue idee in varie riviste e nel 1934 pubblicò una panoramica della psicosintesi. Assagioli era decenni avanti rispetto alle psicologie umanistica e transpersonale, che apparvero per la prima volta negli anni '50 e '60. Contribuì quindi a tre rivoluzioni in ambito psicologico: la psicoanalitica, l'umanistica e la transpersonale.

Egli consegna un'eredità formidabile a chi viene ispirato dal suo lavoro. Spero che il mio contributo possa gettare ulteriore luce sulla sua eredità e indicare la strada verso nuove possibilità evolutive.

Desidero infine ringraziare il mio traduttore, Francesco Viglienghi, per il suo valido lavoro.

Kenneth Sørensen, Copenhagen, 2016

CAPITOLO I

L'ANIMA DELLA PSICOSINTESI
I Sette Concetti Chiave

"Sebbene la Psicosintesi possa essere considerata
come una sintesi
di varie terapie e metodi di educazione,
è bene tener presente che il nucleo centrale che ne
forma l'essenza è originale"

(Assagioli, 1974b, p. 31)

Ho scelto per questo libro il titolo *L'Anima della Psicosintesi* perché la Psicosintesi è conosciuta come "una psicologia con un'Anima". Il significato etimologico di "psicologia" è "studio dell'Anima" ma, mentre la psicologia tradizionale in gran parte nega l'esistenza di un'Anima come nucleo spirituale, la Psicosintesi pone invece l'Anima al suo centro. Ho scelto tale titolo anche perché il mio obiettivo è identificare quale sia il nucleo, l'essenza o l'Anima nella Psicosintesi.

La Psicosintesi presenta una visione così ampia e inclusiva dell'umanità e del nostro cammino spirituale che possiamo facilmente perdere di vista le sue idee centrali. In *Principi e Metodi della Psicosintesi terapeutica*, il suo primo libro, Assagioli utilizza una vasta gamma di idee e tecniche psicoterapiche provenienti da molte fonti diverse: questo può facilmente confondere il lettore e dare l'impressione che sotto l'ombrello della psicosintesi possa essere incluso più o meno tutto.

Intervistando Assagioli, poco prima della sua morte nel 1974, Sam Keen, redattore di Psychology Today, gli chiese: "Quali sono i limiti della Psicosintesi?". E Assagioli rispose: "Il limite della Psicosintesi è che non ha limiti. È troppo estesa, troppo inclusiva. La sua debolezza è che accetta troppo, vede troppi aspetti contemporaneamente e quello è uno svantaggio" (1987).

Questa è un'ammissione positiva ed è vera proprio perché la psicosintesi è così integrativa. È un tentativo di fondere la profonda saggezza del Sé proveniente dall'oriente con la moderna psicologia occidentale e la sua visione dell'inconscio.

LE IDEE FONDAMENTALI DELLA PSICOSINTESI

Alla base degli scritti di Assagioli vi sono alcune idee fondamentali che collegano tutte le varie parti. Tali idee sono: la sintesi; l'evoluzione della coscienza; la psicologia energetica; la manifestazione dello spirito. Questi temi si possono trovare anche nel panenteismo evolutivo, la filosofia metafisica sulla quale Assagioli sembra aver posto le basi del suo lavoro (Sørensen, 2015).

Per comprendere questi temi dobbiamo guardare al quadro generale. In questo modo, le molte tecniche ed elementi teorici possono essere visti come parti di un processo generale.

Questa prospettiva è descritta da Assagioli in *Principi e Metodi della Psicosintesi terapeutica*:

"Da un punto di vista ancora più ampio e comprensivo, la vita universale stessa si rivela come una lotta fra la molteplicità e l'unità, come un travaglio e un'aspirazione verso l'unione. Ci sembra di intuire che lo Spirito - sia che venga concepito quale un Essere divino o come una Mente o un'Energia cosmica – operando nella Sua creazione, vada componendola in ordine, bellezza, armonia; che vada riunendo fra loro e con Sé tutti gli esseri, alcuni consapevoli e volenterosi, i più ancor ciechi e ribelli, con vincoli di amore; che stia silenziosamente e potentemente attuando *la Suprema Sintesi*" (1973, p. 37).

La *sintesi* è quindi una legge della natura. È lo scopo della vita, un processo di sviluppo che governa tutti gli esseri viventi. La sua intenzione è quella di unire tutti gli esseri alla loro fonte divina tramite l'energia dell'amore e della volontà (1977, capitoli 8-10). Assagioli mette in relazione questa legge con il principio scientifico di "sintropia", riferendosi al matematico Luigi Fantappiè, nonché a Buckminster Fuller e Teilhard de Chardin (1977, pp. 31-32).

L'evoluzione della coscienza. Assagioli presuppone l'esistenza di un'intelligenza divina creativa che guida lo sviluppo della vita e che si esprime in noi come desiderio di un amore più grande e totalizzante. Questo potere interiore dirige la nostra evoluzione attraverso alcune fasi universali di sviluppo: coscienza del corpo, della psiche, dell'Anima fino a quella spirituale. È l'evoluzione della coscienza dall'amore ego-centrico a quello cosmo-centrico. Queste fasi sono descritte nel capitolo III, nella consapevolezza che l'evoluzione non riguarda solo l'umanità, ma tutta la creazione. Per Assagioli il nostro sviluppo si muove attraverso "vari livelli di realtà" o "campi energetici", da quello fisico a quello psicologico, e poi a quello spirituale e trascendentale, per cui questi campi energetici sono un "aspetto essenziale della psicosintesi" (non datato 2).

Assagioli afferma: "il grande processo involutivo è culminato nel regno minerale, per quanto ne sappiamo, e quindi è iniziato il movimento inverso, detto anche processo evolutivo. In modo leggermente ottimista possiamo dire che siamo a metà strada. Abbiamo attraversato minerali, piante, animali e in parte il regno umano. In tal modo dobbiamo continuare questo lavoro evolutivo verso l' 'Uno', che però è ancora lontano" (non datato 2).

Assagioli fa riferimento all'evoluzione della coscienza in diversi punti (1973, p. 176, 1977, pp. 31-32, 77-78, 110-112, 124)[1], descrivendola in termini sia individuali sia sociali. "La vita psicologica di una nazione corrisponde in larga misura a ciò che è *inconscio* negli individui. Le moderne indagini sulle attività psicologiche inconsce hanno accertato che queste sono principalmente istintive, emotive e immaginative ... La parte cosciente di un individuo corrisponde, in un popolo, a una minoranza costituita dai suoi pensatori (filosofi, storici, psicologi, sociologi e altri scienziati), che si sforzano di sviluppare l'autocoscienza della nazione, per interpretarne il passato, per valutare le sue condizioni attuali e per indicarne il futuro ... A volte succede anche che questi grandi individui si ispirano non solo al loro stesso Sé, ma anche all'Anima della loro nazione, che li usa come strumenti e rappresentanti, al fine di rivelarsi e raggiungere il suo scopo di gruppo" (1965b). Come abbiamo già evidenziato, sotto questo profilo la sua psicologia è strettamente correlata a quella di Ken Wilber e alla ricerca contemporanea alla quale lo stesso Wilber attinge[2].

La Psicosintesi, quindi, è una psicologia che cerca deliberatamente di cooperare con l'evoluzione. L'umanità è la prima specie su questo pianeta a essere diventata consapevole del processo evolutivo. La Psicosintesi persegue questa cooperazione tramite il suo approccio psicologico all'armonia e all'unità. La sintesi è un processo graduale che inizia nel nostro mondo interiore, prima inconsciamente e poi consciamente, quando intraprendiamo la nostra psicosintesi personale e transpersonale. Il suo obiettivo è l'armonizzazione e la riconciliazione dei conflitti e delle divisioni che sperimentiamo in noi stessi, con gli altri e con il pianeta nel suo insieme.

Psicologia Energetica. La Psicosintesi è una psicologia energetica. Assagioli vede la necessità di "una scienza del Sé, delle sue energie, delle sue manifestazioni, di

---

1 Ci sono molti riferimenti all'evoluzione nella raccolta di citazioni *"Psicosintesi e Panenteismo evolutivo*; vd. : https://kennethsorensen.dk/en/psychosynthesis-and-evolutionary-panentheism/

2 Vd. la tesi di laurea specialistica dell'Autore: *Psicosintesi integrale, un confronto tra Ken Wilber e Roberto Assagioli*, https://kennethsorensen.dk/en/integral-psychosynthesis-a-comparison-of-wilber-and-assagioli/

come queste energie possono essere liberate, come possono essere contattate, come possono essere utilizzate per un lavoro costruttivo e terapeutico" (1975, p. 194). Riconosce che prove empiriche "di un certo peso" a sostegno di una tale "scienza" sono ancora insufficienti, ma la ricerca contemporanea sulla coscienza e i suoi effetti sul cervello, connessi allo studio scientifico della "mindfulness" – di cui Assagioli non era a conoscenza – fornisce chiare indicazioni di una connessione mente-corpo.

Con la psicosintesi otteniamo un ampio accesso fenomenologico al mondo delle energie. Possiamo sperimentare questi mondi direttamente grazie all'introspezione e, tramite le tecniche della psicosintesi, imparare come dirigere le nostre forze fisiche, psicologiche e spirituali. Il lavoro con e dentro le energie è un prerequisito del lavoro di psicosintesi.

La manifestazione dello spirito. Da ultimo voglio evidenziare che la psicosintesi non riguarda necessariamente una "esperienza mistica". Il suo scopo non è ritirarsi dal mondo, "trascenderlo" e raggiungere qualche altro "mondo divino". Per Assagioli psicosintesi vuol dire essere pienamente *in questo* mondo. Si tratta di utilizzare tutte le risorse creative che abbiamo a nostra disposizione e in tal modo contribuire all'evoluzione della vita (1975, p. 207). Per Assagioli la sintesi è un'unione che include il corpo, perché è attraverso di esso che le energie spirituali possono manifestarsi nel mondo. La sua grande visione è la manifestazione dello spirito sulla terra; una visione che condivide con molti evoluzionisti contemporanei, in particolare con lo yoga integrale del mistico orientale Sri Aurobindo.

LE "ULTIME VOLONTÀ" DI ASSAGIOLI

Da questa panoramica generale sulla psicosintesi passiamo a un resoconto più dettagliato delle sue qualità uniche, in particolare quelle rilevanti per la formazione e l'educazione. Iniziamo con un importante documento che Assagioli scrisse poco prima della sua morte.

Nella sua comunicazione agli Istituti di Psicosintesi in tutto il mondo (vedi Appendice) Assagioli ha affermato che la psicosintesi ha "una sua essenza originale e centrale". Infatti, pochi mesi prima della sua morte, dettò un documento che delineava gli elementi essenziali per l'allenamento in psicosintesi; secondo John Firman e Ann Gila (2007), alcuni lo considerano come le sue "ultime volontà".

Assagioli ha sostenuto che la psicosintesi è un approccio esperienziale ai "fatti", sui quali essa si fonda: chiunque può sperimentare questi fatti nel laboratorio della coscienza e intraprendere tali esperimenti è essenziale per la comprensione della psicosintesi. In proposito scrive:

"Sebbene la Psicosintesi possa essere considerata come una sintesi di varie terapie e metodi di educazione, è bene tener presente che il nucleo centrale che ne forma l'essenza è originale. Questo è importante per non presentarne una visione distorta e diluita, e neppure una che sia eccessivamente colorita dai concetti e tendenze delle varie scuole contemporanee. Alcuni fattori fondamentali e la loro elaborazione concettuale sono irrefutabili e le esperienze in profondità ne formano il nucleo centrale e costituiscono la condizione "sine qua non" dell'allenamento psicosintetico.

Queste esperienze sono:

1. la disidentificazione
2. l'io personale
3. la volontà: buona, forte, abile
4. il modello ideale
5. la sintesi (nei suoi vari aspetti)
6. il supercosciente
7. il Sé transpersonale (nella maggior parte dei casi non è possibile averne un'esperienza completa, ma è bene avere una certa conoscenza teorica delle sue caratteristiche e l'esperienza della sua guida).[3]

Sono questi i sette "fatti" e le fondamentali caratteristiche che devono far parte dell'allenamento in psicosintesi e del suo programma di studi. Questi concetti chiave sono ciò che possiamo chiamare "l'Anima della Psicosintesi".

Secondo quanto Assagioli sostiene, qualsiasi pratica e formazione autentica deve comportare un'esperienza diretta di queste aree. Ciò non significa che la psicosintesi non possa ulteriormente svilupparsi o che non lo farà; naturalmente deve farlo e si svilupperà, altrimenti non si tratterebbe di psicosintesi. Tuttavia i sette concetti chiave ne costituiscono la pietra angolare, rappresentando il fondamento e il punto di partenza della formazione.

Nello stesso documento Assagioli definisce cinque campi principali di applicazione:

"terapeutico (psicoterapia: rapporto tra medico e paziente); integrazione personale e attualizzazione (realizzazione delle proprie potenzialità); educativo (psicosintesi a opera dei genitori e degli educatori nelle scuole di ogni tipo e grado);

---

3   Vedi l'Appendice

interpersonale (matrimonio, coppia); sociale (retti rapporti sociali in seno ai gruppi e tra i gruppi)".

Quanto sopra deve essere basato sulla psicosintesi personale, vale a dire l'esperienza fatta in prima persona di integrare i sette concetti chiave nella propria vita. La psicosintesi è orientata verso l'esperienza, è un approccio pratico allo sviluppo personale e spirituale e può essere compreso e comunicato solo attraverso le proprie esperienze. Ciò che viene fuori dalla pratica di questi concetti fondamentali è interessante. Quali sono, per esempio, i benefici diretti della pratica della disidentificazione e dello sviluppo dell'io e della volontà, ecc.?

Credo che ogni concetto fondamentale riveli un percorso - o via - di sviluppo verso sette diverse dimensioni di coscienza: libertà, presenza, potere, concentrazione, flusso, abbondanza e amore. Lo scopo di questo libro è mostrare come ciò si realizza.

I SETTE CONCETTI CHIAVE DELLA PSICOSINTESI

Descriverò ora brevemente come ho compreso i sette concetti chiave di Assagioli, basandomi sulle sue citazioni e sulle mie esperienze e riflessioni personali. I capitoli seguenti forniranno esempi di come possiamo lavorare con questi concetti nel contesto del processo di psicosintesi personale e transpersonale, nonché terapeutico.

Disidentificazione, la via verso la Libertà

La madre di tutte le tecniche di psicosintesi è la disidentificazione, che viene acquisita grazie all'esercizio di auto-identificazione. Assagioli consiglia di usare questo esercizio "il più presto possibile" perché fornisce al professionista le abilità necessarie per passare alle altre tecniche psicoterapeutiche (1975, p. 119).

Lo scopo dell'esercizio di disidentificazione è quello di scoprire l'io. Assagioli definisce la nostra identità, il sé o l'"io" cosciente, come "un punto di pura autocoscienza" (1973, p. 24). Il nostro senso di identità è spesso condizionato dai nostri ruoli sociali (parentale, professionale, di genere) o da pensieri, sentimenti e sensazioni diversi; di conseguenza non riconosciamo chi siamo veramente. Assagioli sottolinea che la nostra vera identità non si trova in nessuno di questi ruoli; è l'osservatore che è *consapevole dei contenuti della coscienza* e che è cosciente di vivere ed esprimersi attraverso questi ruoli.

I nostri ruoli e i contenuti della coscienza cambiano costantemente, mentre la coscienza stessa e l'"osservatore" sono entrambi un centro permanente e immutabile.

Per sperimentare questo centro permanente e immutabile di coscienza, dobbiamo disidentificarci dai nostri ruoli e dai contenuti transitori della coscienza. Dobbiamo "fare un passo indietro" con la mente e sperimentare pensieri, sentimenti e sensazioni come oggetti che possono essere osservati. Ciò è arduo: è infatti difficile abbandonare le nostre identificazioni inconsce e semi-coscienti, e oltretutto questo non è che il primo passo.

Fondamentalmente, vogliamo identificarci con la coscienza stessa, con il soggetto e con l'osservatore, senza più perderci nei suoi vari contenuti.

Perché ciò è tanto importante? Perché, come afferma Assagioli: "Noi siamo dominati da tutto ciò con cui il nostro io si identifica. Noi possiamo dominare, dirigere e utilizzare tutto quello da cui ci disidentifichiamo" (1973, p. 28). In altre parole si tratta di diventare abbastanza *liberi* da padroneggiare tutto ciò che conteniamo.

Assagioli fu ispirato dalla pratica orientale della *Vipassana* (Keen, 1974). Nella Vipassana e nell'Advaita Vedanta ci disidentifichiamo dagli oggetti della coscienza per raggiungere un'esperienza diretta del sé come pura coscienza. La psicosintesi, quindi, può essere vista come una pratica psico-spirituale radicale, simile ad alcune pratiche yogiche, e dispone di tecniche per raggiungere questo livello di coscienza (1973, p. 25).

Risvegliarsi e riconoscersi come pura consapevolezza di sé è un processo e un viaggio. Sebbene l'io/soggetto sia sempre potenzialmente presente, di solito è nascosto dietro strati di identificazione con pensieri, sentimenti e sensazioni corporee. Si deve riconoscere questi livelli e distaccarcene, prima che la nostra identità possa emergere come pura autocoscienza.

Per raggiungere questo livello, Assagioli sviluppò l'esercizio di auto-identificazione (1973, pp. 108-110). Disidentificarsi dal corpo, dalle emozioni e dai pensieri ci consente poi di identificarci con la coscienza stessa: osservando il corpo, i sentimenti e i pensieri, riconosciamo che noi non siamo questi, ma siamo "l'osservatore", riconoscimento che porta a una maggiore libertà. Invece di seguire meccanicamente determinati ruoli, diventiamo esseri in grado di scegliere qualunque cosa con la quale desideriamo identificarci: è un modo di risvegliarci alla pura autocoscienza. È una tecnica per raggiungere la libertà perché l'io è aperto e senza contenuti. Nel processo di autoidentificazione ci addentreremo più avanti e in modo più dettagliato.

La disidentificazione è un prerequisito per l'identificazione con l'io come pura autocoscienza, il che ci guida al secondo concetto chiave di Assagioli: l'io.

L'io, il cammino verso la Presenza

Assagioli descrive l'io in diversi modi: parla del sé personale, dell' "io" cosciente e persino dell'ego (1973, p. 24, 49, 170). L'uso che fa Assagioli della parola ego è qualcosa di molto diverso da quanto fanno altre discipline psicologiche e questo può ingenerare confusione. Qui mi riferirò al sé personale come all'io o all'osservatore, ricordando che l'io, come definito da Assagioli, significa sempre "un centro di pura autocoscienza e di volontà" (1977, p. 159). Questo 'io' non è un pensiero, un sentimento o una sensazione, ma una coscienza dinamica che può osservare i propri contenuti e imparare a padroneggiarli.

Della volontà ci occuperemo nella sezione successiva. Concentriamoci qui sull'io come pura autocoscienza e vediamo perché, rispetto ad altre psicologie occidentali, l'approccio psicosintetico è unico. Sperimentare l'io come pura autocoscienza di solito non avviene spontaneamente: richiede introspezione e capacità di disidentificarsi dal "flusso della coscienza". Il più delle volte ci identifichiamo con tutto ciò che ci passa per la mente e quindi ignoriamo completamente la coscienza stessa. Questo è un punto che spesso Assagioli specifica (1975, p. 112). Ma perché la pura autocoscienza è così importante?

L'obiettivo della disidentificazione è trovare un centro attorno al quale possiamo integrare le risorse da cui la personalità può attingere; la psicosintesi è precisamente il processo attraverso il quale riconosciamo, sviluppiamo e dispieghiamo tutte le nostre risorse psicologiche. Tale centro è l'io. È tramite la presenza dell'io che apriamo gli occhi come osservatori/presenza, cioè come consapevolezza focalizzata di noi stessi: grazie a questa facoltà possiamo ottenere una vita armoniosa e liberata.

L'identificazione con l'osservatore ci dà un punto di vista vantaggioso dal quale possiamo riconoscere tutto ciò che la nostra coscienza contiene: abbiamo trovato la fonte di luce che illumina e chiarisce. Per essere veramente liberi, dobbiamo essere in grado di fare scelte basate sulla piena consapevolezza delle nostre risorse, bisogni e valori, altrimenti siamo guidati da desideri inconsci, da paure ed emozioni che potrebbero in effetti non provenire dal nostro io. Quando scopriamo l'io come osservatore, abbiamo l'opportunità di valutare le nostre azioni. Ciò deve non inibire l'espressione spontanea di noi stessi, bensì darci la sicurezza di agire in base ai nostri valori più profondi e ai nostri bisogni più autentici.

L'autocoscienza è la "presenza": la capacità di essere svegli e consapevoli qui e ora in modo distaccato. È una presenza amorevole che contiene e osserva i contenuti della coscienza, interagendo con loro. Lo sviluppo dell'io è quindi uno sviluppo verso una maggiore presenza: la capacità di essere completamente radicati nel proprio io e nel proprio essere risvegliato. Più avanti approfondiremo la "terapia fondata sulla consapevolezza" e ne forniremo esempi.

La Volontà, la strada verso il Potere

Il terzo concetto chiave di Assagioli è la volontà. Fra tutti i grandi pionieri nella ricerca psicologica nessuno ha scritto così tanto sulla volontà come Assagioli. Il fatto che Assagioli connetta la volontà direttamente all'io mette in chiaro che essa è una delle caratteristiche chiave della psicosintesi.

Come accennato, Assagioli descrive l'io come "un centro di pura autocoscienza e di volontà". L'esperienza della volontà è secondo Assagioli un fatto esistenziale interiore e prevede un processo in tre stadi. Per prima cosa riconoscere *l'esistenza della volontà*. Quindi scoprire *d'avere una volontà*. Il terzo stadio è completo quando ci si rende conto di *essere una volontà* (1977, p. 14). È durante quest'ultima fase che, secondo Assagioli, scopriamo che: "IO SONO UNA VOLONTÀ; SONO UNA VOLONTÀ COSCIENTE, POTENTE, DINAMICA" (1977 p. 131), un'affermazione che ben sintetizza lo scopo centrale dell'autorealizzazione. Prima che inizi questo processo, possiamo accorgerci che non abbiamo una volontà e che la nostra vita si snoda mossa da eventi casuali e da impulsi inconsci.

Dacché la volontà è così strettamente legata all'identità, è ovvio il motivo per cui è connessa prima di tutto alla volontà di essere: la volontà-di-essere-io è bisogno, desiderio di autenticità e necessità di essere un individuo unico. Quando colleghiamo la volontà *direttamente alla nostra identità*, in quanto volontà-di-essere-io, la realtà della volontà diventa esistenziale molto prima, vale a dire che viene percepita come esperienza interiore diretta. Amplierò questo punto nel capitolo sulla volontà.

Quando la nostra volontà è la volontà dell'io, diventa un potere dinamico attraverso il quale esprimiamo noi stessi. Nel parlare di volontà, Assagioli intende qualcosa di abbastanza diverso dalla "volontà vittoriana" e dalla repressione dei nostri desideri e pulsioni sessuali: infatti ritiene che, se sufficientemente sviluppata, la volontà può diventare una forza centrale che dirige e regola il desiderio secondo l'autentica autoimmagine dell'io.

La volontà non è il desiderio. Più spesso di quanto vorremmo, i nostri desideri vanno contro la nostra volontà: per esempio quando non vogliamo fare qualcosa, perché sappiamo che sarà umiliante, ma lo facciamo lo stesso a causa del potere del desiderio. La volontà è associata alla scelta consapevole e al consenso, al consenso dell'osservatore. La volontà è fondamentalmente la volontà-di-essere-io. Ma non sempre siamo in grado di esprimere questa volontà, perché facciamo affidamento su - o addirittura siamo dipendenti da - un comportamento che non è coerente con la nostra autentica autoimmagine.

Se vogliamo essere noi stessi, dobbiamo sviluppare la nostra connessione con la volontà. L'auto-consapevolezza (l'osservatore) è un prerequisito indispensabile per l'individualità, perché crea consapevolezza. La volontà è altrettanto importante, perché ci fornisce la forza e la libertà dell'essere noi stessi. La volontà apre un percorso di sviluppo verso un potere più grande in misura esponenziale, perché non esiste un potere maggiore dell'essere un io unico.

La volontà è spesso la funzione psicologica che scopriamo per ultima: diventare ciò che siamo può far paura, perché dobbiamo imparare a stare da soli. La libertà ha un prezzo. Dobbiamo deliberatamente respingere l'istinto del gregge e la dipendenza che ne consegue da ruoli sociali, dal conformismo e dalla "normalità". La volontà ci dà il coraggio di allontanarci dalla mentalità del gregge verso l'autocoscienza e l'espressione individuale. Non è sufficiente riconoscere la nostra unicità; dobbiamo esprimerla nelle nostre scelte. La vera identità non è qualcosa che ci limitiamo ad avere; è qualcosa che dobbiamo manifestare attraverso le nostre scelte ed espressioni. Abbiamo bisogno della volontà come potere di assemblare, integrare ed esprimere le molte risorse a nostra disposizione. È attraverso la volontà-di-essere-io che creiamo una direzione coerente nella nostra vita e iniziamo ad agire come un essere umano indipendente e libero. Questo è il risultato che Assagioli denomina psicosintesi personale.

Il Modello Ideale – la via della Focalizzazione

Il quarto concetto chiave che Assagioli elenca nelle sue indicazioni sull'allenamento in psicosintesi è il modello ideale. Così come l'esercizio di autoidentificazione, anche il modello ideale è uno strumento importante nel lavoro di creazione d'una personalità armoniosa e integrata. È una tecnica in cui si crea, visualizzandola, un'immagine di ciò che si può essere; quindi si focalizzano le proprie risorse per realizzare o manifestare tale immagine. L'obiettivo generale è la sintesi, la raccolta e il coordinamento di tutti i nostri poteri interiori in un unico nucleo dinamico, al fine di sviluppare la capacità libera, vibrante e spontanea di mettere in azione tutte le nostre risorse creative. L'esercizio del modello ideale va applicato nel più ampio contesto dei sette concetti chiave. Nelle sue indicazioni Assagioli scrive:

"La psicosintesi non può essere identificata con alcuna tecnica o metodo o attuazione pratica. Sebbene nel lavoro di gruppo si faccia spesso uso degli esercizi di immaginazione guidata e di visualizzazione, la psicosintesi non può essere limitata a tali tecniche, né identificata con esse" (1974b, p. 32).

Il modello ideale presenta un'immagine realistica di ciò che si potrebbe essere quando, per diventarlo, si concentra la propria volontà e il proprio entusiasmo: è un'autentica autoimmagine che guida l'immaginazione e i modelli di comportamento propri ed è una tecnica che fonde consapevolezza di sé, volontà, immaginazione e passione al fine di diventare la migliore versione di se stessi.

Questa tecnica fa uso della nostra innata capacità di progettazione, nel senso che noi conteniamo già un certo numero di immagini e percezioni di noi stessi che abbiamo "registrato" consciamente e inconsciamente nel corso della nostra vita: queste autoimmagini interiori controllano le nostre vite perché ci fanno agire in base al loro contenuto. Assagioli fa riferimento alla ricerca psicologica che supporta questa nozione e alla legge psicologica che ne consegue: "Le immagini o figure mentali e le idee tendono a produrre le condizioni fisiche e gli atti esterni a esse corrispondenti" (1977, p. 45). Egli si riferisce a diverse leggi psicologiche, ma per quanto riguarda il modello ideale questa è la più importante.

Il marketing e la pubblicità sono ben consapevoli di questa legge e spesso la usano per manipolare i consumatori.

Assagioli elenca sei categorie di false immagini di sé (1973, p. 141), comprese quelle sottovalutate o sopravvalutate: queste immagini hanno spesso origine nella nostra necessità di adattarci all'ambiente. La psicosintesi ha lo scopo di portare alla luce queste false autoimmagini e di ridefinire e creare un nuovo modello ideale, "l'immagine di se stesso che si può diventare e che alla fine sarà realizzata al completamento del lavoro in psicosintesi" (1973, p. 142).

Il modello ideale usa l'immaginazione, una delle sette funzioni psicologiche che Assagioli include nella psicosintesi. La visualizzazione creativa è una tecnica potente che può sintetizzare tutte le altre funzioni psicologiche (1973, p. 124): quando visualizziamo un'immagine di ciò che realisticamente potremmo essere, sviluppiamo la concentrazione e la volontà, risvegliando inoltre sentimenti e desideri che ci motivano a rendere reale e attiva quell'immagine. Ciò la rafforza ulteriormente, accrescendo il nostro desiderio per essa. Attorno al modello ideale creiamo una nuova personalità, sulla base della nostra conoscenza delle risorse psicologiche disponibili e di ciò che è significativo per noi. Questo lavoro potenzia la nostra concentrazione nel processo di diventare un io autentico: lavorare con i modelli ideali è di per sé un percorso per focalizzarci maggiormente. Essere un io autentico è l'obiettivo più importante che possiamo avere, perché implica che esprimiamo questo io creativo con gioia e a beneficio di noi stessi e degli altri.

Assagioli raccomanda di iniziare con il modello ideale al fine di sviluppare alcune qualità psicologiche. Esso è utile quando lavoriamo con gli aspetti inferiori della nostra natura, aiutandoci a raggiungere più pace, volontà, empatia o qualunque cosa di cui abbiamo bisogno. Nel capitolo sul modello ideale esamineremo come applicare questa potente tecnica per creare maggiore focalizzazione.

La Sintesi – la strada del Fluire

È ovvio che la sintesi occupi un posto centrale nella psicosintesi: come abbiamo detto, è una legge della natura ed è espressa come il movimento verso l'armonia, la completezza e l'unità. Possiamo vederla ovunque: è l'energia che sospinge l'evoluzione della coscienza.

Storicamente l'umanità si è organizzata in gruppi via via maggiori; un effetto di questo processo è ciò che oggi chiamiamo globalizzazione, che ha conseguenze sia positive sia negative. Nell'individuo questo movimento verso la completezza inizia quando emerge la necessità di "conoscersi": per questo motivo le risorse della personalità disponibili si raccolgono attorno a determinati obiettivi e valori. Appare chiaro che questa esigenza di sviluppo personale e di autorealizzazione non è mai stata così grande come oggigiorno.

Quando forze opposte si scontrano, o tra di loro, o tra persone, gruppi o nazioni diverse, la vita si trasforma in conflitto, guerra e lotta. La dualità sembra inevitabile e presente in tutti i livelli dell'esistenza: fisico, psicologico e spirituale. È proprio questa tensione che crea la possibilità di armonia attraverso il conflitto.

Conosciamo tutti le dualità psicologiche in gioco in noi stessi e nelle nostre vite: dolore-piacere, fiducia-paura, repulsione-attrazione e così via. La psicosintesi offre la possibilità di armonizzare e gestire questi conflitti: la regola-guida è che un conflitto non può essere risolto al livello di coscienza ove è iniziato, ma solo a un livello superiore. È proprio qui che diventa cruciale il riconoscimento dell'osservatore e la propria capacità di disidentificarsi: quando ci si disidentifica dai propri poli in conflitto, viene alla luce un livello più elevato di coscienza (l'osservatore), attraverso il quale possono essere utilizzate il riconoscimento, l'accettazione e le tecniche creative per riconciliare le forze opposte.

Quando per esempio affrontiamo una nuova sfida, potremmo scoprire che reagiamo con entusiasmo e paura insieme; la soluzione è non di reprimere la paura, ma di occuparci della parte di noi che ha paura dell'introspezione e dell'amore. La nostra paura, quando viene trasformata, può quindi cooperare con la nostra eccitazione e questi poli opposti possono essere sintetizzati. Ciò non significa un blando compromesso tra forze opposte; piuttosto diventa possibile qualcosa di completamente nuovo, una sintesi e, successivamente, un marcato impegno.

Il risultato della sintesi è il flusso: la capacità spontanea di esprimersi liberamente in una determinata area. Lavorare con la sintesi è un percorso di sviluppo che aumenta il "flusso" in molte aree della nostra vita. Nel capitolo dedicato alla sintesi esamineremo le condizioni del "flusso" e come vengono create.

Il Supercosciente – il cammino dell'Abbondanza

La Psicosintesi è una psicologia transpersonale: contempla le cosiddette "esperienze delle vette" che coinvolgono i livelli mistici e trascendentali della coscienza. Nel corso della storia le persone hanno avuto esperienze di ispirazione che in alcuni casi hanno cambiato il mondo. Queste esperienze possono essere vissute o come unione con un amore immensamente inclusivo o come intuizioni profonde delle leggi esistenziali. Sebbene rare, queste esperienze straordinarie sono comunque "naturali" tanto quanto le più comuni, quali la fame, l'aggressività e la sessualità.

Il supercosciente è il sesto concetto di base nella psicosintesi ed è connesso all'attenzione dedicata da Assagioli all'esplorazione e allo sviluppo degli stati transpersonali. È l'attico della nostra casa interiore (la personalità), che contiene energie, valori e modalità che coinvolgono esperienze olistiche e universali: qui arriviamo a comprendere e sperimentare direttamente il mondo come una rete unificata di energie alla quale siamo tutti collegati.

Nel prossimo capitolo approfondiremo il diagramma dell'Ovoide, dove Assagioli descrive i vari livelli inconsci della personalità. Il supercosciente è l'aspetto superiore della personalità (1973, p. 87). Qui possiamo dire che i diversi livelli di coscienza, al di fuori della consapevolezza ordinaria, consistono in vari tipi di energia interconnessa (1973, p. 168). Il supercosciente è costituito da energie con una frequenza superiore a quella della nostra "normale" coscienza (1973, p. 167).

Il supercosciente si esprime attraverso i poeti, politici, artisti, educatori, scienziati, mistici e creatori illuminati: tutti costoro condividono un'etica universale e rivelano un genio e una profondità di intuizione che hanno spesso modellato la nostra civiltà e cultura. Potrebbero non esserne consapevoli, ma questi individui sono un'espressione dello spirito di sintesi; ci mostrano le maggiori possibilità spirituali che tutti possiamo acquisire.

Per attingere ai livelli del supercosciente, la psicosintesi ha sviluppato metodi per manifestare la loro bellezza, amore e potere attraverso un lavoro creativo. Proprio come, per poter esprimere pienamente tutto il nostro potenziale umano, devono prima essere integrate le forze dell'inconscio inferiore, così ci spetta di integrare anche le nostre energie spirituali. Il supercosciente è la camera del tesoro interiore dell'Anima, dove possiamo trovare ed esprimere una ricchezza di potenzialità creative. Possiamo dire che le tecniche che collegano al supercosciente rappresentano un percorso di sviluppo verso una maggiore abbondanza: invece di riempire vite vuote, *creiamo* una vita abbondante che condividiamo con il mondo. Assagioli descrive questo obiettivo come la nostra psicosintesi transpersonale. Al riguardo si dirà di più nel capitolo sul supercosciente.

Il Sé transpersonale – la via dell'Amore

Il nostro obiettivo è stato quello di esplorare gli elementi essenziali della psicosintesi, in modo da avere per suo tramite un'idea di ciò che è indispensabile nella formazione e nell'educazione. Arrivando al Sé transpersonale, Assagioli riconosce che è difficile raggiungerne una piena esperienza; tuttavia è importante anche solo una comprensione teorica del Sé transpersonale e della sua guida. Assagioli chiama il Sé transpersonale talvolta Sé Superiore, o semplicemente Sé (con la S maiuscola) o Anima. In questo libro si è preferito il termine di Sé transpersonale o Anima.

Molte persone hanno fatto l'esperienza dell'Anima e a questo proposito Assagioli scrive: "In ogni caso, migliaia di individui, forse milioni, hanno avuto l'esperienza del Sé e ne hanno dato testimonianza. In India essa è tradizionalmente chiamata 'Atman'. Alcuni dei mistici cristiani più profondi ne sono stati consapevoli e l'hanno chiamata in vari modi: la 'scintilla divina' nella persona, il 'vertice', la 'base', il 'centro' e l'"essenza più intima'" (Miller, 1973).

Non è corretto dire che *abbiamo* un Sé transpersonale; noi *siamo* questo Sé. Quando Assagioli distingue tra il sé personale e il Sé transpersonale, non sostiene l'esistenza di due "sé". Il sé personale è un pallido riflesso o emanazione della sua fonte, il Sé transpersonale. È una differenza fenomenologica ed esperienziale quella tra il sé del mondo della personalità - sperimentato attraverso i filtri della nostra mente - e l'Anima nel suo mondo trascendentale. Il Sé è sempre un centro di pura autocoscienza e volontà, qualunque cosa accada. Assagioli spiega la differenza: "Ciò che distingue il piccolo sé dal Sé superiore, è che il piccolo sé si considera come un individuo distinto e separato dagli altri, e spesso prova un acuto senso di solitudine e separatività. Per contro, l'esperienza del Sé spirituale dà un senso di libertà, di espansione, di comunicazione con gli altri Sé e con la Realtà e dà il senso della universalità: chi ne fa l'esperienza si sente, al tempo stesso, individuale e universale" (1973, p. 86).

Il Sé transpersonale crea il supercosciente (non datato 3) con tutti i suoi processi creativi di luce, bellezza e amore. L'Anima è un centro stabile di puro essere e di autocoscienza che irradia energie, allo stesso modo del sole, un'analogia che Assagioli fa spesso. Vediamo i raggi del sole, ma non il suo nucleo stabile (non datato 2).

Per Assagioli l'Anima è un divino essere vivente; noi sperimentiamo la sua essenza come una connessione intima e quieta con tutti gli esseri viventi e il cosmo. Nel centro dell'Anima scopriamo noi stessi come una presenza calma, osservatrice e dinamica, una consapevolezza e una coscienza universali e immutabili, presenti in permanenza sullo sfondo: è testimone di tutti i nostri livelli di coscienza e processi, che nascono come sua emanazione e volontà-di-essere. L'Anima è individuale. Ha un unico scopo: manifestare la coscienza universale attraverso un'espressione fisica concreta. L'Anima e la sua emanazione rappresentano il rapporto tra l'essere e il divenire. Essa non è altro che l'essenza dell'io, ma mentre il nostro sé personale subisce la costrizione del corpo, delle emozioni e dei pensieri, il "Sé è al di sopra e al di là della personalità e intangibile da parte dei flussi mentali e dalle condizioni fisiche" (1973, p. 25). "Il Sé è al di fuori del tempo e al di sopra di esso. Esiste e vive nella dimensione dell'Eterno" (1973b).

L'Anima è illimitata. Ciò con cui ci identifichiamo nel mondo della personalità è come una goccia d'acqua in un oceano di infinite possibilità e risorse. Il Sé transpersonale non può mai essere completamente "spiegato". Trascende il linguaggio concreto; possiamo solo fare riferimento alla qualità dell'esperienza. Ciò che più di ogni altra cosa descrive l'Anima è la qualità dell'amore: questo amore può essere chiamato "coscienza unitaria" e attraverso di essa l'Anima sperimenta una profonda connessione con tutti gli esseri viventi. Non sperimenta separazione perché realizza la sua unità essenziale con tutti gli esseri viventi come un fatto esistenziale: il contatto con il Sé transpersonale apre quindi un percorso di sviluppo verso l'amore illimitato, un percorso che esploreremo più avanti.

Dopo aver presentato una panoramica dei sette concetti chiave di Assagioli - toccando lungo la strada alcune delle sue idee fondamentali sulla psicosintesi -, nei prossimi due capitoli illustrerò il suo modello della personalità e la sua teoria dello sviluppo. Questo modello sarà utilizzato per mettere in relazione i sette concetti fondamentali con la struttura psico-spirituale umana e con il suo sviluppo.

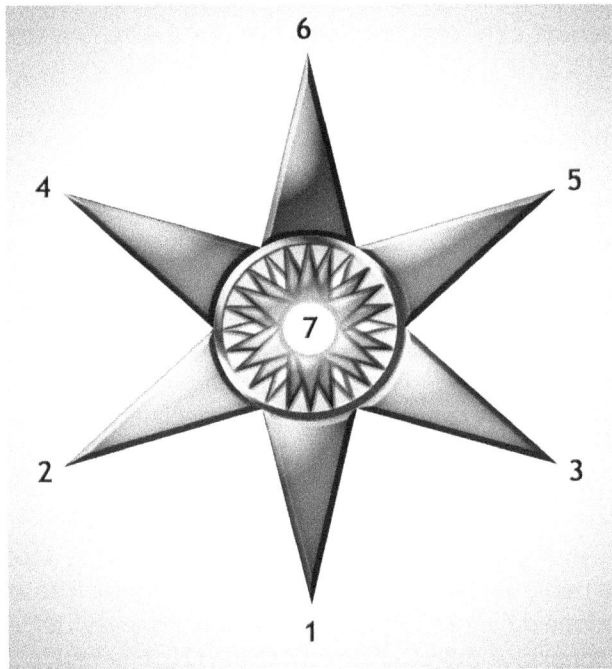

Volontà	(7)
Intuizione	(6)
Pensiero	(5)
Immaginazione	(4)
Desiderio	(3)
Emozione	(2)
Sensazione	(1)

CAPITOLO II

IL MODELLO PSICOSINTETICO DELLA PERSONALITÀ

"In una sua lettera Freud scrisse: 'Io sono interessato
soltanto alla cantina dell'essere umano'.
La psicosintesi invece si interessa dell'intero edificio"
(Assagioli)

Assagioli presentò per la prima volta il diagramma dell'Ovoide (vedi sotto) nel 1934, in un articolo sull'Hibbert Journal dal titolo *Psicoanalisi e Psicosintesi*. In questo articolo espose la sua teoria della personalità basata appunto sull'Ovoide, il cui testo venne successivamente incluso nel suo primo libro *Principi e Metodi della Psicosintesi Terapeutica*.[1]

Assagioli non ha difficoltà a riconoscere che un insieme di influenze psicoanalitiche, esistenziali e spirituali abbiano modellato la sua concezione della personalità umana. Possiamo dire che il suo è un approccio integrale, perché cerca di creare una "visione multidimensionale della personalità umana", nella quale include tutte le teorie al momento disponibili (1973, p. 22).

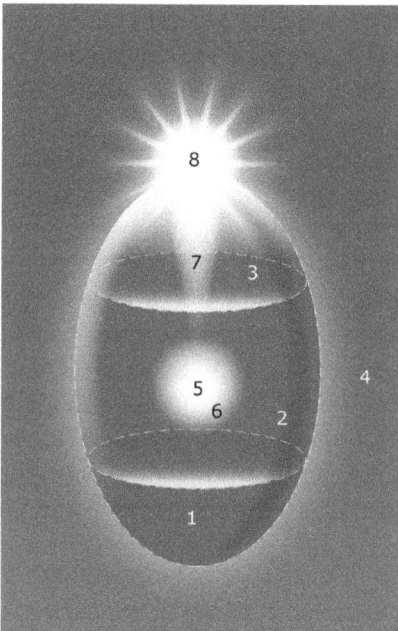

Diagramma dell'Ovoide di Assagioli

1. Inconscio inferiore
2. Inconscio medio
3. Inconscio superiore
4. Inconscio collettivo
5. L'Io/Osservatore
6. Campo della coscienza
7. Ponte della coscienza
8. L'Anima, il Sé transpersonale

---

1 Roberto Assagioli, *Principi e Metodi della Psicosintesi Terapeutica*. Astrolabio, 1973.

Assagioli non fu il primo a usare il termine "psicosintesi" e cita numerosi autori che lo hanno fatto. Nel mettere in discussione quello che considerava come un "errore di unilateralità" nella teoria di Freud, C. G. Jung scrisse: "Se c'è una 'Psicoanalisi', allora deve esserci anche una 'Psicosintesi', che crea eventi futuri secondo le stesse leggi".[2] Tuttavia Assagioli riteneva che il modo in cui usava quel termine fosse più completo, definitivo e tecnico di altri scrittori.

Assagioli riconosce che il diagramma dell'Ovoide "è troppo semplice e approssimativo", e fornisce solo una rappresentazione "dell'aspetto strutturale, statico, direi quasi 'anatomico' della psiche e non ne mostra l'aspetto dinamico che è il più importante ed essenziale" (1973, p. 22).

Nel prossimo capitolo affronteremo la teoria dello sviluppo, mentre ora ci occuperemo degli aspetti anatomici del modello della personalità di Assagioli. L'Ovoide illustra e descrive la relazione tra la coscienza e i diversi livelli di energia nella psiche umana. Come citato nel capitolo I, Assagioli auspicava che un giorno si affermasse una scienza dell'energia e riteneva che il suo personale contributo fosse la Psicosintesi. In questo senso, il diagramma a Uovo è un tentativo di descrivere l'uomo come un essere multidimensionale, contenente vari livelli di consapevolezza ed energia. Per Assagioli questo è un "punto essenziale della psicosintesi" (non datato 2).

Quando parliamo di livelli di coscienza, ci riferiamo ai livelli fisico, emotivo, mentale e intuitivo; ognuno di essi è costituito da diversi tipi di energie delle quali possiamo diventare coscienti. Sperimentiamo queste energie quando percepiamo, sentiamo, pensiamo e abbiamo dei bagliori intuitivi, sapendo che, come scoprì Freud, ciò di cui siamo consapevoli rappresenta solo la punta dell'iceberg. Assagioli divide il diagramma in tre livelli di coscienza, dei quali facciamo più o meno parte a seconda del nostro livello di consapevolezza e di dove è rivolta tale consapevolezza in un dato momento.

Ciò che risiede nella parte del diagramma definita 'inconscio' non è necessariamente esso stesso 'inconscio', vale a dire inaccessibile alla mente cosciente. In questa area è attiva una connessione con molte energie e bisogni: ciò è particolarmente rilevante per i livelli 1 e 2. Secondo Assagioli: "Le esigenze fondamentali e le normali esigenze personali riguardano il livello inferiore e il livello medio della vita psicologica, sia cosciente sia inconscia" (1977, p. 86). Torneremo su questo punto più avanti.

Al centro dell'Ovoide (5) troviamo l'io, un punto di pura autoconsapevolezza e volontà; ma, come abbiamo detto in precedenza, spesso non siamo consapevoli

---

2   Jung, in J. Kerr, *A Dangerous Method*, (2012, pp. 214-215)

di noi stessi come "osservatori autocoscienti"; abbiamo solo un'esperienza molto limitata delle energie e delle potenzialità in nostro possesso. Nel nostro campo di coscienza (6) diventiamo consapevoli delle varie energie dentro di noi; lo possiamo anche chiamare "il campo della nostra attenzione".

Naturalmente non siamo consapevoli in ogni momento di tutto ciò che sappiamo, ma, quando ne abbiamo bisogno, lo portiamo man mano alla nostra attenzione nel campo della coscienza (6). È possibile confrontare tale processo con quanto si verifica in un computer. La maggior parte dei suoi processi avviene nel disco rigido e nella memoria ROM/RAM (livello 1 + 2) senza apparire sullo schermo (6). Ciò che ivi compare è solo ciò su cui l'utente sceglie di concentrarsi, o ciò che il sistema (qui paragonato all'inconscio) è programmato per mostrare. Assagioli così lo descrive:

"In quest'area di consapevolezza si riversano i contenuti dell'inconscio inferiore, nuovi dati provenienti da parti dell'inconscio medio e anche impulsi del supercosciente" (Miller, 1973).

Tenendo presente tutto ciò, andiamo a vedere i vari livelli dell'inconscio e quali energie, risorse e bisogni contengono. Assagioli si serve d'una metafora utile per il diagramma dell'Ovoide: una casa con molti piani, un'immagine da lui stesso usata. Quando gli è stato chiesto in che modo la Psicosintesi differisca dalla Psicoanalisi, ha risposto:

"Prestiamo molta più attenzione all'inconscio superiore e allo sviluppo del Sé transpersonale. In una delle sue lettere Freud disse: «Io sono interessato soltanto alla cantina dell'essere umano». La psicosintesi è interessata a tutto l'edificio. Cerchiamo di costruire un ascensore che dia l'accesso a ogni livello della nostra personalità. Dopo tutto, un edificio con soltanto una cantina è molto limitato. Noi vogliamo aprire la terrazza, dove si può prendere il sole o guardare le stelle. Quel che ci sta a cuore è la sintesi di tutte le aree della personalità" (1987, pp. 5-6).

L'INCONSCIO INFERIORE

Nella parte inferiore del diagramma (1) troviamo l'inconscio inferiore. Preferisco chiamarlo inconscio di base per evitare qualsiasi associazione negativa connessa alla parola "inferiore". Quest'area corrisponde a ciò che gli psicoanalisti chiamano l'inconscio. Il benessere fisico, il disagio, la fame, i bisogni sessuali, il desiderio, l'aggressività e molti impulsi piacevoli e spiacevoli premono per fluire dall'inconscio inferiore al campo di coscienza, così da influenzare il comportamento dell'Io. Molte di queste pulsioni sono cieche e istintive: controllano le nostre abitudini, come dormire, mangiare e una vasta gamma di processi fisiologici. Qui immagazziniamo le esperienze represse e traumatizzanti dell'infanzia. Alcune circostanze riattivano questi ricordi, che emergono come paure, ansia, vergogna, dolore e varie inibizioni inspiegabili. Si tratta di energie egocentriche, che assicurano il soddisfacimento dei nostri bisogni fondamentali di sopravvivenza, protezione e sicurezza: sono impulsi fisici, come istinti di base, emozioni e fantasie connesse alla prima infanzia. Questo livello di coscienza rappresenta quindi la coscienza del nostro bambino interiore e altri schemi di base - nel bene e nel male.

L'inconscio inferiore è incredibilmente vitale ed è per noi essenziale attingere nel corso della nostra vita alla sua vitalità, grazie alla quale creiamo relazioni intime. È la fonte della nostra spontaneità e giocosità: ci consente di affrontare il mondo con fiducia e ci dà l'energia per lottare per ciò di cui abbiamo bisogno. L'inconscio inferiore è quindi il fondamento su cui poggia la personalità. Nel corso della nostra psicosintesi personale esploriamo questo livello di coscienza e impariamo a sviluppare e integrare le sue preziose risorse nella nostra vita.

Nella misura in cui l'io si identifica con le energie di questa regione, sarà dominato dalle sue condizioni, bisogni e valori. Un individuo, il cui unico obiettivo sia la sicurezza materiale sua e della famiglia, trarrà la sua identità principalmente dall'inconscio inferiore.

L'INCONSCIO MEDIO

I contenuti dell'inconscio medio (2) sono molto simili a quelli della coscienza di veglia di un essere umano relativamente razionale ed educato, giovane o adulto.[3] Molti dei nostri processi psicologici vengono organizzati "dietro le quinte" proprio in quest'area, prima di essere accessibili alla coscienza. Per Assagioli sono "quelle cose latenti, quiescenti, o attive nella nostra personalità, ma delle quali al momento non siamo consapevoli" (Miller, 1973). Questa è la regione del pre-conscio.

Nell'inconscio medio troviamo le energie associate alle nostre relazioni, alla condizione sociale e all'autostima. Queste energie sono collegate alle nostre emozioni più elevate e alle nostre credenze razionali sulla vita, come gli atteggiamenti politici, religiosi e sociali. Qui troviamo i valori più o meno consapevolmente adottati in seguito alla nostra educazione e socializzazione. Qui conserviamo la nostra autoimmagine cosciente e fissiamo quell'identità che rende possibile la nostra au-

---

3   Nel prossimo capitolo il diagramma dell'Ovoide sarà collegato alla teoria di Assagioli sullo Sviluppo e alla gerarchia dei bisogni di Maslow, da cui il riferimento all'età.

to-espressione e lo sviluppo dei nostri confini. Qui scopriamo i bisogni di amicizia, di appartenenza e di ricerca del nostro posto in un gruppo e nella società, grazie ai quali sviluppiamo la nostra creatività e i talenti a supporto del nostro percorso di vita. Anche qui troviamo inibizioni, paure e frustrazioni che derivano da sfide e traumi della nostra adolescenza, un'età in cui sviluppiamo la nostra personalità autocosciente e diventiamo adulti. Esse influenzano il nostro senso di identità e autostima, e di conseguenza il nostro rapporto con l'amore, il lavoro e la condizione sociale.

Tuttavia, quando l'io è identificato e focalizzato in questa regione, l'inconscio inferiore è comunque attivo. Ma, a meno che non si abbiano problemi irrisolti di sicurezza e protezione, il suo influsso sull'identità scema e rimane sullo sfondo. Se invece sussistono problemi di questo tipo, nel momento in cui essi si attivano noi vi rimaniamo fissati fino a quando non vengono risolti. Le nostre fissazioni provocano comportamenti "infantili" perché rappresentano bisogni dell'infanzia insoddisfatti che richiedono attenzione. L'integrazione di queste energie ci rende più riflessivi e autocoscienti.

Nell'area superiore dell'inconscio medio troviamo energie mentali più olistiche, grazie alle quali si innesca l'impulso all'auto-attuazione. Questo è il culmine della personalità, l'ispirazione di creare una vita veramente di successo e attiva secondo i valori esistenti.

L'INCONSCIO SUPERIORE O SUPERCOSCIENTE

L'area più elevata del diagramma, l'inconscio superiore o supercosciente (3), costituisce il regno del "transpersonale", termine che indica appunto "oltre il personale". Infatti, le esperienze e le intuizioni caratteristiche di quest'area espandono la nostra coscienza oltre i confini dell'individuale, verso l'universale: la coscienza, cioè, diviene *olistica* e ci sentiamo parte integrante di un tutto che è maggiore delle nostre personalità limitate.

Un'esperienza di amore transpersonale può dissolvere tutti i confini e farci sentire in completa unione con l'umanità, oppure consentirci di sperimentare una visione profonda della natura dell'esistenza. Da quest'area provengono le idee ispirate, come quella dei diritti umani, e il bisogno di un'etica universale. Le principali scoperte scientifiche, le ispirazioni artistiche o l'eroica chiamata a sacrificare la propria vita per una grande causa, hanno la loro fonte in questo livello di coscienza.

Tramite il supercosciente ci colleghiamo con qualcosa di più grande di noi e sentiamo l'anelito a ricercare un significato e uno scopo più profondi per le nostre vite.

Quando l'io ascende al supercosciente, per esempio in meditazione, il nostro senso di identità si espande. Tuttavia può anche accadere che influenze e ispirazioni discendano dal supercosciente e informino la nostra coscienza personale, senza espandere la nostra identità. Nel capitolo IX sul supercosciente esploreremo questa differenza.

Quando si confrontano la Psicoanalisi e la Psicosintesi, può accadere che il ruolo del livello di coscienza denominato da Freud Super-io sia spesso identificato con il ruolo di guida svolto dal supercosciente, il che porta a confondere due livelli di coscienza molto diversi. Secondo Assagioli il Super-io "deriva in gran parte da proibizioni e da comandi dei genitori" (1973, p.190). Il Super-io è molto spesso guidato dalla paura, "ma l'esperienza della realtà supercosciente elimina la paura ... Nella calma atmosfera del supercosciente, tuttavia, tali sentimenti (paura, aggressività, odio) non possono esistere" (2007, p. 25) (Le parentesi sono mie).

Il supercosciente rimane inconscio solo finché non viene esplorato. Una volta che cerchiamo consapevolmente di stabilire con esso una connessione, diventa per noi altrettanto disponibile quanto quello inferiore e medio. È importante notare che anche le energie supercoscienti possono essere represse: ciò accade quando l'io è troppo identificato con bisogni e valori personali.

Dobbiamo distinguere tra l'unione *pre-razionale* di madre e figlio, che si stabilisce nell'inconscio inferiore, e l'unione *trans-razionale* con le energie supercoscienti. Le due vengono spesso confuse e considerate esperienze di uguale natura spirituale; invece sono totalmente diverse, perché il bambino è dipendente, incentrato sull'ego e concentrato esclusivamente sui propri bisogni, mentre ciò che caratterizza la spiritualità è la capacità di prendersi cura di qualcuno o qualcosa di diverso da noi stessi e dai nostri cari.

Le energie transpersonali ispirano un'etica universale: si aprono all'universale pur mantenendo le strutture e i valori cognitivi individuali. Ovviamente non è che un bambino sia cattivo per il fatto di essere incentrato sull'ego; è naturale in questa fase del suo sviluppo. Dovremmo anche tenere presente la differenza tra la consapevolezza della folla (etno-centrica), espressa da un tifoso fanatico durante una partita di calcio, e l'unità di coscienza che è possibile sperimentare nella meditazione di gruppo, quando ci si sente uniti all'umanità (planeto-centrica).

L'INCONSCIO COLLETTIVO

L'inconscio collettivo (4), che si estende dall'inconscio inferiore al supercosciente, rappresenta l'atmosfera psichica che circonda la nostra interiorità; siamo in costante contatto telepatico con il mondo esterno e siamo influenzati da tutto ciò che l'umanità ha vissuto e sta vivendo. Tramite il lavoro psicoterapeutico o in meditazione possiamo scoprire che quelle energie, che credevamo appartenere alla nostra coscienza personale, sono in realtà energie collettive: per esempio, possiamo constatare che determinati comportamenti e tratti della personalità sono tipici della nostra famiglia e si tramandano da generazioni. Potremmo anche scoprire che pensieri e sentimenti del nostro ambiente sociale ci influenzano a distanza: amore, odio, paura e fiducia sono energie impersonali che fluiscono tra di noi dal collettivo, ma nelle quali facilmente e in molti modi ci identifichiamo, finendo per considerarle solo nostre.

L'IO – UN CENTRO DI PURA AUTOCOSCIENZA E VOLONTÀ

Abbiamo già trattato il tema dell'"io", quindi ora illustrerò solo alcuni punti chiave. Al centro (5) del diagramma troviamo l'io o l'osservatore, vale a dire il centro della personalità, il soggetto e la presenza dell'osservatore. L'osservatore è un punto di pura autocoscienza e volontà, attorno al quale si estende un campo di coscienza (6): questo è il luminoso campo circolare della consapevolezza in cui facciamo esperienze dei contenuti della coscienza.

Ciò che pensiamo, sentiamo o percepiamo si manifesta qui, emergendo dai quattro livelli dell'inconscio esaminati in precedenza. Le intuizioni ci arrivano direttamente dall'Anima (8) (vedi illustrazione). Qui l'osservatore riflette e interpreta tutte le energie che affluiscono tramite le funzioni psicologiche; qui riconosciamo e identifichiamo ciò che pensiamo, sentiamo e percepiamo in un dato momento. Sul singolo contenuto possiamo poi agire o meno; se non gli

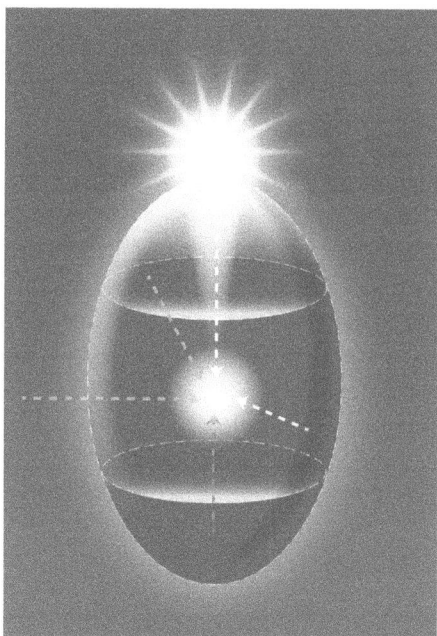

Influssi psicologici che afferiscono all'io

prestiamo attenzione, spesso scompare. Molti di noi sono identificati con i contenuti della coscienza: pensiamo di essere i nostri pensieri e sentimenti. Non abbiamo ancora riconosciuto la differenza tra la coscienza e i suoi contenuti; vale a dire che da questi non ci siamo ancora disidentificati. È un fatto che chiunque può sperimentare semplicemente cercando di osservare i contenuti della propria coscienza.

Chiaramente non è che si sia completamente separati dai nostri pensieri e sentimenti, tuttavia siamo qualcosa di diverso da loro. Conseguire tale comprensione interiore è il primo passo di una psicosintesi personale, un passo che dà vita a un centro di osservazione stabile, dal quale si può imparare a dominare la miriade di energie provenienti dalla personalità e dall'Anima. Una delle affermazioni chiave di Assagioli è questa: "Siamo dominati da tutto ciò con cui il nostro io si identifica. Possiamo dominare e controllare tutto ciò da cui ci disidentifichiamo".

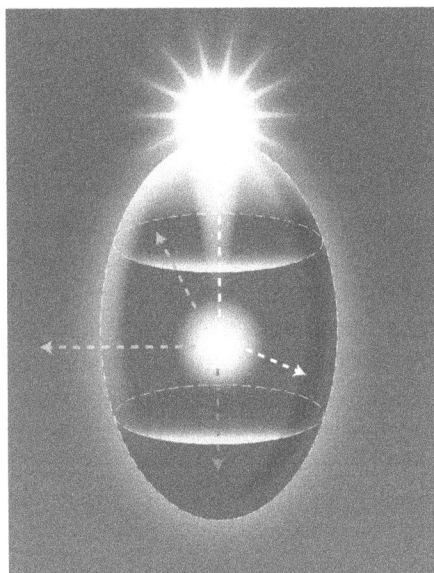

Quando diciamo "sono arrabbiato" o "sono triste", di fatto ci identifichiamo con questi sentimenti. Se invece diciamo: "un'ondata di rabbia mi sta colpendo", allora distinguiamo tra il sentimento e l'osservatore: quindi possiamo decidere cosa vogliamo fare del sentimento e questo ci dà un senso di padronanza e responsabilità. L'esperienza dell'io come centro di pura autocoscienza e volontà è psicologicamente di vitale importanza e dovrebbe essere perseguita il più possibile, perché attiva la presenza, l'integrità e, soprattutto, un'autentica identità e senso di sé.

È da sottolineare che l'io può *proiettare* la sua coscienza nei vari livelli dell'inconscio (vedi diagramma). Non è un ricevitore passivo di impulsi, piuttosto esplora e trasforma le energie che incontra. La psicosintesi mette a disposizione molti metodi e tecniche per farlo.

Il diagramma dell'Ovoide e le proiezioni dell'io

L'EGO, L'IO E LA PERSONALITÀ

Prima di passare al Sé transpersonale, può essere utile vedere come alcune idee diffuse nella psicologia si colleghino alla Psicosintesi; ciò può aiutarci a constatare come la Psicosintesi di Assagioli rappresenti un modo di pensare completamente nuovo, come cercherò subito di chiarire.

Secondo Freud e altri, l'ego può essere inteso come una struttura della personalità che fornisce un senso di identità organizzato attorno a valori razionali: quest'ultimi di solito echeggiano i valori dominanti della propria cultura e società. L'ego funziona come "centro organizzativo" e l'identità fornita dall'ego è costituita dai ruoli sociali con i quali l'individuo è identificato, per esempio il ruolo di madre, di moglie e/o l'occupazione professionale. In questo senso l'ego è qualcosa di diverso dall'io di Assagioli.

L'ego può anche essere definito, in modo più ampio, come il bisogno della mente di darsi dei confini e di isolarsi attraverso un processo di "contrazione", poiché è nella natura della mente separarsi da ciò che la circonda. Questo sviluppo è necessario per l'autocoscienza, ma costituisce un grosso ostacolo per la crescita della coscienza dell'Anima, nella quale l'identità è un'unità individualizzata. Finché saremo identificati con la mente, il nostro ego manterrà il controllo.

L'ego si sviluppa attraverso norme e valori esterni, mentre l'io può essere qualcosa di diverso dall'ego. L'io può essere un'identità autocosciente costituita da una vasta gamma di valori e prospettive, che in alcuni casi evoluti provengono dal supercosciente. L'io è l'identità che creiamo, qualunque livello di coscienza noi attingiamo, in base alle autoimmagini con le quali siamo in un dato momento identificati: se siamo identificati con il nostro ego, l'ego è l'io, ma se siamo in contatto con il supercosciente, allora l'io sarà molto più individuato, libero e umanistico. Dalla coscienza del corpo alla coscienza dell'Anima vi sono molti io. Ken Wilber fa riferimento al "sé reale" (il sé "autentico" o integrato in modo sano in qualsiasi particolare stadio di sviluppo).

Il superego è la raccolta di leggi morali che abbiamo imparato e interiorizzato durante l'infanzia: queste leggi sono definite culturalmente e orientano la socializzazione di un bambino. È il superego a gestire il controllo della psiche, fintantoché l'individuo ha bisogno della sicurezza e dei confini rassicuranti che esso fornisce.

La personalità è l'espressione sociale del corpo fisico, delle emozioni, della mente e di tutto ciò che queste contengono. La personalità nasce solo quando scopriamo di avere una volontà e quando siamo in grado di focalizzarla su un obiettivo deliberatamente selezionato; sino ad allora siamo poco più di una serie di ruoli più o meno autocoscienti, capaci di adattamento sotto l'influsso di varie situazioni sociali. La personalità richiede un certo livello di sviluppo e di maturità; per questo motivo non tutti ne hanno una nel senso tecnico della parola. La psicosintesi personale conduce a questo grado di integrazione della personalità.

Come si può vedere, nessuna delle definizioni di cui sopra è la stessa dell'io, definito da Assagioli come il livello di pura autocoscienza e volontà al centro della personalità.

L'ANIMA E IL SÉ TRANSPERSONALE

Ci troviamo ora alla fonte stessa dell'io e della coscienza dell'uomo. Preferisco chiamare questa fonte "Anima" (8) perché questo termine ci ricorda che la nostra è una vita da esseri divini. Assagioli si riferiva al Sé principalmente come "il Sé transpersonale", in linea con l'approccio scientifico per lui così importante.

Abbiamo già parlato dell'Anima nel capitolo I, quindi in questa sede desidero approfondirne gli aspetti chiave. Come accennato, non stiamo parlando di due sé, quanto piuttosto del fatto che l'autocoscienza può essere sperimentata a due diversi livelli. A livello personale si può sperimentare l'io come pura autocoscienza, ma ciononostante sentirsi separati dalle persone che ci circondano. Nel mondo del supercosciente l'esperienza dell'io può espandersi immensamente e diventare parte d'una coscienza unificata, senza tuttavia perdere il proprio scopo individuale. Migliaia di persone hanno descritto come, grazie alla meditazione o a esperienze spontanee, sono entrate in un'identità molto più grande della loro consueta e limitata autoconsapevolezza. Questa coscienza non è riferita ad alcuna identità personale; è un essere impersonale, è universale e rappresenta l'essenza di tutti gli esseri umani.

È importante sottolineare che Assagioli si riferisce all'Anima come a un essere vivente, così mostrando d'avere un approccio alla spiritualità di tipo teistico. Quando sperimentiamo la connessione con l'Anima, sentiamo "di partecipare in qualche modo alla natura divina" (1973, p. 48).

Assagioli fa spesso riferimenti al Cristianesimo e all'Induismo. Cita Sant'Agostino: "Quando un'Anima ama qualche cosa, essa diviene simile a essa; se ama le cose terrene diviene terrena, ma se ama Dio (potremmo chiederci) non diviene Dio?" (1973, p. 48). Ha anche sottolineato la dualità tra l'io personale e l'Anima, e tra l'Anima e il Sé universale (Dio). Ha messo in guardia dal confondere i vari livelli di autocoscienza, vale a dire il credere di essere Dio o l'Anima prima d'aver realizzato e dimostrato tale livello di coscienza: sarebbe lo stesso che confondere una ghianda con una quercia, poiché il potenziale non è la stessa cosa d'una verità pienamente realizzata.

Assagioli pone il Sé transpersonale sulla vetta dell'Ovoide per mostrare la direzione del viaggio e l'espansione di coscienza necessarie per fondere il personale con il transpersonale. Egli scrive: "La mancanza di questa distinzione vitale produce conseguenze erronee e pericolose" (1973, p. 49). È questo il pericolo dell'inflazione dell'ego; sotto questa prospettiva, rimuovere la stella dalla cima del diagramma, come hanno fatto alcuni autori, non è appropriato.[4]

L'Anima si connette all'io tramite il canale illuminato che funge da ponte tra i due livelli di coscienza (7). L'Anima crea il ponte della coscienza, proiettando parte della sua coscienza nel mondo della personalità. Scrive Assagioli: "L'ego o l'io 'cosciente' è un'emanazione o una proiezione del Sé" (1967b); questo è un esempio di panenteismo evolutivo, poiché come l'Anima è un'emanazione (deflusso) del Sé universale (Dio), così è l'io personale.

Questo collegamento è stato anche chiamato il sentiero silenzioso, perché è nel silenzio che i livelli superiori della coscienza vengono contattati e riconosciuti e, in questo senso, possiamo dire che la coscienza superiore dell'Anima è riflessa nel cervello. Essa è solo un pallido riflesso fino a che non inizia il processo spirituale; allora l'Anima si manifesta sempre più tramite il cervello e il sistema nervoso fisico. Non sperimentiamo la coscienza come se fosse situata in un punto particolare del cervello; la sperimentiamo invece tramite la mente, che non è limitata al corpo fisico.

Immaginate una presenza luminosa proprio sopra la vostra testa, un'immagine familiare agli scritti spirituali orientali. Questo è il vero uomo, l'Anima immortale che cerca di manifestare il supercosciente attraverso le forze dell'inconscio medio e inferiore. Qui l'io personale facilita la collaborazione tra l'Anima e l'inconscio inferiore e medio.

Quando l'Anima si manifesta pienamente nella personalità, svanisce la dualità tra l'Anima e l'io, e quindi svanisce anche l'io personale limitato: questo processo di sviluppo è contrassegnato da diverse fasi e alla fine l'uomo illuminato emerge in primo piano. Assagioli fornisce esempi di molti illuminati che hanno raggiunto questo livello di sviluppo: "Gandhi, Florence Nightingale, Martin Luther King, Albert Schweitzer" (1977, p. 93).

Non esiste alcuna differenza essenziale tra la coscienza dell'Anima e quella dell'io. Un'analogia usata da Assagioli per illustrare questa realtà è il rapporto tra il sole e il suo riflesso in uno specchio (non datato 2). La luce del sole nello specchio ha le stesse qualità della sua sorgente: illumina e riscalda. Tuttavia, se vediamo solo il riflesso e non la sorgente, possiamo pensare che sia lo specchio stesso a creare la sua luce. Lo stesso vale per la luna, che la luce del sole si limita a rifletterla. Questo

---

4   Questo argomento è trattato in modo approfondito in (Sørensen, 2008)

è ciò che succede anche all'io se dimentica il suo legame con l'Anima; in questi casi la meditazione può condurre alla sorgente.

Le energie dell'Anima penetrano nell'intero Ovoide. I bambini sperimentano spesso le energie supercoscienti, ma ciò non significa che l'Anima si trovi nella parte inferiore dell'Ovoide, proprio come il sole non sta in terra, anche se la sua luce la raggiunge.

La differenza cruciale tra l'Anima e l'io sta nel livello di intensità e di espansione della coscienza. Il livello dell'Anima è superiore ai nostri stati mentali e l'Anima è pienamente consapevole della sua unità con le altre Anime e con l'Anima del mondo. La stella nella parte superiore dell'Ovoide (8) si riferisce a ciò che l'oriente chiama "il Gioiello nel Loto" e rappresenta il nucleo dell'Anima (1998, p. 79).

Tale nucleo è testimonianza stabile e inamovibile, il nostro osservatore interiore nell'eterno presente, al di fuori del tempo e dello spazio, pienamente desto e consapevole della sua natura cosmica. Se l'io è una lampadina da 100 watt che irradia dal centro del cervello, l'Anima è una lampadina da 1.000.000 watt che risplende nell'eternità.

Quando la piccola luce nel cervello brilla con la stessa intensità della luce nei "cieli", abbiamo raggiunto l'illuminazione. Le energie e le potenzialità presenti nel supercosciente sono forze creative che si irradiano dall'Anima: saggezza, amore, bellezza e così via (non datato 3). Allo stesso modo l'io al livello della personalità irradia pensieri, emozioni e azioni fisiche.

Il motivo per cui Assagioli ha inserito la stella in parte all'interno dell'Ovoide e in parte al di fuori, è che l'Anima è aperta alla Coscienza Universale o Cosmica. Questo ci dice che la coscienza dell'Anima punta verso due direzioni: verso l'individuo e verso il Sé universale. Al suo livello, l'Anima è un'espressione della coscienza unificata perché è identificata con il tutto; essa però ha anche uno scopo individuale. Questo scopo è un'espressione della volontà transpersonale: è la "chiamata dell'Anima" e rappresenta il viaggio che intraprende sia da sola sia insieme ad altre Anime. Attraverso le proprie scelte l'Anima acquisisce esperienza e, in definitiva, saggezza. Al suo livello l'Anima è saggia e buona, ma, quando si manifesta nel corpo, non può portare queste qualità alla personalità se prima non ha acquisito la capacità di esprimere anche a quel livello amore e saggezza.

L'Anima rappresenta il livello di coscienza aperto all'universale. Ma ha anche una volontà-di-essere-Sé ed esprime questa volontà attraverso la sua identità unica. In questo modo può diventare un Sé unico, conservando la sua individualità nonostante la sua universalità. Assagioli cita Radhakrishnan:

"Il privilegio speciale dell'essere umano è quello di potersi unire coscientemente col tutto e operare per il tutto e incorporarne il disegno nella sua stessa vita. I due elementi dell'essenza: unicità (individualità) e universalità (totalità) crescono insieme fino a che il più unico diviene il più universale" (1977, p. 98).

Lasciamo che per ora il discorso sull'Anima si fermi qui. Certo, queste prospettive non sono facili da comunicare o capire; fondamentalmente l'Anima non può essere afferrata dall'intelletto, che può solo sperimentarla. Torneremo a occuparci dell'Anima nel capitolo X e vedremo come nella pratica vi si può lavorare.

UN ALTRO MODELLO DI ASSAGIOLI PER LA PERSONALITÀ

Assagioli ha sviluppato nei suoi scritti altre concezioni di modelli della personalità, che si aggiungono al diagramma dell'Ovoide. Questi modelli possono essere molto utili quando si cerchi di comprendere i diversi aspetti della psicosintesi. Uno dei simboli da lui usati per descrivere la relazione tra Anima e personalità è:

L'illuminazione della personalità da parte dell'Anima

"I simboli astratti generici possono essere combinati con il simbolo del sole o di una stella; per esempio di un triangolo equilatero (il quale simboleggia i tre aspetti della personalità fisica, emozionale, e mentale) e sopra all'apice del triangolo un sole o una stella, con raggi irradianti simboleggiante il Sé. Questo è un simbolo molto adatto per illustrare il processo della psicosintesi spirituale, cioè l'azione e la penetrazione delle energie del Sé spirituale nella personalità" (1973, p. 170).

Nel mio diagramma *L'illuminazione della personalità da parte dell'Anima*, che ho creato per illustrare questa idea, vediamo il triangolo equilatero che rappresenta la personalità integrata, cioè le energie che dall'inconscio inferiore e medio si raccolgono attorno all'io. Questa integrazione è la nostra psicosintesi personale. Come anticipato, i tre aspetti fondamentali della personalità sono il corpo, le emozioni e la mente.

Nel centro del triangolo ho inserito l'io, come punto di pura autocoscienza e volontà. Sopra il triangolo abbiamo il sole come simbolo dell'Anima, che vuole pervadere la personalità con i suoi raggi, cioè con i contenuti del supercosciente, al fine di realizzare la psicosintesi spirituale. In questa fase l'Anima e la personalità sono unite ed è possibile manifestare le energie supercoscienti attraverso il corpo, le emozioni e i pensieri.

La linea tratteggiata tra l'Io e l'Anima è il ponte della coscienza, che sviluppa gradualmente la sua capacità di trasmettere la coscienza dell'Anima alla personalità. Qui ho combinato gli elementi noti dell'Ovoide per dimostrare che lo sviluppo è un movimento che viene promosso dall'io dal basso verso l'alto e direzionato dall'Anima dall'alto verso il basso.

Assagioli illustra questa idea come segue:

"…gli elementi spirituali che scendono come raggi di sole nella personalità umana, nella nostra coscienza personale, che formano il collegamento fra la nostra personalità umana ordinaria e l'Io spirituale, la Realtà spirituale. Sono come dei raggi che discendono e che si colorano e si attenuano variamente, secondo la permeabilità, la trasparenza della nostra coscienza personale" (1988, p. 211).

Nel prossimo capitolo vedremo come la personalità può diventare permeabile alle energie supercoscienti, un processo che fa parte del cammino di auto-sviluppo. Al fine di illustrare come l'io personale si evolva dalla coscienza di sé a quella dell'Anima, dobbiamo occuparci della teoria dello sviluppo nella psicosintesi.

CAPITOLO III

LA TEORIA DELLO SVILUPPO
IN PSICOSINTESI

"Maslow ha esposto un'illuminata progressione
di sviluppo evolutivo in cinque fasi"
(Assagioli)

Nell'ultimo capitolo ho riportato l'osservazione di Assagioli secondo cui il diagramma dell'Ovoide "non contempla il suo aspetto dinamico, che è il più importante ed essenziale".

Questo aspetto dinamico è la teoria dello sviluppo in psicosintesi: in *Principi e Metodi della Psicosintesi Terapeutica* Assagioli ne fornisce una breve descrizione e ne amplia successivamente i concetti nel libro *L'Atto di Volontà*. La teoria descrive il percorso dell'io, dalla consapevolezza preconscia, a quella autocosciente, a quella supercosciente. Di seguito esporrò uno schema generale di questo processo.

Assagioli fu ispirato nel suo lavoro dal poeta e scrittore Dante Alighieri (1265-1321). Riteneva Dante un illuminato e paragonava il processo della psicosintesi alla *Divina Commedia*, che lui definiva "il meraviglioso quadro di una psicosintesi completa" (1973, p. 174). La poesia di Dante descrive il viaggio dell'Anima dall'Inferno, attraverso il Purgatorio, fino al Paradiso. Così scrive Assagioli:

"La prima parte – il pellegrinaggio attraverso l'Inferno – indica l'esplorazione dell'inconscio inferiore. La seconda parte – la salita del Monte del Purgatorio – indica il processo della purificazione morale e il graduale risveglio del livello della coscienza mediante l'uso delle tecniche attive. La terza parte – l'ascesa nei vari cieli del Paradiso – dipinge in modo insuperato gli stadi della realizzazione supercosciente, fino alla visione finale dello Spirito Universale, di Dio, nel quale Amore e Volontà sono fusi" (1973, p. 174).

Assagioli descrive un modello di sviluppo che si svolge in diverse fasi. Muovendo dalla parte inferiore dell'Ovoide, si spinge attraverso diversi livelli e fasi fino all'*Autorealizzazione*. Nella mia tesi di Master in *Psicosintesi Integrale* (Sørensen, 2008) elenco parecchie fonti a sostegno di questo punto di vista; di seguito esaminerò le molte sfumature che arricchiscono questo modello.

Nello sviluppare il suo modello, Assagioli ha integrato le idee di molti altri studiosi. Un'influenza importante è stata quella dello psicologo americano Abraham Maslow, autore di una serie di libri che ebbero grande successo negli anni '50 e '60 e il cui peso fu determinante nello sviluppo della psicologia umanistica e transpersonale. Maslow è particolarmente noto per la "gerarchia dei bisogni". Assagioli fa spesso riferimento nei suoi scritti a Maslow; inoltre incoraggiava i suoi studenti a studiarne i libri (non datato 2).

Nel libro *L'Atto di Volontà* Assagioli accosta all'Ovoide la gerarchia dei bisogni (1977, capitoli 8-10). Le somiglianze appaiono evidenti e nel suo libro Assagioli cita ben 25 volte Maslow. L'integrazione tra la teoria dello sviluppo di Maslow e il modello "statico" di Assagioli è ovviamente un punto importante, perché mette in relazione il suo modello con un altro, a stadi, molto chiaro e dinamico. Il viaggio evolutivo dell'io passa attraverso *stadi che si succedono in un processo naturale* dall'inconscio inferiore, attraverso l'inconscio medio, fino al supercosciente e oltre.

In ambito psicosintetico c'è un po' di confusione su questo modello a stadi, tant'è che autorevoli teorici della psicosintesi, come John Firman e Ann Gila, hanno suggerito ampie modifiche al modello originale di Assagioli. Attualmente vi sono due diverse teorie dello sviluppo all'interno della psicologia transpersonale, dove Assagioli appartiene allo stesso campo di Maslow e del teorico contemporaneo Ken Wilber. Dal momento che ho discusso tutto questo nella mia tesi di master, non mi ci soffermerò ora, anche se citerò un eccellente articolo sull'argomento del ricercatore olandese Frank Visser (Visser, 1998).

SVILUPPO ATTRAVERSO I TRE LIVELLI DELL'INCONSCIO

Vediamo come Assagioli integra le idee di Maslow nel suo diagramma. Come accennato, Maslow parla di una "gerarchia dei bisogni", vale a dire di una scala di necessità che motivano l'io: questi vanno dai "bisogni carenziali", come la fame, alla necessità di "essere" o "meta-bisogni", di significato e illuminazione più elevati. Maslow ha riconosciuto che, quando i bisogni a un dato livello sono soddisfatti, ne appaiono di più elevati, che guidano l'io verso il successivo livello di sviluppo. Nel diagramma seguente la "gerarchia dei bisogni" di Maslow è inclusa nell'Ovoide, secondo le linee guida di Assagioli nel libro *L'Atto di Volontà* (1977, pp. 78, 83-84, 86).

Così spiega Assagioli:

"In *Motivation and Personality* Maslow ha descritto chiaramente la 'gerarchia delle esigenze'. Parla prima delle esigenze psicologiche fondamentali; poi di quelle personali come l'amore e il bisogno di integrazione, la stima e l'autorealizzazione; e anche di un terzo gruppo: le esigenze transpersonali o trascendenti. Gratificare i primi due gruppi di esigenze spesso genera, paradossalmente, un senso di noia, di tedio, di vuoto e di mancanza di significato. Porta a cercare più o meno alla cieca 'qualcos'altro', qualcosa di più" (1977, p. 83).

Assagioli spiega anche come la "gerarchia dei bisogni" si inserisce nell'Ovoide:

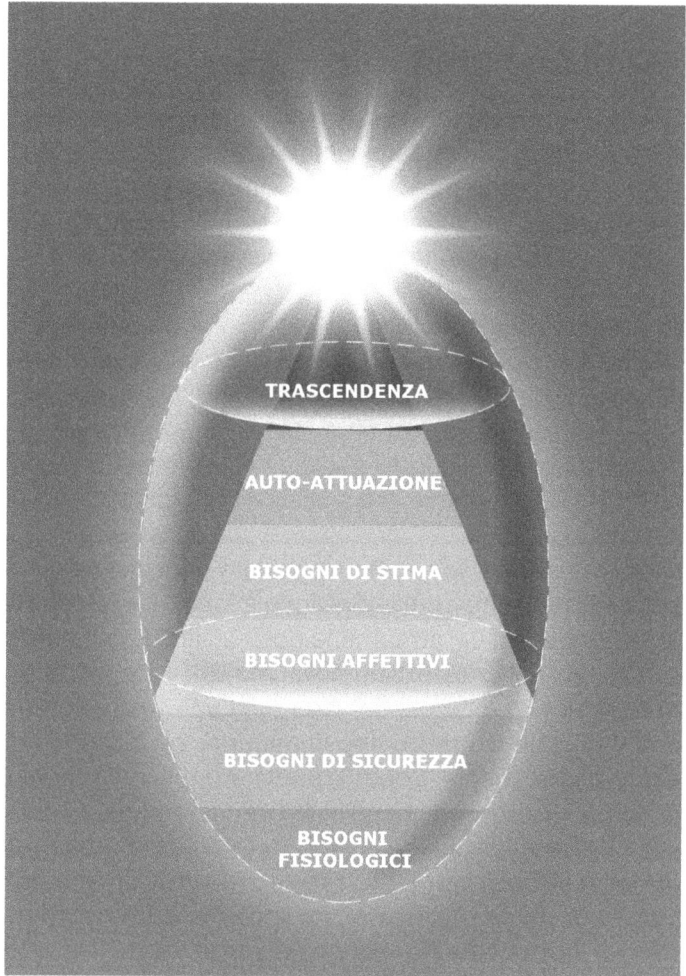

Il diagramma dell'Ovoide e la gerarchia dei bisogni di Maslow

"Le esigenze fondamentali e le normali esigenze personali riguardano il livello inferiore e il livello medio della vita psicologica, sia cosciente che inconscia. C'è tuttavia un terzo livello, superiore – l'area del Supercosciente – che culmina nel Sé transpersonale" (1977, p. 86).

Ne consegue che per Assagioli i bisogni primari, come la fame e la sicurezza, si trovano nell'inconscio inferiore. Possiamo dedurlo dalla prima citazione, in cui definisce come personali i bisogni di appartenenza, amore, autostima e auto-attuazione che sono collegati all'inconscio medio, mentre i bisogni di significato e di trascendenza rientrano nel supercosciente.

Assagioli spiega poi come, nel soddisfare i bisogni dell'inconscio medio, attiviamo e sviluppiamo la *volontà*:

"Tutti i bisogni mettono in atto gli impulsi corrispondenti per la gratificazione. Gli impulsi relativi alle esigenze primarie sono più o meno ciechi, istintivi e inconsci. Ma per le esigenze più personali gli impulsi portano gradualmente a degli atti volitivi coscienti, che mirano alla loro soddisfazione. Dunque ogni esigenza suscita, prima o poi, una *volontà* corrispondente" (1977, p. 86).

Lo sviluppo conseguito sotto lo stimolo dei bisogni dell'inconscio medio culmina in ciò che Assagioli chiama psicosintesi *personale*, vale a dire l'integrazione armoniosa delle risorse dell'inconscio inferiore e medio attorno all'io, quale centro di autocoscienza e volontà. Assagioli identifica questa fase di sviluppo con l'auto-attuazione di Maslow (1977, p. 93). A questo stadio evolutivo troviamo l'uomo liberato, orientato agli obiettivi e autocosciente, che si occupa di soddisfare i suoi bisogni e sogni personali.

L'auto-attuazione non è affatto guidata principalmente dal bisogno di essere apprezzati (autostima); per definizione è "oltre" l'autostima e ha lo scopo di soddisfare bisogni creativi e attuarne le potenzialità. La domanda tipica di questo stadio è: "Quanto posso realizzare nella vita quando concentro tutte le mie risorse su alcuni obiettivi selezionati?". Non si ha una vera volontà cosciente fino a quando non si raggiunge questo tipo di maturità, né ci si può auto-attuare in una fase di sviluppo precedente; a questo punto attingiamo a energie olistiche, integrando le molteplici risorse della personalità per raggiungere un obiettivo generale. Possiamo chiamarla *fase integrale*. Non necessariamente è presente in questo stadio la presenza di qualche motivazione spirituale o umanitaria; l'essere umano attuato può ancora essere egoista. Molto spesso in questo stadio sono la voglia di "successo" o di mostrare forza e potere personali a fornire la motivazione.

La fase di autorealizzazione inizia quando l'io si apre alle energie supercoscienti, apertura che è spesso preceduta da una crisi esistenziale. Secondo Assagioli: "Gratificare i primi due gruppi di esigenze spesso genera, paradossalmente, un senso di noia, di tedio, di vuoto e di mancanza di significato" (1977, p. 83). Durante questa crisi di significato e di scopo, lo stadio raggiunto dal Sé – qualunque esso sia – determinerà se saranno i bisogni dell'Anima o quelli della personalità a dirigere la nostra vita. Se l'io entra in una nuova fase del suo sviluppo e viene animato da una nuova motivazione ancorata nel supercosciente, allora il Sé può iniziare a guidare le nostre vite.

OTTO STADI DI SVILUPPO

Il modello di sviluppo di Assagioli distingue tra una psicosintesi personale e una transpersonale (1973, p. 30) e sostiene che lo sviluppo transpersonale porta alla autorealizzazione, definita come "fusione della coscienza-dell'io con il Sé spirituale" (1975, p. 202).

Secondo quanto sostiene nel libro *L'Atto di Volontà*, Assagioli integra in questo processo la teoria di Maslow e presenta tutte le fasi dello sviluppo in relazione al diagramma dell'Ovoide. Per Assagioli "Maslow ha presentato una interessante progressione di cinque stadi di sviluppo evolutivo" (1977, p. 92), fasi nelle quali sono collocate diverse tipologie di persone con differenti motivazioni.

I primi due tipi sono motivati principalmente dalle esigenze carenziali dell'inconscio inferiore e dell'inconscio medio. I due tipi che seguono sono centrati sulla spinta verso l'auto-attuazione e le energie superiori dell'inconscio medio. Assagioli indica due tipi di auto-attuazione, una "egoistica" e una di stadio superiore, maggiormente motivata da valori transpersonali. Il quinto tipo è la persona autorealizzata, focalizzata sull'espressione creativa delle energie del supercosciente e sull'identificazione con l'Anima.

Assagioli suddivide lo stadio del quinto tipo in tre parti, cosicché il percorso di autorealizzazione si svolge in un totale di otto fasi. Quindi il quinto stadio è composto da:

1. *Attivazione ed espressione delle potenzialità situate nell'inconscio superiore:* Leonardo Da Vinci e Goethe sono due esempi che hanno raggiunto questo stadio.

2. *Consapevolezza diretta del* Sé nell'unione della coscienza dell'io personale con il Sé superiore. Secondo Assagioli questo stadio è stato raggiunto da Gandhi, Florence Nightingale, Martin Luther King e Albert Schweitzer.

3. *Comunione del Sé superiore con il Sé universale:* a questo stadio appartengono i più elevati mistici di tutti i tempi.

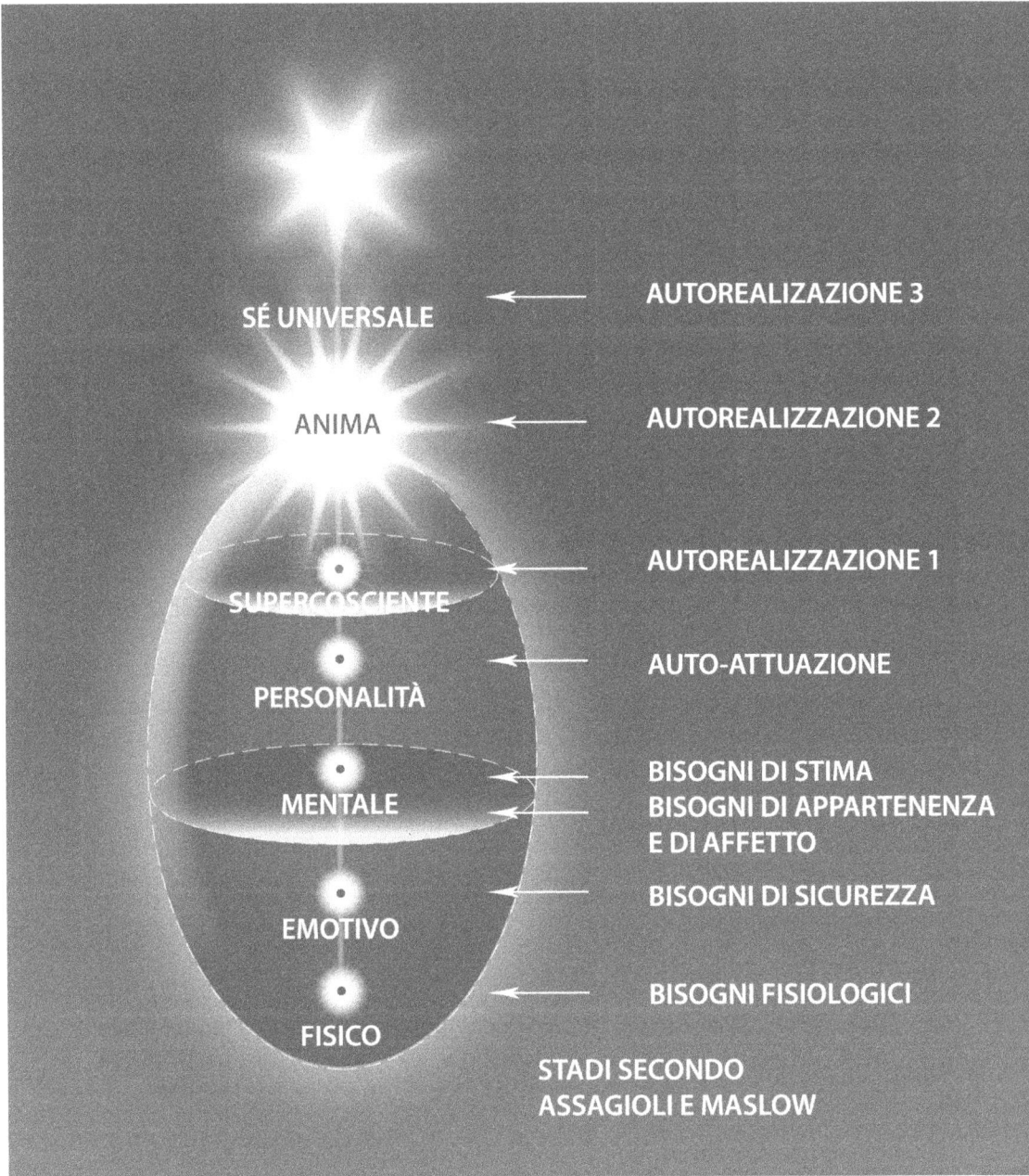

SÉ UNIVERSALE	← AUTOREALIZAZIONE 3
ANIMA	← AUTOREALIZZAZIONE 2
SUPERCOSCIENTE	← AUTOREALIZZAZIONE 1
PERSONALITÀ	← AUTO-ATTUAZIONE
MENTALE	← BISOGNI DI STIMA / BISOGNI DI APPARTENENZA E DI AFFETTO
EMOTIVO	← BISOGNI DI SICUREZZA
FISICO	← BISOGNI FISIOLOGICI

STADI SECONDO
ASSAGIOLI E MASLOW

Gli otto stadi della Psicosintesi

Nella figura illustrata tutti gli stadi sono messi in relazione con il diagramma dell'Ovoide.

L'autorealizzazione, nel suo significato tecnico, è un processo che si estende, attraverso il supercosciente, soprattutto verso l'Anima e il Sé universale. Fa parte di questo processo anche una fase prolungata di purificazione, cui è necessariamente collegata una discesa nell'abisso dell'inconscio inferiore. Le nostre energie personali devono essere purificate, in modo che possano esprimere l'amore-saggezza universale che fluisce dal supercosciente. Il viaggio di Dante attraverso il Purgatorio è un'espressione poetica di questo processo.

Rispondendo alla chiamata dell'Anima, l'io può trascendere i limiti della "coscienza normale" e manifestare le energie necessarie per l'autorealizzazione. Oltre a un percorso psico-spirituale, per l'autosviluppo esistono anche altre vie di trascendenza relative a diversi tipi di personalità, che per Assagioli includono:

1. *Trascendenza attraverso l'amore transpersonale.* Praticando l'altruismo e la devozione alla natura, all'umanità e al divino, ci evolviamo attraverso l'espressione dell'amore transpersonale. Questa modalità di autorealizzazione può essere chiamata la via dell'amore.

2. *Trascendenza attraverso l'azione transpersonale.* Poiché l'azione umanitaria e socialmente consapevole può comportare sacrificio e rischio personali, può essere transpersonale. Possiamo chiamarla la via dell'azione.

3. *Trascendenza attraverso la bellezza.* Questa è la via estetica: il vero artista è disposto a sopportare molto dolore e sofferenza per esprimere la bellezza che prova.

4. *Trascendenza attraverso l'autorealizzazione.* Questa è la via dell'illuminazione e riguarda coloro che cercano consapevolmente di realizzare i potenziali del supercosciente, che peraltro hanno la loro origine nell'Anima.

Possiamo vedere queste *vie* di trascendenza come forme di volontà: una volontà fondamentale di trascendere i limiti della personalità attraverso l'unione con qualcuno o qualcosa di più grande. Tutte le *vie* rappresentano l'unione di amore e volontà (1977, p. 89).

SVILUPPO NON-LINEARE

La gerarchia dei bisogni potrebbe suggerire che le persone si sviluppino in modo lineare, ma Assagioli, come Maslow, sapeva che non era affatto così: le qualità transpersonali possono apparire anche in una personalità scarsamente integrata. Vi sono idealisti che non hanno la forza di realizzare i loro ideali, e persone sensibili alla bellezza, ma inefficaci nella vita (1974, p. 121).

Lo sviluppo avviene per fasi, ma non necessariamente un passo dopo l'altro, come per salire le scale: per integrare i progressi bisogna fare "due passi avanti e uno indietro". Quando si conquista un nuovo stadio superiore, bisogna ritornare indietro e integrare lo stadio precedente con le prospettive, i bisogni e i valori emersi nello stadio superiore raggiunto. Ogni passo in avanti innesca conflitti con i bisogni precedenti e questa tensione deve essere risolta, integrata e allineata con il nuovo livello. Il nostro risveglio al supercosciente deve essere riflesso nel nostro comportamento fisico e subconscio; inoltre tutti gli aspetti della psiche, comprese le subpersonalità, devono essere riorganizzati secondo la nuova realtà.

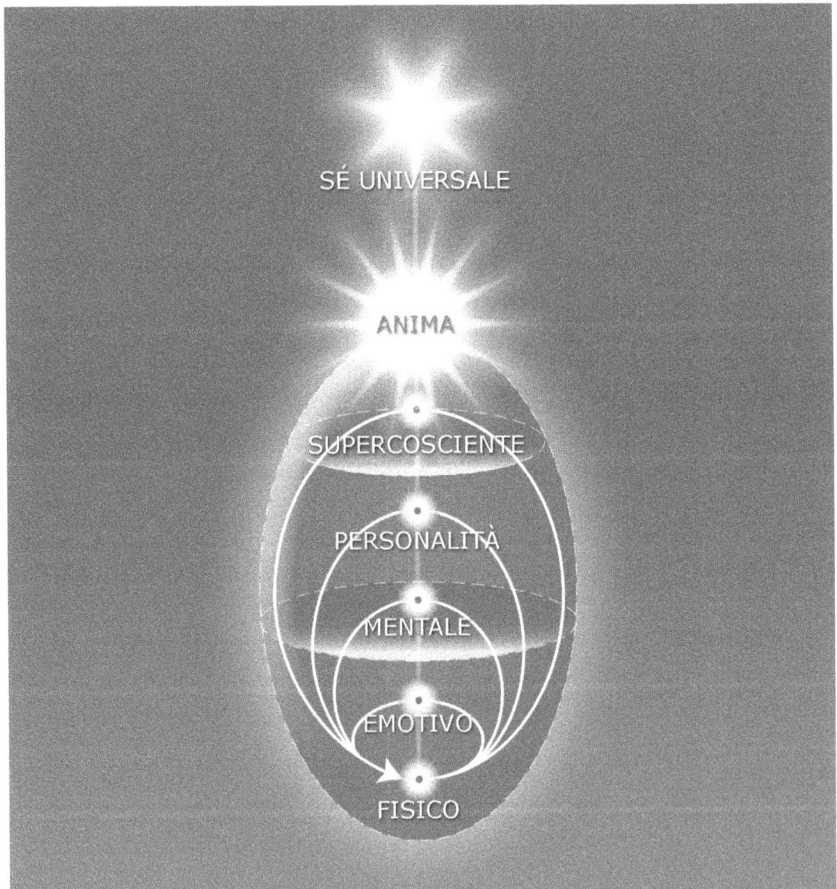

Lo sviluppo a spirale del diagramma dell'Ovoide

Essere in grado di reagire spontaneamente con amore e saggezza in tutte le situazioni richiede un profondo processo trasformativo, come ben sanno coloro che praticano una vita spirituale. Vi è nel processo evolutivo un ritmo naturale, un flusso tra salita e discesa e una graduale collaborazione consapevole tra l'io, l'Anima e le parti inconsce.

Tale sviluppo è illustrato in questo diagramma, che comprende i tre aspetti della personalità - mentale, emotiva e fisica - e lo stadio della personalità integrata. In uno sviluppo sano si verifica uno scambio continuo tra energie superiori e inferiori, scambio nel corso del quale i nostri nuovi valori informano la nostra sessualità e la nostra relazione con il denaro e il potere. Se però dallo sviluppo spirituale vengono escluse le energie più basse, allora dall'ombra può emergere del materiale distruttivo, una situazione che può essere osservata all'interno di ambienti spirituali che si concentrino troppo sulla trascendenza.

Le energie supercoscienti devono palesarsi tramite *manifestazioni dell'inconscio inferiore* prima di poter essere espresse, a livello fisico, al servizio dell'umanità. Trascendere i nostri bisogni personali non è sufficiente; le energie dell'inconscio inferiore - sessualità, aggressività, assertività - devono essere portate sotto il dominio dell'amore e della saggezza dell'Anima.

Assagioli era convinto che lo scopo dell'illuminazione fosse quello di servire l'umanità; l'estasi che si prova nel contatto con l'Anima deve servire a questo scopo (1973, p. 173; 1988, pp. 219, 235). Obiettivo dell'evoluzione è la sintesi dell'umanità e in definitiva del cosmo.

Il panenteismo evolutivo condivide questa prospettiva: la coscienza trascendentale è di scarsa utilità se non è d'aiuto alle lotte dell'umanità. Noi siamo l'umanità. Per usare una metafora: saliamo la montagna, per così dire (il supercosciente), per poter poi tornare a condividere ispirazioni, amore e volontà, ben consapevoli che l'umanità, la terra e il cosmo coesistono in un'unione divina. Questa è una realtà a livello spirituale, ma non ancora a livello fisico.

Assagioli riconobbe che persone diverse raggiungono fasi evolutive diverse in tempi diversi. Era importante, sosteneva, identificare il livello evolutivo di un bambino nel suo ambiente educativo (1960). Era anche consapevole delle resistenze a un simile atteggiamento:

"Un'altra ragione o pseudo-ragione dell'ostilità ... è un falso concetto di uguaglianza degli esseri umani e dell'ideale democratico ... Sembra ... quasi un insulto ammettere che ci sono persone di alta statura psicologica e spirituale" (Besmer, 1973).

Secondo la prospettiva evolutiva, abbiamo tutti gli stessi valori in quanto esseri umani, ma le nostre prospettive non sono buone in ugual misura. L'"uguaglianza di genere" è una prospettiva più preziosa dello sciovinismo maschile o del femminismo assertivo, perché riguarda il benessere totale dell'umanità, piuttosto che quello di un solo sesso. Nel desiderio di uguaglianza vi è un amore più ampio e profondo, e le persone che sono guidate da questo valore mostrano in quest'atteggiamento un livello di coscienza più elevato.

Un altro modo di introdurre questi livelli è attraverso l'idea di "olarchie". Come appare nel diagramma, questi sono interi all'interno di interi, talché il corpo (1) è incluso nelle emozioni, le emozioni (2) nei pensieri (3), i pensieri nella personalità (4) e la personalità nell'Anima (5). Anche il supercosciente è racchiuso dall'Anima e infine abbiamo il Sé universale (Dio) che racchiude tutto. Lo spirito può essere sperimentato sia come un essere universale (il campo blu) sia come un Sé universale (un nucleo).

LE LINEE DELLO SVILUPPO
IN PSICOSINTESI

Il diagramma dell'Ovoide e le Olarchie

Finora abbiamo descritto le fasi di sviluppo dell'io e le diverse esigenze con le quali l'io si identifica muovendo dal preconscio al supercosciente. La teoria della psicosintesi include anche sette funzioni psicologiche, attraverso le quali sperimentiamo ed esprimiamo l'io. Ciò consente una teoria dello sviluppo molto più sfumata e variegata, nella quale ciascuna delle funzioni ha una sequenza di sviluppo unica.

Lo psichiatra svizzero C.G. Jung ha parlato di quattro funzioni: sentimento, pensiero, sensazione e intuizione. La concezione di Assagioli ne prevede sette. Nel libro *L'Atto di Volontà* Assagioli spiega le funzioni psicologiche usando il diagramma della Stella (1977, p. 18). Possiamo concepire le funzioni psicologiche come "abilità" che usiamo durante il nostro viaggio attraverso la vita: l'io e la volontà formano il centro della stella da cui le funzioni emanano e da cui ricevono e trasmettono varie energie.

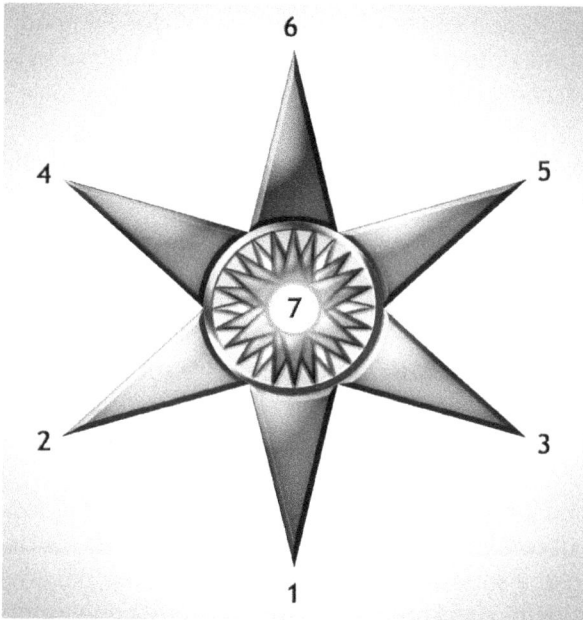

Il diagramma a Stella

Come si vede nel diagramma, la psicosintesi lavora con:

Volontà (7)

Intuizione (6)

Pensiero (5)

Immaginazione (4)

Desiderio (3)

Emozione (2)

Sensazione (1)

Tutti noi possediamo queste funzioni psicologiche e grazie a loro impariamo a governare le nostre vite: sono strumenti di azione attraverso i quali l'io si manifesta nel mondo e cerca di comprendere gli spazi interiore ed esteriore. Al centro della stella c'è l'osservatore, la silenziosa consapevolezza di essere, che Aristotele chiama il "motore immobile". Da questo centro silenzioso, *grazie alle* funzioni psicologiche, emanano le forze attive, manifestando l'attuale livello di coscienza e di intenzione dell'io.

La *volontà* dirige la nostra energia per mezzo di intenzioni, scelte e decisioni. La volontà è la motivazione di base che mette in moto tutto il resto, ma raramente ce ne rendiamo conto. Solo con la vera consapevolezza-di-sé, la volontà diventa una *vera* volontà e non un semplice desiderio inconscio: prendiamo decisioni con la volontà e le nostre azioni rivelano le nostre identificazioni.

Il *sentimento* rappresenta la nostra sensibilità, la nostra capacità di percepire e identificare la *qualità* del nostro ambiente psicologico. Ci dice cosa ci fa sentire a nostro agio o a disagio. È la nostra risposta al mondo esterno e ci fa capire cosa sta succedendo dentro e fuori di noi.

Il *pensiero* definisce le cose: raccoglie, organizza, classifica ed etichetta le informazioni, permettendoci di valutare le impressioni provenienti da altre funzioni. Il pensiero interpreta la realtà sulla base delle nostre conoscenze e ci consente di comunicare con gli altri tramite il linguaggio.

L'immaginazione è la capacità di evocare e creare immagini: usiamo cioè l'immaginazione per visualizzare la realtà come *potrebbe* essere. Tali immagini influenzano la nostra vita emotiva e mentale, cosicché sono "reali" come la realtà fisica e "fattuale".

Il *desiderio* include istinti, pulsioni, desideri, bisogni, attrazioni e repulsioni; ci mette in moto e fa accadere le cose. Esistono molti livelli di desiderio, dall'istinto di sopravvivenza all'amore appassionato per Dio.

La *sensazione* coinvolge il corpo e i sensi e permette all'io di agire nel mondo fisico. Il corpo àncora le energie provenienti dalle altre funzioni psicologiche, ci informa di ciò che sta accadendo nel mondo esterno e di come ciò influisce sul corpo stesso. Le sensazioni e il corpo ci forniscono l'energia e la forza vitale necessarie per mantenerci in salute.

Secondo Assagioli l'*intuizione* è una funzione soprattutto transpersonale, ma possiamo avvalercene a tutti i livelli di coscienza. L'intuizione fornisce una visione diretta dell'insieme e di come noi o una situazione ci inseriamo nel quadro più ampio. Fornisce accesso diretto alla verità e trasmette un senso di interconnessione fra tutte le parti dell'universo.

Uno degli scopi della psicosintesi è quello di sviluppare queste funzioni psicologiche. Assagioli infatti scrive che la psicosintesi promuove "lo sviluppo degli elementi che sono deficienti o che sono inadeguati agli scopi che ci siamo proposti" (1973, p. 35). Assagioli era preoccupato di uno "sviluppo squilibrato" e molte delle sue tecniche mirano a rafforzare le funzioni psicologiche più deboli (1973, p. 59).

Nel libro *L'Atto di Volontà* Assagioli sostiene che le funzioni psicologiche si sviluppano gerarchicamente[1] e possono essere più o meno complete o evolute. Nella piramide di Maslow i bisogni della parte in alto sono più complessi e rappresentano uno sviluppo superiore rispetto ai bisogni di base che stanno più in basso. Per Assagioli lo stesso vale per le funzioni psicologiche: "L'esistenza di differenti livelli di essere aventi valori diversi è una manifestazione evidente e innegabile della grande legge di evoluzione, nel suo progredire dagli stadi semplici e primitivi ad altri più raffinati e altamente organizzati" (1977, p. 77). Applicando questo all'amore, Assagioli scrive che "un amore opprimente, possessivo, geloso e cieco è a un livello inferiore rispetto a un amore tenero e che si interessa all'amato come persona ..." (1977, p. 77).

---

1   Assagioli sostiene l'idea di Maslow e Wilber secondo cui la struttura della realtà è gerarchica od olarchica. I suoi riferimenti alla gerarchia dei bisogni di Maslow ne sono un chiaro esempio: 1988, p.151, 168, 170, 185, Keen 1975.

Le funzioni psicologiche in quanto linee di sviluppo

Anche le altre funzioni psicologiche e le linee di sviluppo evidenziano questa legge col salire dal fondo dell'Ovoide fino al livello dell'Anima. Le funzioni psicologiche si sviluppano verso l'universalità, con i livelli più elevati che sono più inclusivi di quelli inferiori. Assagioli è consapevole che le idee gerarchiche non sono popolari, e in questo è concorde con Jung: "Jung deplora giustamente questo concetto pseudo-umanitario e la falsa concezione della democrazia. Il desiderio di portare tutti allo stesso livello e di ridurli allo stato di pecora, sopprimendo la struttura aristocratica e gerarchica naturale (in senso psico-spirituale, sia chiaro), prima o poi porta inevitabilmente alla catastrofe" (1967b).

L'io può svilupparsi secondo otto fondamentali linee, che non evolvono allo stesso modo: ciò mette in evidenza il carattere complesso del nostro sviluppo e mostra perché non proceda in modo lineare come una scala.

L'ottimo lavoro di Ken Wilber chiarisce bene questo argomento e il lettore che ricerchi uno studio dettagliato di queste diverse fasi e linee di sviluppo può trovarlo nel suo libro *Integral Psychology*.

Possiamo, per esempio, essere altamente sviluppati a livello cognitivo, ma meno a livello emotivo, oppure possiamo trovare difficile trasformare le nostre idee in azioni. Le otto linee del diagramma dell'Ovoide si riferiscono direttamente allo sviluppo dell'io, ma altre linee di sviluppo rappresentano varie combinazioni di tutte le funzioni. I valori, la sessualità, l'estetica hanno il loro sviluppo, ma lo spazio non mi permette di discuterne ora.

Nel diagramma vediamo la linea dell'io d'una persona (5) sviluppata al livello di autocoscienza razionale. La sua empatia, compassione (2) e idealismo (7) sono anch'essi altamente sviluppati. Se la sua linea dell'io raggiunge il livello del supercosciente, la sua esperienza di sentirsi separato dalle altre persone tende a dissolversi. Il nostro idealismo può essere altamente sviluppato - possiamo lavorare per il benessere degli animali o della foresta pluviale - ma il nostro senso dell'io potrebbe non raggiungere ancora il livello di coscienza unitaria.

Consentitemi di descrivere brevemente le linee evolutive dell'io e di tre funzioni psicologiche.

La linea evolutiva dell'io (5) esprime il livello di coscienza all'interno e all'esterno del diagramma. Determina il nostro centro di gravità e su quale stadio abbiamo la nostra àncora di identificazione; determina pure quanto possiamo osservare e includere della realtà, dalla consapevolezza del corpo a quella del supercosciente. Grazie alla meditazione l'io si risveglia in un vasto paesaggio interiore di energie; la meditazione di consapevolezza, che implica la disidentificazione dai contenuti della coscienza, è uno strumento importante di questo sviluppo.

La *volontà* si sviluppa prendendo decisioni deliberate e consapevoli; prima di questo momento siamo guidati da istinti, esigenze di sicurezza e adattamento. A livello personale la volontà è orientata verso il successo e il potere di controllare la propria vita. Più oltre, quando siamo motivati dalla buona volontà del supercosciente, sviluppiamo la capacità di creare armonia e sintesi nel mondo; siamo per esempio in grado di riunire persone, organizzazioni e nazioni attorno a valori caritatevoli e umanistici che affratellano.

Quando rafforziamo la funzione dell'*emozione*, sviluppiamo la nostra sensibilità e la nostra empatia, oltre che lo spazio interiore e la forza necessari per contenere emotivamente il mondo che ci circonda. Accresciamo così la nostra comprensione, sia orizzontalmente verso il nostro prossimo nel diventare più inclusivi, sia verticalmente nell'elevare i nostri sentimenti al livello del supercosciente, dove possono esprimersi come amore impersonale, universale e incondizionato. Lo sviluppo emotivo fornisce la forza e lo spazio interiore necessari per contenere emozioni distruttive, pesanti e dolorose.

La funzione del *pensiero* si riferisce al nostro livello di comprensione e alle diverse prospettive dalle quali siamo in grado di percepire la realtà: ciò include la comprensione del nostro contesto sociale esterno - la nostra famiglia e la comunità mondiale - nonché i valori culturali che modellano la nostra coscienza. "Verticalmente" significa ampliare le nostre prospettive per capire il nostro posto nel cosmo e nell'oceano di energia di cui facciamo parte. Tutto ciò riguarda la qualità delle nostre interpretazioni della realtà, quanto siamo integrali e quante prospettive includiamo nella nostra consapevolezza di essa.

Nel suo *A Psychology with a Soul*, Jean Hardy offre un modello alternativo di svlup-

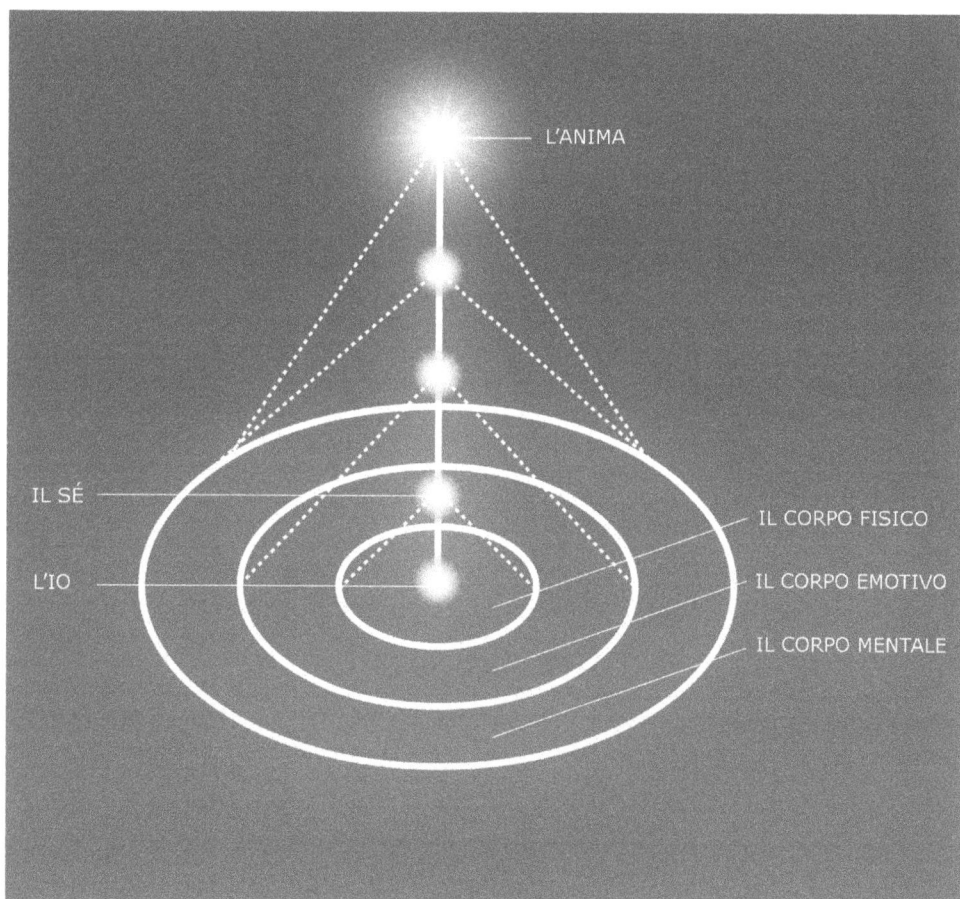

I quattro stadi primari dello sviluppo in psicosintesi

po che è anche gerarchico. Secondo lei, l'io si sviluppa attraverso gli stadi di "corpo", "sentimenti", "pensiero" e infine "Anima" (vedi l'illustrazione). Ciò dimostra quanto la teoria dello sviluppo della psicosintesi sia diventata sfaccettata.

Nella nostra teoria dello sviluppo resta ancora da affrontare un elemento: la relazione con l'inconscio collettivo, l'area al di fuori dell'Ovoide che condividiamo con tutta l'umanità e con tutta la creazione.

La Grande Catena in varie Tradizioni di Saggezza

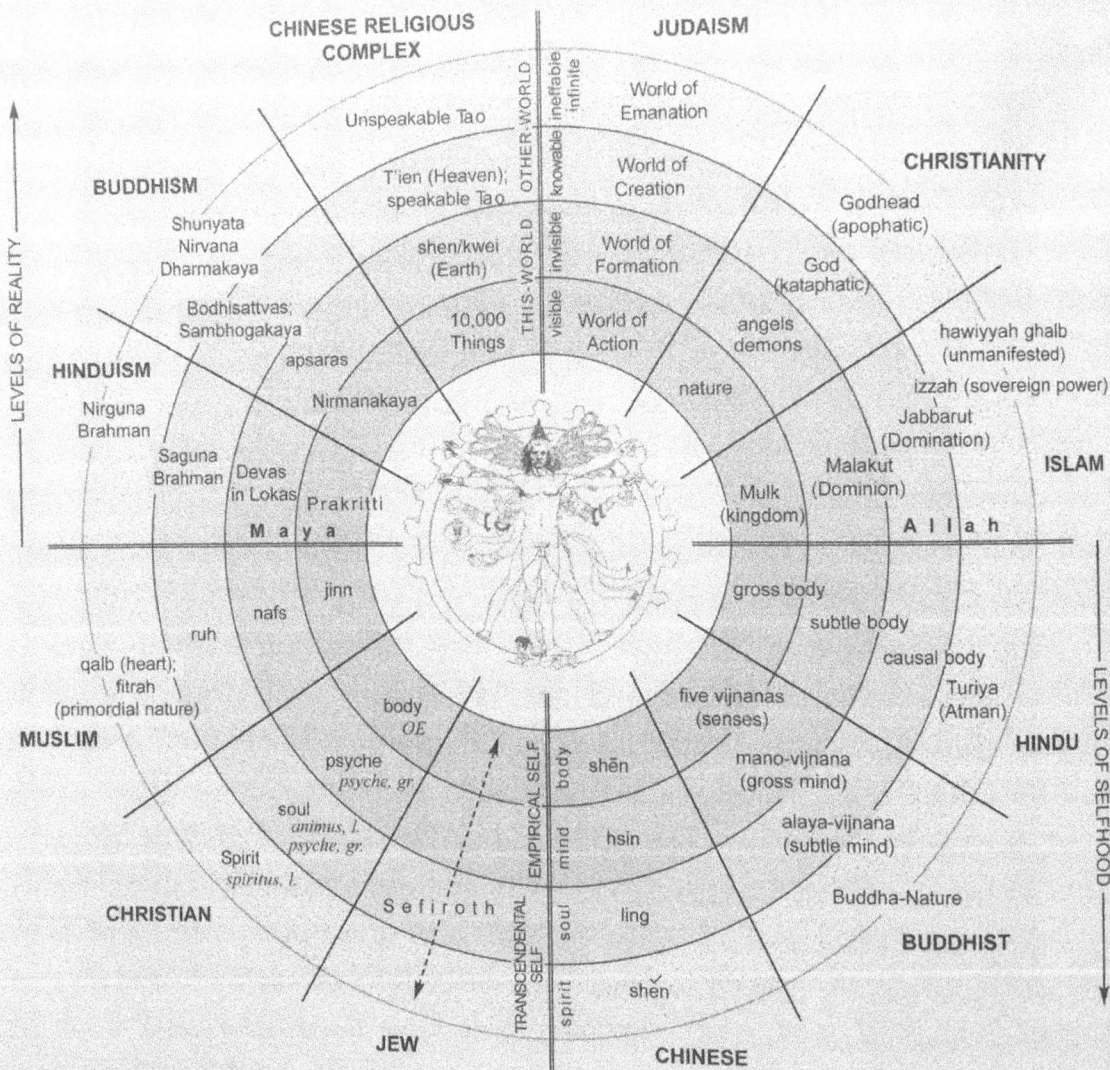

L'INCONSCIO COLLETTIVO

L'inconscio collettivo è costituito da diversi livelli ontologici di realtà e frequenze di energia che condividiamo con tutta la creazione. Secondo questa visione, i vari livelli di coscienza non sono creati dalle repressioni, come sostengono alcuni pensatori, sebbene possiamo reprimere il nostro accesso consapevole a essi. Assagioli si rifà a ciò che il grande studioso Huston Smith (1976) denomina "la Grande Catena dell'Essere": sono "i vari livelli della realtà o dei campi di energia" che a suo dire costituiscono "una parte essenziale della psicosintesi" (non datato 2).

La maggior parte delle tradizioni spirituali (Smith, 1976) si basa su una struttura gerarchica od olarchica dell'esistenza. Nel diagramma[2] vediamo come questa realtà sia stata condivisa dai grandi mistici e veggenti della maggior parte delle religioni del mondo.

Questa idea appartiene anche alla filosofia perenne, secondo la quale ciascuna delle tradizioni religiose del mondo condivide un'unica verità universale; Ken Wilber si riferisce a una serie di pensatori contemporanei che hanno in comune la medesima prospettiva.

La Grande Catena dell'Essere è nata con la creazione del cosmo. Ciò presuppone non solo un mondo materiale - che potrebbe essere nato attraverso un Big Bang - ma anche un certo numero di mondi interiori creati attraverso l'involuzione dello spirito, come citato nel capitolo I. Assagioli condivide questa visione e scrive (1988, p. 75):

"Il terzo gruppo di simboli, molto diffuso, è quello dell'elevazione, dell'ascesa, della conquista dello 'spazio interno' in senso ascendente. Vi è una serie di mondi interni, ognuno dei quali ha caratteri specifici, ed entro ognuno di essi vi sono livelli superiori e livelli inferiori. Così nel primo, il mondo delle passioni e dei sentimenti, vi è una grande distanza, un forte 'dislivello', dalle passioni cieche ai sentimenti più elevati. Vi è poi il mondo dell'intelligenza, della mente; e anche qui vi sono livelli diversi: quello della mente concreta, analitica e quello della ragione superiore, filosofica (*nous*). Vi sono inoltre il mondo dell'immaginazione, di tipo inferiore e di tipo superiore; il mondo dell'intuizione, il mondo della volontà e, ancora più in alto, i mondi ineffabili che possono venir indicati soltanto con la designazione di 'mondi della trascendenza'".

Il diagramma seguente presenta una struttura di base di questi mondi interiori. Il

---

2 The Great Chain in varie Tradizioni di Saggezza, compilato da Huston Smith (layout grafico per gentile concessione di Brad Reynolds).

mio articolo *Psychosynthesis and Panentheism* (Sørensen, 2015) include molte citazioni di Assagioli rilevanti per questa discussione. Il diagramma mostra varie gerarchie od olarchie nelle quali i mondi superiori trascendono e includono mondi inferiori e possono anche essere visti come modello dell'inconscio collettivo di Jung. Assagioli osserva in merito: "L'inconscio collettivo è un vasto mondo che si estende dal livello biologico a quello spirituale, nel quale devono quindi essere fatte distinzioni di origine, natura, qualità e valore" (1967b).

Il diagramma alla pagina seguente mostra come l'io, con il resto dell'umanità, deve viaggiare attraverso i diversi mondi per tornare alla sua fonte spirituale: questo viaggio inizia con l'unificazione dell'io e dell'Anima e continua fino all'unificazione con il Sé Universale. L'immaginazione è una funzione di sintesi, che opera anche contemporaneamente su diverse altre funzioni: sensazione, sentimento, pensiero e intuizione (1973, p. 124).

"LA GRANDE CATENA DELL'ESSERE"

Così si conclude la mia indagine sulla teoria dello sviluppo. La descrizione delle diverse fasi è stata necessariamente breve; il lettore è incoraggiato a documentarsi sui riferimenti forniti in questo capitolo, approfondendoli.

Passeremo ora ai sette concetti chiave della psicosintesi, a cominciare dalla disidentificazione, concludendo questo capitolo con un sorprendente appello di Assagioli:

"Faccio un cordiale appello a tutti i terapeuti, psicologi ed educatori affinché si impegnino attivamente nel necessario lavoro di ricerca, sperimentazione e applicazione. Sentiamo e obbediamo all'impulso suscitato dal grande bisogno di guarire i gravi mali che al momento stanno colpendo l'umanità; rendiamoci pienamente conto del contributo che possiamo dare alla creazione di una nuova civiltà, caratterizzata da un'armoniosa integrazione e cooperazione, pervasa dallo spirito di sintesi" (1975, p. 9).

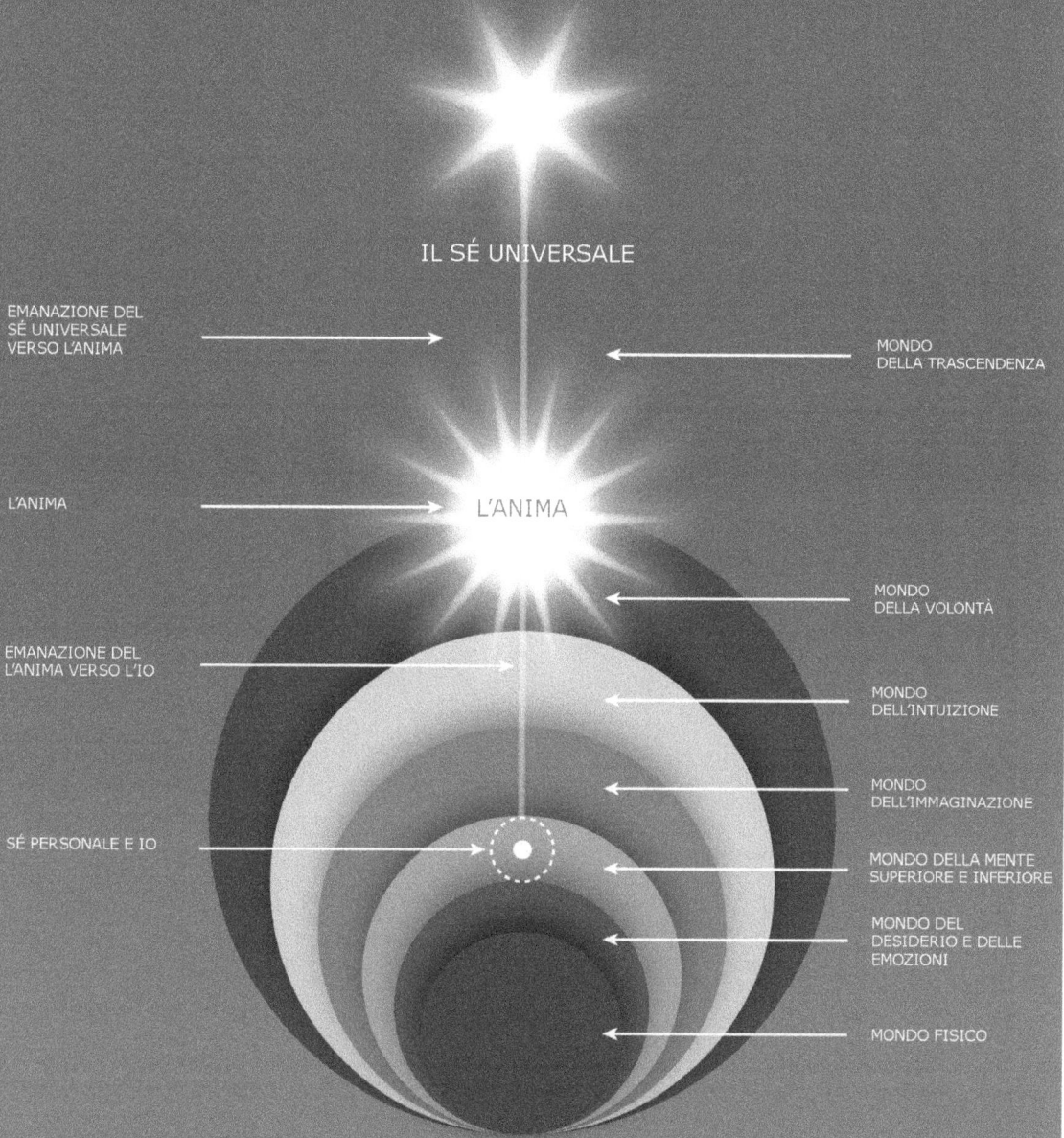

IL SÉ UNIVERSALE

EMANAZIONE DEL
SÉ UNIVERSALE
VERSO L'ANIMA

MONDO
DELLA TRASCENDENZA

L'ANIMA

L'ANIMA

MONDO
DELLA VOLONTÀ

EMANAZIONE DEL
L'ANIMA VERSO L'IO

MONDO
DELL'INTUIZIONE

MONDO
DELL'IMMAGINAZIONE

SÉ PERSONALE E IO

MONDO DELLA MENTE
SUPERIORE E INFERIORE

MONDO DEL
DESIDERIO E DELLE
EMOZIONI

MONDO FISICO

La Grande Catena dell'Essere

CAPITOLO IV

LA DISIDENTIFICAZIONE
– LA VIA VERSO LA LIBERTÀ

"In Psicosintesi è fondamentale l'uso consapevole e intenzionale dell'autoidentificazione o disidentificazione"

(Assagioli)

Ho già anticipato nel capitolo I che l'obiettivo della disidentificazione è quello di aiutarci a non assimilarci ai ruoli sociali o ad altri aspetti limitanti della nostra personalità. La psicosintesi è una terapia, oltre che una pratica di autoformazione individuale; il nostro strumento più importante come terapeuti è la nostra personalità, quindi dobbiamo guardare attentamente sia l'aspetto terapeutico, sia quello autoformativo.

La disidentificazione crea tra noi e qualunque cosa con la quale ci identifichiamo una distanza che ci rende indipendenti da essa: secondo Ken Wilber si tratta di "convertire i soggetti nascosti in oggetti coscienti". L'osservatore non è l'osservato: perciò il processo di disidentificarci da false immagini di noi ci aiuta a scoprire il nostro vero io, l'osservatore. L'identificazione con determinati stati psicologici, ruoli sociali e identità consente loro di diventare oggetti distali o "me"; disidentificarsi è lasciare andare l'attaccamento a questo "me", osservandolo e integrandolo nel modo giusto. Esso diventa quindi un *oggetto* di coscienza e noi ci scopriamo osservatori, punti di pura autoconsapevolezza e volontà, il che ci schiude un più agevole accesso alla nostra natura e alle nostre poliedriche potenzialità. La disidentificazione è una via verso la libertà, poiché l'osservatore viene gradualmente liberato dai contenuti della coscienza: e infatti uno dei principali obiettivi della psicosintesi è di allenarci in questa tecnica, in modo che possiamo imparare a identificarci con l'autocoscienza piuttosto che con pensieri, sentimenti e corpo.

Nel praticare la disidentificazione diventiamo osservatori dei contenuti della nostra coscienza: sensazioni, sentimenti e pensieri. La disidentificazione può essere fatta ovunque, con gli occhi chiusi o aperti: essa si basa sull'introspezione e sull'affermazione amorevole e sincera che noi non siamo un qualunque oggetto della nostra coscienza. Siamo l'osservatore e stiamo cercando di capire come riuscire ad accogliere tutto ciò che si manifesta in coscienza, senza identificarci con esso. Il processo termina con un esame della nostra pura autocoscienza: diventiamo consapevoli di essere consapevoli e, grazie a questo, possiamo identificarci con l'autocoscienza stessa.

Nel riconoscere noi stessi come osservatori, siamo liberi di scegliere come esprimerci e agire. Tuttavia non è sufficiente solo capirlo, poiché eliminare vecchi ruoli e condizionamenti inconsci richiede disciplina e lavoro. Questa pratica è affine alla mindfulness ma, a differenza del buddismo, la Psicosintesi considera l'io come concetto e realtà *centrale*.

Vediamo ora come la psicoterapia psicosintetica usa la disidentificazione. Per Assagioli lo scopo più alto della Psicosintesi è "far prender coscienza del Sé transpersonale e di render operanti le sue energie; ma *prima* bisogna aiutare il soggetto a eliminare gli ostacoli e i conflitti esistenti, a integrare e armonizzare la propria personalità a tutti i livelli, e *poi* – ogniqualvolta sia possibile – favorire l'unione tra l'io personale e il Sé" (1973, p. 66).

In questo passaggio Assagioli descrive i due obiettivi principali della psicosintesi personale e transpersonale: il primo è l'integrazione dell'inconscio inferiore e medio con l'io in quanto osservatore e volontà, ovverossia il processo di "auto-attuazione". Il successivo è dare via libera alle energie del supercosciente e metterle al servizio dell'umanità, il che prepara la personalità all'autorealizzazione, cioè alla fusione dell'io con l'Anima.

Abbiamo accennato che possiamo accedere alle energie supercoscienti senza ancora essere una personalità integrata, come nel caso dell'artista creativo la cui vita personale è un disastro; le fasi dello sviluppo fungono da mappa generale per aiutare i terapeuti a orientarsi nel guidare un cliente lungo il suo progredire.

La terapia va sempre pianificata in base alle esigenze del cliente: "Nella psicosintesi va sempre tenuto presente il *piano o programma generale della cura*, al quale devono venir subordinati ogni metodo, esercizio e tecnica" (1973, p. 67); vale a dire che gli interventi terapeutici vanno opportunamente basati su di una visione olistica del cliente.

Non va abusato delle tecniche. Secondo Assagioli il "fattore umano, del vivente rapporto e interazione personale vivente fra il terapeuta e il malato" è centrale (1973, p. 68). Ma, poiché la volontà è essenziale nella psicosintesi, le tecniche di auto-aiuto sono importanti. I clienti devono partecipare alla loro psicosintesi applicando le molte tecniche attive offerte dalla terapia: "in psicosintesi l'uso consapevole e intenzionale di autoidentificazione o disidentificazione", scrive Assagioli, "è fondamentale" (1975, p. 111).

Assagioli individuò determinati stadi della terapia che non dovrebbero essere confusi con le fasi generali dello sviluppo elencate nel capitolo III, anche se non è insolito vedere una tale confusione nella letteratura sulla psicosintesi. Le fasi terapeutiche si svolgono secondo un processo terapeutico e non devono avvicendarsi in rigida successione; possono essere modificate per adattarsi alla *fase di sviluppo nella quale al momento si trova il cliente* (1973, p. 35).

Tuttavia le fasi terapeutiche sono applicate in un contesto complessivo di psicosintesi personale e transpersonale, e contengono anche quei *passaggi naturali* descritti da Maslow e da Dante. Assagioli ne dà chiara conferma nel capitolo in cui tratta del processo terapeutico.

La psicoterapia psicosintetica dovrebbe aiutare il cliente a:

1. *sperimentare se stesso come testimone amorevole,* che può osservare, accogliere e trasformare i contenuti della coscienza;
2. *sperimentare se stesso come osservatore dinamico* consapevole della volontà-di-essere-io, il quale, grazie a questa consapevolezza, concretizza i propri bisogni, risorse e valori scelti.

Assagioli così descrive le fasi terapeutiche (1973, p. 27) che portano alla realizzazione della psicosintesi:

1. Conoscenza integrale della propria personalità.
2. Dominio degli elementi che la compongono.
3. Realizzazione del Sé, o almeno scoperta o creazione di un Centro Unificatore.
4. Psicosintesi: formazione o ricostruzione della personalità intorno al nuovo Centro.

Diamo un'occhiata a queste fasi e all'importante ruolo in esse svolto dalla disidentificazione.

1. Conoscenza integrale della propria personalità

In questa prima fase esploriamo la regione inconscia dell'Ovoide, in particolare come le sue risorse e limitazioni sono correlate all'attuale necessità di guarigione del cliente. Assagioli raccomanda per prima cosa di fare una panoramica della vita del cliente e di come le sue problematiche possano essere collegate alle influenze familiari e culturali: in questa fase prendiamo in considerazione ciò di cui il cliente è già consapevole.

Indagare troppo presto l'inconscio inferiore può essere pericoloso, perché traumi e altro materiale represso possono sopraffare un cliente non preparato. Assagioli consiglia di formarsi una visione d'insieme del cliente tramite l'autobiografia, il diario e i questionari (1973, p. 70); anche i test di personalità possono essere utili. In questa fase è importante il consolidamento di una relazione di fiducia tra cliente e terapeuta.

Si inizia poi a esplorare l'inconscio, esaminando le tematiche portate dal cliente in terapia e concentrandosi sulle aree che il cliente indica o che ci sembrano particolarmente importanti in questa fase; quanto andare nel profondo dipende dai desideri del cliente, dal suo tempo e dalle sue disponibilità economiche.

Prima di procedere in tale esplorazione, il cliente dovrebbe essersi formato una certa esperienza dell'osservatore interno, inizialmente con l'aiuto del terapeuta, ma "poi – nel corso delle sedute – questo atteggiamento può e deve essere assunto sempre più coscientemente, deliberatamente e al massimo grado" (1973, p. 70). Nel prossimo capitolo parlerò della psicoterapia fondata sulla consapevolezza, che riguarda lo sviluppo dell'osservatore in terapia.

Il cliente è ora allenato a disidentificarsi da ruoli, credenze e voci interiori che emergono in terapia. Si rende conto che lui *non* è le sue condizioni fisiche, i suoi sentimenti, i suoi desideri, i suoi pensieri o le sue fantasie, ma è un osservatore amorevole che li accoglie e sta lentamente imparando a padroneggiarli. Assagioli suggerisce che all'inizio del trattamento il terapeuta fornisca al cliente informazioni sull'Ovoide (1973, p. 84), introducendolo come un'ipotesi da verificare tramite le proprie esperienze e intuizioni. L'obiettivo è che il cliente diventi testimone amorevole dei suoi processi psicologici quotidiani e la disidentificazione sia il metodo principale di tale processo.

2. Dominio dei vari elementi della personalità

In questa fase ci si occupa del materiale represso sino a quel momento emerso. Va precisato che le quattro fasi non sono processi completamente separati nel tempo; spesso anzi possono essere affrontate nella *stessa* sessione.

Il cliente vi apprende a padroneggiare le influenze limitanti e dolorose che provengono dall'inconscio e che gli impediscono di essere un sé autentico, un essere liberato che attua le sue risorse, bisogni e valori. Se il primo passo verso la libertà è la disidentificazione, quello successivo è liberare l'io dalla prigione interiore.

Assagioli usa un linguaggio forte per descrivere questo stadio, che può provocare una battuta d'arresto: parla di "dominare" e "controllare" l'inconscio inferiore (1973, p. 28) e la sua descrizione del padroneggiare inibizioni inconsce, tabù e complessi appare come una specie di battaglia psicologica. Eccone alcuni esempi.

"Vi sono in noi delle tendenze istintive, degli elementi vitali, ad esempio gli impulsi sessuali e quelli aggressivi che, non si lasciano vincere così, ma insorgono di nuovo e di nuovo" (1973, p. 30). Nel capitolo successivo Assagioli sottolineava il motivo per cui *non* dovremmo reprimere o giudicare i molti nostri impulsi (1973, pp. 54, 58).

Parla anche di come dovremmo osservare forze inconsce e pulsioni, cioè "calmamente, impersonalmente", al fine di creare una "certa distanza psichica" (1973, p. 29).

Le sue argomentazioni sono forti: "È noto come l'analisi e la critica tendano a freddare, e quasi uccidere, le emozioni e sentimenti. Questo potere, che spesso è usato in modo indiscriminato e nocivo contro le forze vive e feconde, i sentimenti superiori, può e dovrebbe invece venire usato per dissolvere gli elementi non desiderabili esistenti in noi" (1973, p. 30). Secondo me questo non è un approccio molto utile e sembra contraddire l'atteggiamento usuale di Assagioli.

Assagioli disse a Sam Keen: "La coscienza di sé significa che siamo un testimone – un testimone puro, oggettivo, amorevole – di ciò che sta succedendo dentro e fuori di noi" (Keen, 1974). Ho scelto di evidenziare la saggezza del testimone amorevole, in quanto si confà maggiormente alle mie esperienze personali e a quello che ritengo fosse l'approccio di base di Assagioli in psicoterapia.

A proposito di questa seconda fase terapeutica Assagioli aggiunge:

"Noi siamo dominati da tutto quello con cui il nostro io si identifica. Noi possiamo dominare, dirigere e utilizzare tutto quello da cui ci disidentifichiamo" (1973, p. 28).

Assagioli definisce poi ciò che intende per controllo: "la repressione tende a spingere di nuovo l'impulso nell'inconscio, mentre il controllo non implica né paura né condanna, ma padronanza e regolazione. In altre parole, il controllo consente l'espressione, ma un'espressione in modo innocuo o utile: il controllo assicura cioè un 'momento di pausa', ovverossia il tempo necessario per procedere con l'ulteriore compito di utilizzare l'energia dell'impulso o dell'emozione" (1973, p. 106).

Mi trovo d'accordo con Assagioli, ma nel mio lavoro evito parole come "dominio" e "controllo": hanno connotazioni non utili, che sono infatti controproducenti quando si lavora cercando di realizzare il "testimone amorevole". Tuttavia è vero che *può accadere* di essere dominati da forze inconsce. Propongo perciò questa parafrasi:

"Noi siamo dominati da tutto quello con cui il nostro io si identifica. Siamo in grado di padroneggiare e dirigere tutto ciò da cui ci disidentifichiamo". Assagioli, lo sappiamo, ha parlato di padronanza e direzione delle nostre energie interiori, il che è in linea con quanto ho appena espresso (1973, pp. 16, 59).

La disidentificazione porta alla padronanza dell'inconscio, ma potrebbe essere necessario che il cliente si identifichi temporaneamente con un'esperienza traumatica prima di riuscire a conseguire tale padronanza: purificare e scaricare l'intensità emotiva rende più facile la disidentificazione (1973, pp. 101-102). Anche altre tecniche sono utili in questa fase: catarsi, sfogo corporeo, analisi critica.

Osserviamo come i nostri clienti riescono a padroneggiare differenti influenze psicologiche, in modo da potervisi identificare e così esprimere liberamente il loro io autentico.

La disidentificazione ci aiuta a capire chi siamo e come liberarci dai presupposti inconsci che limitano la nostra identità. Come accennato, la nostra identità è in gran parte costituita da aspetti della nostra personalità che rappresentano solo alcune delle nostre risorse interiori. La nostra identità può essere formata da (1975, pp. 111-113):

- un'identificazione con le funzioni psicologiche e i ruoli sociali
- l'io come pura autocoscienza e volontà
- l'Anima come pura autocoscienza e volontà

Nel primo caso possiamo identificarci con una o più funzioni psicologiche:

- Il nostro corpo, se siamo identificati con il nostro aspetto, abilità o talenti relativi al corpo.
- I nostri sentimenti, se siamo identificati con le caratteristiche del nostro temperamento, vale a dire dolce, vivace, duro, ecc.
- Il nostro intelletto, se siamo identificati con le nostre conoscenze, educazione o attitudini.
- I nostri ruoli sociali come madre, padre, donna, uomo, carriera e ruoli inconsci come vittima, pagliaccio, brava ragazza, ribelle, ecc.

Queste identificazioni presentano delle sfide: sono limitate, quindi instabili, e possono avere scarsa influenza sulla realtà. Chi sia identificato con la propria forza reprime spesso le parti della sua natura a questa contrarie; oppure una donna, identificata con il ruolo di madre, affronta una crisi di identità quando i figli escono di casa. Questi tipi di identità possono creare tensioni interiori quando emergono elementi conflittuali della personalità, qualcosa di cui parlerò più avanti nell'esplorare l'arte della sintesi.

La disidentificazione implica il lasciar andare le limitazioni delle identificazioni, permettendoci di coinvolgere tutta la nostra personalità. Un cliente dice: "Non mi sento a mio agio nel campo delle relazioni"; il terapeuta allora gli chiede: "Quale parte di te sta parlando ora?". Facendogli notare che è una particolare "convinzione" che sta parlando in quel momento, il cliente può *osservare* questa "voce" come qualcosa di abbastanza diverso da se stesso, diventando così l'osservatore amorevole. In questo modo è possibile osservare le nostre auto-percezioni, così da poter rivalutare la nostra identità e *scegliere consapevolmente* identificazioni nuove e più adatte.

Quando ci identifichiamo con il testimone amorevole, la disidentificazione svela che la natura dell'io è di essere un osservatore e un centro di volontà. La testimonianza amorevole è la coscienza stessa e non il contenuto della coscienza. Alla fine possiamo identificarci con l'Anima, di cui parleremo nel capitolo X.

Quando scopriamo "ciò che non siamo", possiamo sceglierci nuovi ruoli ed espressioni più autentiche. Sì, siamo padri o madri, ma dobbiamo creare questo ruolo in un nostro modo autentico e unico, e altrettanto dobbiamo fare con gli altri ruoli che ricopriamo nella vita. Individuare ciò che è autentico è ciò che riguarda la fase successiva.

3. Realizzazione del proprio vero sé: scoperta o creazione di un Centro unificatore

In questa fase il cliente scopre in sé ciò che v'è di autentico – quello che dobbiamo fare noi stessi terapeuti. Le scoperte delle fasi precedenti arricchiscono la terapia di obiettivi e direzione nuovi: per esempio, potremmo voler rafforzare l'esperienza dell'io e il suo contatto con l'Anima o sviluppare lati specifici di noi stessi, cioè un talento, un ruolo sociale, una qualità interiore. Potremmo voler rafforzare in noi il coraggio, la fiducia, l'autorità o migliorare una delle funzioni psicologiche.

Dunque, l'obiettivo è definire la nostra vera identità in relazione alla nostra vita e al nostro stadio attuale di sviluppo. In precedenza abbiamo individuato tre tipi di identità: uno di questi era basato sui ruoli autentici che ricopriamo nella vita e potremmo chiamarlo *l'io effettivo*. Assagioli ha proposto di aggiungere altri due tipi di identità, quello che possiamo chiamare il falso io e l'io futuro. Esaminiamoli in breve:

Il falso io è formato da autopercezioni inconsce o coscienti che non corrispondono a chi siamo. Assagioli definisce sei tipi di false autoimmagini (1973, pp. 141-142) che sono diversi tipi di auto-percezioni: quando sottovalutiamo o sopravvalutiamo noi stessi; quando desideriamo essere qualcosa che non siamo; oppure autopercezioni basate sull'identificazione proiettiva e altre. Queste appaiono come subpersonalità – "voci" interiori – che dirigono il nostro comportamento e che esploreremo ulteriormente nel capitolo VII.

L'io futuro è ciò che Assagioli chiama il modello ideale: "un'immagine realistica di ciò che si potrebbe essere, quando si concentrano volontà ed entusiasmo per diventarlo". Ne parleremo nel capitolo VI.

L'io effettivo, ripetiamolo, rappresenta le autopercezioni realistiche basate sul nostro attuale livello di sviluppo. Le identificazioni dipendono dai ruoli che svolgiamo nella vita: sono temporanee e cambiano man mano che ci sviluppiamo. Idealmente dovremmo *sapere* che i nostri ruoli sociali o professionali non ci definiscono; sotto questo profilo il ruolo di psicoterapeuta e di insegnante dovrebbe costituire un valido esempio. Gli io effettivi sono autentici perché ne siamo *consapevoli*: scegliamo liberamente questi ruoli e li adempiamo in modi che esprimono veramente chi sperimentiamo di essere. Questo vale anche per i ruoli più informali o archetipici, come "diplomatico", "aiutante" o "organizzatore". Ken Wilber lo chiama l'io effettivo (l'io "autentico" o sanamente integrato in qualsiasi fase particolare di sviluppo): è un io che trae la sua motivazione dai diversi strati dell'Ovoide.

L'io è l'io personale, l'osservatore, un riflesso o emanazione dell'Anima. Anche se limitato, è un vero io ed è sempre lo stesso centro di pura autocoscienza e volontà: consapevole, ma senza contenuti, è permanente e stabile. Anche se la nostra identificazione con l'Anima si evolve e diventa individuale-universale, l'esperienza della presenza e della forza dinamica dell'"Io-essere" è la stessa in tutti gli stadi.

L'Anima o Sé transpersonale. Questo è il vero Sé, un testimone eterno, indistruttibile, amorevole e saggio: l'Anima ci guida, ci protegge e ci rafforza tramite la sua presenza e ispirazione. Anche quando non abbiamo alcun diretto contatto cosciente con essa, l'Anima rimane presente sullo sfondo del nostro essere.

La disidentificazione è cruciale nella nostra lotta per l'identità, in quanto *dobbiamo lasciar andare le auto-percezioni basate su ciò che non siamo*. La disidentificazione aiuta a scoprire i falsi io: impariamo a fare un passo indietro e a esaminare i loro bisogni e valori. Mettiamo in dubbio le loro motivazioni: sono basate su bisogni autentici o su come ci percepiscono le altre persone?

La disidentificazione minimizza l'influenza di un ruolo dominante. Alcune donne si identificano così tanto come madri che trascurano se stesse, il marito, il lavoro, ecc., un atteggiamento che può portare a conflitti. È necessario un maggiore equilibrio, in modo da poter essere madre meno ossessivamente: così una madre può trovare gioia e ispirazione in altri ruoli, che peraltro possono avere un impatto positivo sui figli.

Per mettere in pratica la disidentificazione, abbiamo a disposizione molti modi, che esamineremo di seguito; avendo formulato un'immagine chiara di ciò che vogliamo ottenere, possiamo passare alla fase successiva.

4. Psicosintesi:
formazione o ricostruzione della personalità attorno al nuovo centro

È in questo quarto stadio che realizziamo il Modello Ideale, che funge da centro attorno al quale si sviluppa la nuova personalità. Ciò può richiedere del tempo, a seconda dell'obiettivo; di solito lavoriamo volta per volta allo sviluppo di aree specifiche, come l'autostima. Per realizzare la nuova identità, disponiamo di svariate tecniche, quali la visualizzazione, la meditazione di consapevolezza, l'azione orientata agli obiettivi. Tipologie psicologiche differenti hanno specifici bisogni individuali e la terapia dovrebbe essere predisposta di conseguenza. Caratteristica di questa fase è la volontà e il suo potere di motivare le altre funzioni psicologiche: un obiettivo autentico stimola la gioia e innesca bisogni più elevati, che forniscono l'energia e la motivazione per realizzarlo; a sua volta ciò infonde energia alla volontà ed è principalmente la volontà-di-essere-io che controlla questo processo.

In tutto questo svolge un ruolo importante la disidentificazione, in particolare dalle resistenze che ostacolano il processo. È una legge psicologica che *il futuro risveglia il passato*: infatti, quando realizziamo una nuova identità, riemergono quelle vecchie, creando conflitti. Manifestare una nuova identità può produrre affaticamento e paura per la resistenza del falso io e ridurre i nostri livelli di energia.

Diamo ora un'occhiata alla pratica della disidentificazione.

L'esercizio di disidentificazione di Assagioli

Come detto, per Assagioli la disidentificazione è cruciale. Dovremmo proporla il più presto possibile e, poiché si vive così tanto proiettati nel nostro "fuori" piuttosto che nel nostro centro, Assagioli suggerisce che si pratichi la disidentificazione come una "misura di salute psico-spirituale quotidiana" (1975, p. 118).

Assagioli si è ispirato alle pratiche orientali di Vipassana, Raja Yoga e forse anche a quello che è conosciuto come "l'esercizio neti neti", espressione sanscrita che significa "né questo né quello". Praticandolo si arriva a comprendere la natura di Brahman, attraverso ciò che non è: cioè nella distinzione tra la coscienza stessa e il suo contenuto.

La versione assagioliana dell'esercizio di disidentificazione è riportata in Appendice; di seguito invece mi soffermerò su dei commenti e aggiungerò anche qualcosa di mio. Scopo dell'esercizio è di osservare semplicemente le nostre sensazioni, sentimenti e pensieri e affermare che, mentre *abbiamo* un corpo, in realtà *non siamo* il nostro corpo; *abbiamo* emozioni, ma *non siamo* le nostre emozioni; *abbiamo* pensieri, ma *non siamo* neanche i nostri pensieri. Osserviamo infine la coscienza stessa e il soggetto che sta meditando e affermiamo che *noi siamo* "un centro di pura autocoscienza e volontà".

Con l'affermazione "io ho un corpo, ma *non sono* il mio corpo", Assagioli non intende affatto rifiutarlo, anzi raccomanda subito di aggiungere: "Lo tratto bene, cerco di mantenerlo in buona salute, ma *non è me stesso*". È consapevole che questa affermazione può generare delle resistenze: "Tra alcuni pazienti, in particolare americani, c'è una grande resistenza all'idea di disidentificarsi da corpo, sentimenti e pensieri; e una profonda paura di dividersi in parti diverse, se si fa così" (1975, p. 122).

Assagioli suggerisce che siamo talmente identificati – fino all'ossessione – con una parte di noi stessi, da farcene dominare completamente. Dobbiamo abbandonare questa identificazione in modo da poter sperimentare il nostro centro (l'osservatore), che quindi raccoglie, include e sintetizza *tutto* ciò che siamo (1975, p. 123). Una volta ad Assagioli fu posta la seguente domanda:

D.: "Ad alcune persone non piace l'idea di dire 'ho un corpo, ma non sono il mio corpo' o citare altri contenuti della coscienza. Pensano che questo sia un rifiuto".

R.A.: "Questo è uno dei tanti fraintendimenti che sono conseguenza di un malinteso fondamentale. Non v'è nessun rifiuto, ma un mettere le cose al loro posto. Abbiamo bisogno di corpi e dovremmo prenderci cura di loro e apprezzarli ... Al momento però per molte persone è il corpo che possiede loro: sono schiavi del loro corpo. Perciò, come prima reazione, si rivela probabilmente necessario uno stadio di separazione dal punto di vista psicologico; potremmo dover andare all'altro estremo per un po'. E questo è vero per ogni tipo di possesso" (non datato 2).

Non dovremmo "separarci" e dissociarci dal corpo; il compito è invece quello di essere un testimone amorevole che lo apprezza e lo abbraccia con amore. Viviamo nel corpo, che è un tempio, ma non siamo lui. Molte esperienze di premorte ed extra-corporee suggeriscono che la coscienza possa esistere al di fuori del corpo. Il corpo cambia, le cellule vengono sostituite, passa dalla stanchezza alla vitalità e al dolore: è talmente ovvio. Non possiamo trovare un centro permanente di libertà, amore ed essere quando ci identifichiamo con il corpo. La mia esperienza personale di molti anni di meditazione quotidiana suggerisce che la disidentificazione dal corpo e dalle altre funzioni psicologiche è cruciale per raggiungere la pura autoconsapevolezza.

Corpo, sentimenti e pensieri sono strumenti dell'io e dell'Anima (1973, p. 109): è grazie a essi che manifestiamo l'io e l'Anima nel mondo. Il nostro obiettivo è di sviluppare una relazione compassionevole con queste funzioni, riconoscendoci un centro di volontà amorevole e saggia, capace di padroneggiarle, dirigerle e utilizzarle (1973, p. 110).

Dire "ho un corpo, ma sono più del mio corpo", come alcuni fanno, mi sembra non cogliere l'essenza della questione e oscurare l'esperienza della pura autoco-scienza. Infatti, una simile affermazione tenderebbe a insinuare che l'identità sia al contempo e il corpo e qualsiasi altro contenuto della coscienza: il che è proprio l'opposto di quello che Assagioli intendeva per disidentificazione.

Tuttavia, il linguaggio di Assagioli può fare intendere che dobbiamo mantenere una fredda distanza dal nostro corpo, dalle emozioni e dai pensieri:

"È un atteggiamento abbastanza simile, persino identico, a quello dello scienziato naturalista che osserva obiettivamente, pazientemente e persistentemente i fe-nomeni naturali che si verificano intorno a lui" (1975, p. 114). Abbiamo visto che Assagioli ha suggerito una "fredda, impersonale osservazione" delle nostre imma-gini e complessi mentali. Associare la disidentificazione alla scienza e al suo freddo approccio analitico potrebbe non essere attraente per molte persone, oltre che apparire in contrasto con l'atteggiamento di "testimone amorevole".

IL PROCESSO DELLA DISIDENTIFICAZIONE

Abbiamo detto che l'Anima non è mai separata dalla personalità; è una presenza immanente, come fattore di guida e protezione. L'Anima vive nel supercosciente, ma, allo stesso modo del sole, il suo splendore si irradia in tutta la psiche, anche se potremmo non esserne consapevoli. L'io ha un compito analogo con la per-sonalità: tutte le funzioni e i processi della personalità devono essere illuminati di consapevolezza amorevole. Quindi non si tratta affatto di separarsi da corpo, emozioni e pensieri; al contrario si tratta di accoglierli e svilupparli con una consapevolezza amorevole e saggia, che può essere attivata solo dal nostro centro o io, col riconoscere se stesso alquanto diverso da corpo, emozioni e mente. Amare qualcosa implica dualità e distanza, uno spazio tra l'amante e l'amato: riempiamo questo spazio con la consapevolezza amorevole. In questo modo la disidentificazione crea sia un centro sia una connessione.

Quando spiego la disidentificazione ai miei studenti, sottolineo l'obiettivo psicosintetico di diventare degli osservatori amorevoli in grado di padroneggiare la propria vita; questo significa *osservare, accogliere ed essere creativi*, utilizzando le proprie energie psico-spirituali. La disidentificazione ci prepara per una nuova autoidentificazione ed è perciò importante:

Osservare cosa succede nel corpo, nelle emozioni e nella mente, sapendo che non si è ciò che si sta osservando. È una doppia consapevolezza; si dirige la coscienza sia verso la sua fonte sia verso gli oggetti che contiene. Si illumina così la casa interiore, i suoi diversi livelli e stanze, che costituiscono la personalità. L'osservazione facilita *l'illuminazione attraverso il riconoscimento*.

Accogliere è accettare incondizionatamente tutto ciò che si ha nella propria casa interiore. Questo tipo di amore viene dal supercosciente e si manifesta tramite il centro del cuore. È un amore impersonale e incondizionato, ben oltre la simpatia e l'antipatia, che aiuta ad abbracciare tutto ciò che sperimentiamo e a creare un "clima" armonioso nella nostra casa interiore. Accettare non significa essere d'accordo, avere feeling, bensì semplicemente permettere al contenuto di esistere fino a quando la trasformazione non l'abbia cambiato.

Respirazione consapevole. Essere consapevoli del nostro respiro concentra la nostra attenzione, impedendoci di perderci in stati di coscienza diversi. Respirando consapevolmente attraverso i vari stati di coscienza – il corpo, i sentimenti e i pensieri –, vitalizziamo ciò che è diventato abitudinario e lo rendiamo evidente; avendolo così portato allo scoperto, ci è più facile liberarcene, lasciandolo andare. Il respiro è sempre nel qui e ora, non nel passato o nel futuro, e questo ci aiuta a essere presenti.

Lasciare andare le identificazioni è cruciale e solo un atto di volontà ci libera dalle nostre abitudini. Se impariamo a mollare tutto sul momento, piuttosto che aggrapparci ai contenuti della coscienza, renderemo più spaziosa la nostra casa interiore: la coscienza si espanderà spontaneamente e disporremo di più spazio per stare in presenza di qualunque cosa si manifesti. A poco a poco ci risvegliamo alla coscienza stessa, a ciò che siamo: è questa la volontà-di-essere-se-stessi, l'intenzione alla base del processo. Possiamo disidentificarci ovunque e in qualsiasi momento, in ascensore, per strada o in meditazione profonda. Il risultato è lo stesso: amorevole distacco, cioè la libertà di scegliere nuove prospettive e modi di essere.

Disidentificarsi è osservare, accogliere, respirare e lasciar andare.

Assagioli ha evidenziato due strati di identificazioni che tendono a oscurare l'osservatore interiore e questa è un'osservazione importante (1975, p. 121). Il primo strato sono i nostri ruoli sociali. Quando medito, sento spesso la voce dell'"insegnante". Il mio lavoro è insegnare e, quando medito, ho nuove esperienze: inizia a farsi sentire una voce come se fossi in piedi davanti a un gruppo di studenti; prima di poter procedere devo lasciar andare questa voce, che è una subpersonalità. Non è l'io, neppure il bambino interiore e il critico interiore. Il livello successivo di identificazione è il commentatore interiore, cioè la nostra voce interiore, quella che associamo a noi stessi, una voce che è difficile da lasciar andare poiché con il commentatore interiore noi ci identifichiamo. Scrive Assagioli: "l'ultima e forse più ostinata identificazione è quella che consideriamo la nostra persona interiore, quella che più o meno persiste durante tutti i vari ruoli che ricopriamo" (1975, p. 121). Spesso, in alcune versioni dell'Ovoide, vicino all'osservatore si vedono raffigurati un paio di occhiali a indicare questo commentatore; affinché l'osservatore appaia come un centro chiaro, fermo e stabile, questa voce deve silenziarsi.

I principianti non riescono a raggiungere spesso questo luogo di silenzio, ma possono comunque disidentificarsi almeno un po'. Esistono infatti diversi livelli di disidentificazione e di seguito descriverò le modalità appartenenti all'io personale. I tre livelli con cui lavoro sono:

Disidentificazione in presenza di forti attaccamenti. Si ha raggiunto una certa distanza mentale dallo stato emotivo, ma non ne è ancora padroni e forse si è ancora sotto il suo controllo. L'osservatore osserva e si prepara a liberarsi. Liberarsi da un'identificazione con un ruolo dominante può causare una crisi: per esempio, chi sei, se non hai più bisogno di essere la ragazza- che-si-annulla-da-sola? La disidentificazione può lasciare un vuoto interiore, un senso di vuoto fino a quando non si trova un nuovo centro autentico per la propria identità. Si può essere disidentificati e tuttavia rimanere influenzati da forti emozioni.

Disidentificazione in presenza di moderati attaccamenti. Questa è la forma più comunemente osservabile. Siamo consapevoli di avere un disturbo, un disagio, un problema psicologico, di subire uno stato psicologico: lo sentiamo presente, ma non riusciamo a lasciarlo andare e comunque la sua presenza non ci impedisce di agire in modo autentico. In questi casi la personalità è ragionevolmente calma: sperimentiamo serenità e presenza, mentre pensieri, stati d'animo e sensazioni vanno e vengono. La nostra consapevolezza è chiara, siamo in contatto con noi stessi. Notiamo fugaci impressioni interne ed esterne, mentre siamo aperti a un'autocoscienza senza contenuto.

Disidentificazione libera da attaccamenti. Quando nella nostra coscienza lasciamo andare del tutto ogni cosa, e la volontà è focalizzata sulla presenza e sulla consapevolezza, allora si raggiunge uno stato di completo silenzio. La superficie della coscienza è "libera da increspature"; c'è solo "l'adesso", una sensazione di essere quiete e trasparenza. Il senso dell'"essere-io" è forte, ma completamente aperto. La forza (volontà) deriva dall'intenzione dell'io di scoprire e sperimentare se stesso. C'è un'autocoscienza aperta che aderisce soltanto all'esperienza della pura autocoscienza e c'è la sensazione di essere liberi – liberi di scegliere e di essere un io autentico.

TECNICHE DI DISIDENTIFICAZIONE

Per lavorare sulla disidentificazione, possiamo disporre di un certo numero di tecniche.

Esercizio di disidentificazione. Sovente pratico la disidentificazione e l'autoidentificazione con i clienti, che di solito registrano l'esercizio sui loro telefoni per averlo disponibile anche in seguito. Chiedo loro di praticare questo esercizio il più spesso possibile, almeno una volta al giorno, di solito per circa 10-15 minuti. In Appendice è riportato un esempio di meditazione di consapevolezza.

Rispecchiare la testimonianza amorevole del cliente. Nella prima sessione avviso i miei clienti che li allenerò a diventare un osservatore amorevole dei loro stati di coscienza. Sottolineo la distinzione tra loro come osservatore e gli stati, o il materiale, che emerge durante la terapia. Li aiuto a prendere coscienza delle identificazioni, degli stati o dei ruoli emotivi (a meno che non appaia necessario favorire l'identificazione, qualora abbiano bisogno di catarsi). Quando un cliente dice "sono talmente arrabbiato con mia madre …", replico, "è una parte di te che è arrabbiata con tua madre; tu sei l'osservatore amorevole. Chi è arrabbiato in te? Riesci ad abbracciare e accettare la parte arrabbiata?". Questo aiuta i clienti ad assumere l'atteggiamento di disidentificarsi dallo stato emotivo e identificarsi con la testimonianza amorevole. Su questa pratica dirò di più nel prossimo capitolo.

Esternazione dei contenuti della coscienza: quando il cliente è legato in misura sensibile a un certo ruolo, per esempio la vittima, può essere d'aiuto esternarlo. Questo può essere fatto in diversi modi:

Lavoro con la sedia. Si posiziona una sedia, che rappresenta la subpersonalità della vittima, di fronte al cliente, la cui sedia rappresenta il testimone amorevole. Il cliente quindi cambia sedia e in tale posizione si identifica con la vittima; poi cambia di nuovo sedia, tornando a identificarsi con il testimone amorevole e a disidentificarsi dalla vittima.

Lavoro con le mani. Il cliente pone entrambe le mani sulle cosce, con i palmi delle mani in alto; quindi gli si chiede di collocare la vittima in una mano e una subpersonalità, che è insofferente di essere vittima, nell'altra. Nel mezzo c'è il cliente come testimone amorevole, che si muove tra i due poli. Uno psicoterapeuta ben allenato alla disidentificazione può essere un valido facilitatore di questo processo.

Disegno libero. Si invita il cliente a disegnare i suoi stati emotivi su un foglio di carta. L'emozione diventa un oggetto esternato sulla carta; i colori e le forme possono essere analizzati e "sentiti" dal testimone amorevole.

Spero che, grazie a quanto ho sinora esposto, sia chiaro il motivo per cui Assagioli ha enfatizzato la disidentificazione come la tecnica principale della psicosintesi: la disidentificazione porta all'autoidentificazione. Non possiamo praticare la psicoterapia psicosintetica se non padroneggiamo questa tecnica. La disidentificazione è il primo passo verso la libertà di *essere un io autentico*. Il passo successivo è la capacità di essere presenti, di contattare il potere della volontà-di-essere-un-io e quindi di fissare un proprio obiettivo di psicosintesi personale o transpersonale. Esamineremo questi passaggi nei prossimi capitoli, concentrandoci sull'io e sulla psicoterapia fondata sulla consapevolezza, sulla volontà e sulla psicoterapia fondata sulla volontà.

Roberto Assagioli, 1888-1974

CAPITOLO V

L'IO
– IL CAMMINO VERSO UNA PRESENZA PIÙ PIENA

"Dal momento che una buona psicosintesi personale
è tutto ciò che possiamo cercare in molti dei nostri pazienti, l'idea che è di importanza capitale e attorno alla
quale ruota l'intera psicosintesi personale è quella di un
io personale, di un punto di consapevolezza e di autocoscienza, abbinato alla sua realizzazione e all'uso della sua
volontà direzionante"
(Assagioli, 1975, p. 87)

Quando Maja iniziò la sua psicoterapia, la sua identificazione con la mente era pa-
lese: le sue razionalizzazioni spesso mi infastidivano e sentivo che era a malapena
consapevole del suo corpo e dei suoi sentimenti. Il suo mondo consisteva di concetti assennati, emotivamente superficiali e privi di fisicità. Venne da me perché
non era contenta della sua vita amorosa: a 33 anni non si era ancora creata una
famiglia. La sua ultima relazione era terminata cinque anni prima e, man mano che
le sue amiche si sposavano e avevano figli, si sentiva sempre più disperata. Al momento aveva una storia con un uomo sposato, ma sapeva che questi non avrebbe
mai lasciato sua moglie, quindi la relazione le causava più dolore che felicità.

Sapevo che il nostro viaggio doveva essere una "discesa" nel corpo e nelle emozioni: presenza e intimità erano il nostro primo compito. Quando parlava della sua
infelicità, nell'ambiente non risuonava alcuna "carica" emotiva e, quando parlava
dell'amore che provava per l'uomo con il quale stava, non riuscivo a "sentirla".

Iniziammo a lavorare per renderla consapevole del suo corpo e più presente in
esso: le suggerii di provare a identificarsi con l'osservatore e di percepire le sue
risposte fisiche ed emotive a parole come "sono infelice" e "io amo". Andare più a
fondo nelle sue esperienze l'avrebbe aiutata a essere consapevole d'una parte più
ampia del suo mondo interiore. La mia intenzione quindi era di aiutarla a diventare un centro di pura autocoscienza e volontà, una testimone amorevole dei suoi
processi psicologici.

Nel capitolo I abbiamo definito l'autocoscienza come presenza – la capacità di essere liberi, desti e consapevoli nel momento presente. Possiamo vederla come una presenza amorevole che, con compassione, contiene e osserva i contenuti del campo della coscienza, interagendo con essi. Nel capitolo VI esploreremo come l'io sia anche una volontà: la volontà-di-essere-io, con ciò intendendo la presenza come autocoscienza focalizzata. La consapevolezza era importante per Assagioli: "Parlo molto di consapevolezza" – scrisse. "La consapevolezza è proprio questo – essere consapevoli tutto il tempo non è 'pura consapevolezza' o qualcosa di trascendente. C'è anche quello, ovviamente. Ma la prima consapevolezza è essere consapevoli delle interazioni tra i fattori della personalità" (non datato 2).

La presenza costituisce l'Anima della psicosintesi: i suoi operatori devono capire come essere presenti e come utilizzare la presenza nel lavoro con i propri clienti. L'io personale è il secondo concetto chiave di Assagioli ed è chiaro il motivo per cui egli riteneva che la sua comprensione fosse caratteristica imprescindibile della psicosintesi. È proprio la definizione di un'identità centrale come pura autocoscienza e volontà che la distingue dagli altri approcci psicoterapeutici. Questo io è qualcosa di abbastanza diverso dai contenuti della coscienza, cioè da pensieri, sentimenti e sensazioni; in merito Assagioli fu profondamente ispirato dalla comprensione orientale dell'io – specialmente dalla filosofia Yogica – e ne scrisse ampiamente.

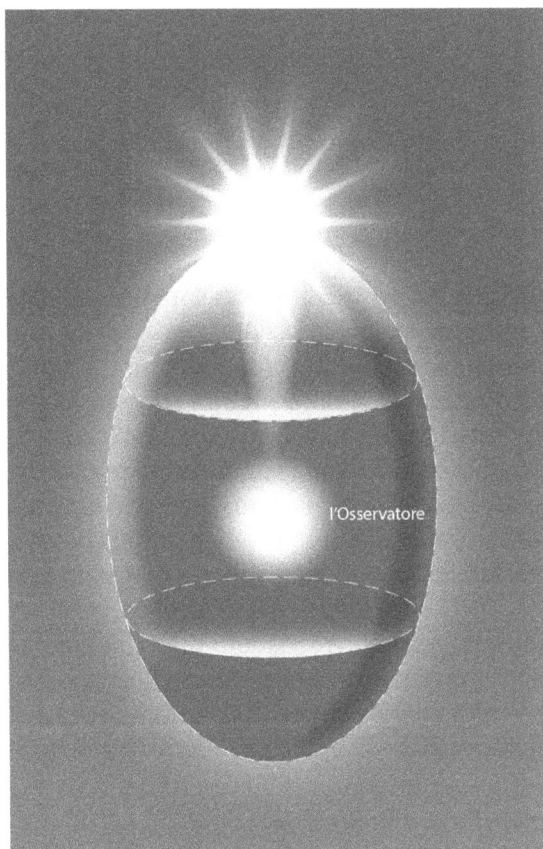

l'Osservatore

Il diagramma dell'Ovoide e l'Osservatore

Pura coscienza, consapevolezza e presenza indicano tutte il fatto fondamentale che siamo esseri coscienti che possono osservare i contenuti e il flusso della coscienza. Fondamentalmente noi *siamo* coscienza e lo vediamo in meditazione quando "osserviamo l'osservatore"; quando rivolgiamo la nostra coscienza verso la sua sorgente, non troviamo altro che coscienza (e volontà, ma ne parleremo più avanti).

In un contesto psicoterapeutico, è evidente il valore di poter osservare i processi psicologici che si svolgono in noi. Quando lavoro con i clienti, uso la metafora della "casa interiore", facendo riferimento ai tre livelli dell'Ovoide (vedi il diagramma al capitolo II): l'inconscio inferiore è il seminterrato, quello medio è il primo piano e il supercosciente è il secondo piano. Ogni livello contiene energie e bisogni diversi che sono attinenti all'io (l'osservatore); alcune camere poi sono occupate da subpersonalità, che colorano l'atmosfera di tutta la casa.

Era chiaro che Maja occupava stabilmente il primo piano della sua casa interiore, regolato secondo razionalità e logica: non era perciò a conoscenza delle risorse disponibili ai piani più bassi e più alti. Quando rivolgiamo la luce della coscienza verso l'interno, illuminiamo ciò che è nascosto e possiamo individuare ciò che influenza il nostro comportamento. Questo è più facile a dirsi che a farsi, perché queste stanze buie sono occupate da ricordi dolorosi e repressi. Eppure farlo è un prerequisito indispensabile per la libertà. Di fatto, siamo spesso ridotti in schiavitù dalle reazioni dell'inconscio inferiore, mentre il diventarne consapevoli ce ne libera.

La psicoterapia fondata sulla consapevolezza aiuta i clienti a essere consapevoli dell'effetto che un determinato evento ha sul loro corpo, sulle loro emozioni e sulla loro mente. Nella mia pratica, per prima cosa presento ai clienti il modello della casa interiore e dell'osservatore; quindi chiedo loro di rivolgere l'attenzione a tale mondo interiore e a ciò che chiamo testimone amorevole.

Il cliente si siede a occhi chiusi o aperti e io guido lentamente la sua consapevolezza in un'osservazione calma e attenta del respiro, delle sensazioni del corpo, dei sentimenti e pensieri, in relazione a qualunque argomento sul quale stiamo lavorando. Possiamo definirla una meditazione riflessiva sui contenuti della coscienza del cliente, un esercizio per trovare le esatte parole che definiscono le energie percepite e osservate. Questo esercizio genera una sensazione di "ritorno a casa", mentre impariamo come occupare tutte le superfici della nostra casa interiore, creando un'atmosfera nuova e migliore, quella di essere "a casa".

Quando Maja mi parlava della sua tristezza, le chiedevo in che parte del suo corpo riuscisse a sentirla: era calda, fredda, pesante, tagliente? La trascinava? Cogliendo queste sfumature emotive, Maja si rese conto che era anche arrabbiata, con se stessa e con "l'uomo", poiché si sentiva usata e si era lasciata usare. Potremmo dire che Maja era emotivamente e fisicamente analfabeta, poiché la sua esperienza era limitata a una piccola parte razionale della sua realtà interiore. Per questo motivo, per descrivere ciò che stava accadendo dentro di lei, disponeva d'un vocabolario scarso; ma, man mano che le sessioni procedevano, acquisiva una maggiore intimità con se stessa e con il suo mondo interiore.

"Tornare a casa presso se stessi" significa stare con ciò che c'è, senza volerlo bloccare né scappare. Questo è il primo passo, ma ve n'è un secondo: non dobbiamo solo testimoniare le nostre esperienze, dobbiamo anche padroneggiarle. Non possiamo cioè stare a casa con noi stessi mentre siamo schiavi di schemi comportamentali ormai sorpassati. Dobbiamo diventare "padroni in casa nostra" ed è questo lo scopo della psicosintesi.

La padronanza richiede amore e volontà, che sono essenziali, come sottolinea Assagioli:

"Al centro del sé c'è un elemento tanto attivo quanto passivo, agente quanto spettatore. La coscienza di sé significa che siamo un testimone – un testimone puro, oggettivo, amorevole – di ciò che sta succedendo dentro e fuori di noi. In questo senso il sé non è dinamico, ma è un osservatore che osserva il flusso. Ma c'è un'altra parte del sé interiore, la volontà – o agente direttivo che dirige – che interviene attivamente a orchestrare le varie funzioni ed energie della personalità, che si impegna e stimola all'azione nel mondo esterno. Quindi al centro del sé c'è un'unità di maschile e femminile, volontà e amore, azione e contemplazione" (Keen, 1974).

È NECESSARIO L'AMORE

Il fondamento della psicoterapia fondata sulla consapevolezza è *"stare con ciò che c'è"*. Nella prima fase osserviamo il processo; poi conteniamo, accettiamo e includiamo ciò che osserviamo. Molte delle subpersonalità che occupano la nostra casa interiore sono delle senzatetto, respinte ed escluse, e noi dobbiamo imparare ad amarle. Il mio metodo è:

Osserva ciò che c'è…

Ama ciò che c'è…

Respira attraverso ciò che c'è…

Lascia andare…

Vediamo cosa è capace di fare l'amore … laddove empatia è la parola chiave: infatti empatizzare e comprendere le condizioni dall'interno è ciò che unisce e guarisce. L'amore è magnetico, integra e crea un'intimità – un'unità – tra l'amante (l'io) e l'amato (l'oggetto).

Il cliente può identificarsi con ciò che respinge o addirittura rifiuta, energie e subpersonalità indesiderate; al terapeuta quindi spetta di gestire lo spazio dell'accettazione. La capacità di identificarsi con il testimone amorevole diminuirà lentamente la tensione tra ciò che rifiuta e ciò che viene rifiutato. Il testimone amorevole infatti può abbracciare con amore entrambe le subpersonalità e realizzare cooperazione tra i fattori che si osteggiano.

Maja aveva bisogno di scoprire i suoi sentimenti, accoglierli e appropriarsene, così da riconoscerli ed entrare in relazione con loro. Inizialmente sono stato io a fornire il centro accogliente ed empatico, ma ben presto la psicoterapia fondata sulla consapevolezza ha trasferito questa responsabilità alla cliente, rafforzando la sua identificazione con la testimone amorevole. La psicoterapia fondata sulla consapevolezza guida i clienti verso un'accettazione aperta e consapevole della vita, rivelando la verità che – esistenzialmente parlando – è la testimone amorevole. Grazie a questo processo, sviluppiamo gradualmente un centro di coscienza e volontà, uno degli elementi chiave della psicosintesi.

Volontà, perché il cliente *vuole* essere un testimone amorevole.

Ponendo la sua enfasi sul cliente come *autocoscienza*, la Psicosintesi differisce da altri approcci basati sulla consapevolezza, come la terapia della gestalt. La nostra presenza è un essere vivente, un centro di pura autocoscienza, non una presenza *analitica*, né un campo impersonale. Affermiamo che, dietro i nostri pensieri, sentimenti e sensazioni, esiste un centro, un'identità interiore che chiamiamo io. È un *essere vivente* la cui caratteristica fondamentale è l'autocoscienza e la volontà. La psicosintesi riguarda l'integrazione, l'armonizzazione e la sintesi dei tre livelli di inconscio con l'osservatore al centro, un centro che è necessario per integrare le parti di noi stessi che sono in conflitto tra loro.

L'osservatore non è un concetto o una teoria; è un fatto del quale si può diventare consapevoli. Un'ipotesi iniziale consiste nel presentare l'osservatore come un'idea: la maggior parte dei clienti capisce di avere la possibilità di osservare i contenuti della propria coscienza. Tuttavia la comprensione non è la stessa cosa dello sperimentare il fatto che si è coscienza, una coscienza pura, indipendente da pensieri, sentimenti e sensazioni. Per i clienti ciò equivale a una rivelazione: sono entrati nell'occhio del ciclone, un punto perennemente calmo e stabile. La semplicità della scoperta li stupisce e induce pure un senso di libertà: possono fare un passo indietro e osservare potenti forze interiori al lavoro. A poco a poco possono essere *presenti* alle profondità (inconscio inferiore), alle altezze (il supercosciente) e alla periferia esterna del loro essere (inconscio collettivo).

Una forte identificazione con la mente rende le nostre osservazioni distanti, fredde e neutre. Includendo anche il corpo e le emozioni, esse diventano più intime e immediate, in quanto la coscienza opera *per il tramite* di tutte e tre le funzioni di base: pensiero, sentimento e sensazione. Quando includiamo anche l'intuizione, sperimentiamo il sentirci esseri di luce connessi tra di loro.

Nel vivere le sue esperienze, Maja incrementò il suo grado di presenza e il suo linguaggio divenne più sfumato: poteva uscire dal flusso di coscienza, poteva osservare, poteva trattenersi, respirare e scegliere come rispondere. Disidentificandosi dai suoi pensieri e identificandosi con la testimone amorevole, sviluppò gradualmente l'osservatore amorevole.

LIBERTÀ TRAMITE LA DISIDENTIFICAZIONE

Abbiamo menzionato quanto sia essenziale per i clienti praticare la disidentificazione. Un ruolo importante in questo processo lo riveste lo psicoterapeuta capace d'assumere l'identità dell'osservatore: se si osserva attentamente il cliente, si può individuare le sue identificazioni. Quando si agisce come osservatori, diventa possibile vedere quando il cliente si identifica con un pensiero del tipo "sono arrabbiato, frustrato, brutto, stupido" e si può quindi aiutarlo a disidentificarsi.

Può succedere a volte che il cliente non sia proprio in grado di disidentificarsi, perché il dolore può essere troppo o perché il vantaggio che ottiene dall'identificazione è troppo importante per rinunciarvi. Questo succede spesso quando ci si identifica con una subpersonalità "vittima". Allora è lo psicoterapeuta a mantenere aperte le possibilità di disidentificazione e a condurre gradualmente il cliente a incontrarle con il cuore aperto. Ripetute esperienze di scegliere in libertà come rispondere a una situazione o a una condizione, destano il bisogno di maggiore libertà. Trasformarsi da "vittima" a testimone amorevole che abbraccia la vittima, è come passare da un guardaroba a un appartamento spazioso. La vittima potrebbe essere ancora lì, ma non è più "faccia a faccia", lasciandoci più spazio per lavorare insieme.

Un approccio basato sulla consapevolezza funziona simultaneamente con la prospettiva della prima, seconda e terza persona. Nella prospettiva di prima persona si è completamente identificati con uno stato emotivo e si sperimenta deliberatamente di essere in pieno contatto con tutti i modi o aspetti dei nostri stati psicologici. Se sufficientemente ancorato nella identificazione dell'osservatore, il cliente può riflettere sull'esperienza mentre accade. In una prospettiva di seconda persona l'osservatore dialoga con la subpersonalità o l'emozione, ponendo domande e ascoltando le risposte con l'obiettivo di raggiungere la cooperazione e uno scambio d'amore tra se stesso e l'osservato. Nella prospettiva di terza persona c'è una maggiore distanza: il cliente descrive la subpersonalità o l'emozione e ne parla.

Quando siamo in grado di padroneggiare il flusso delle tre prospettive e riusciamo ad alternarle a piacimento, abbiamo uno strumento prezioso per la comprensione e l'integrazione.

LO SVILUPPO DELLA PRESENZA – SUA PROFONDITÀ, ALTEZZA E AMPIEZZA

La presenza e la testimonianza amorevole sono non tanto qualcosa che si sviluppa spontaneamente, quanto piuttosto un centro che dobbiamo creare internamente prima che diventi stabile. Le forze interne possono intrappolarci in determinate condizioni psicologiche, tant'è che, quando dimentichiamo di *essere* una coscienza, ci limitiamo a rivestire una serie di ruoli o subpersonalità.

Un osservatore ha il potenziale per essere sia trascendente (quando l'osservatore è distaccato da ciò che viene osservato) sia immanente (quando ha una relazione viva e amorevole con l'osservato). La trascendenza osserva qualcosa dall'alto, a distanza; l'immanenza vi entra dentro per il tramite dell'identificazione empatica.

Essere un osservatore trascendente implica una certa disidentificazione, ma con la possibilità di essere ancora influenzati dall'esperienza. Come accennato, la disidentificazione ha diversi livelli. Trascendenza non significa soltanto nobili esperienze spirituali, una connotazione spesso associata alla parola: per esempio l'osservatore può trascendere le emozioni dell'inconscio inferiore come rabbia, gelosia o invidia. Lo stesso si verifica con l'immanenza: cioè l'osservatore ha anche il potenziale per stabilire una connessione profonda, ma consapevole, con le sue esperienze psicologiche o spirituali. È nella natura dell'osservatore essere qualcosa di *diverso* dai contenuti della coscienza.

Dobbiamo sottolineare che trascendenza e immanenza sono dei *potenziali*, e per realizzarli è necessario sviluppare la presenza dell'osservatore (in profondità, altezza e ampiezza). Quanto l'io possa essere presente ai contenuti dell'Ovoide dipende dallo sviluppo della linea dell'io: l'io e lo sviluppo della presenza, infatti, formano una linea individuale di sviluppo correlata alle funzioni psicologiche descritte nel capitolo III.

La relazione dell'osservatore con l'inconscio inferiore non è inizialmente né trascendente né immanente rispetto agli strati *inferiori* delle sue profondità. Le barriere dei condizionamenti passati, del dolore e della paura devono essere ridotte e rese consapevoli dall'amore, prima che si aprano all'osservatore; questi, quando ciò accade, può esprimere le energie dell'inconscio inferiore – sessuali o aggressive – liberamente e spontaneamente.

Lo stesso vale per le "altezze" del supercosciente. L'osservatore non può essere presente, osservare ed essere in relazione con le energie del supercosciente, a meno che non vengano conquistati anche i mondi interiori dell'amore e della luce. Questo è ciò che significa autorealizzazione: espandere e approfondire le relazioni tra l'io e l'Anima tramite il ponte della coscienza che li collega.

La capacità di essere presente agli sviluppi politici, sociali e culturali nella loro ampiezza dipende dall'empatia (immanenza) e dall'estensione dell'autocoscienza (trascendenza). L'ampiezza della prospettiva include anche la nostra capacità di identificare le influenze psicologiche e spirituali che provengono dall'inconscio collettivo, includendone tutti i livelli, da quelli biologici a quelli spirituali.

Dobbiamo sottolineare che la presenza, cioè l'autoconsapevolezza focalizzata dell'osservatore, si sviluppa in parallelo con le altre funzioni psicologiche: utilizziamo la nostra mente per conoscere, le nostre emozioni per entrare in empatia e il nostro corpo per agire.

La psicoterapia fondata sulla consapevolezza rafforza la capacità del cliente di essere presente (destandosi, accogliendo, respirando, lasciando andare) a ciò che è in un dato momento. Tutto ciò deve però diventare anche una prassi quotidiana, come Assagioli ha raccomandato per la disidentificazione.

Per sviluppare la presenza dobbiamo praticare la meditazione. Secondo Assagioli la meditazione è "la tecnica fondamentale che aiuta ad amplificare efficacemente tutte le altre tecniche" (Freund, 1983). Inoltre: "Al fine di rafforzare e rendere stabile la pura autocoscienza dell'osservatore, è necessario coltivare periodi di silenzio interiore, via via più lunghi, per creare nel campo della coscienza ciò che viene chiamato il vuoto. Si scopre così un'altra importante funzione dell'io: non soltanto essere un osservatore, ma anche attivarsi nel modificare la personalità, cioè nel dirigere e regolare le varie funzioni della psiche, diventando così un *agente di volontà*" (Assagioli in Besmer, 1973-4).

Parlando con Sam Keen (1974), Assagioli ha confermato che la tecnica della disidentificazione assomiglia alla meditazione Vipassana (meditazione intuitiva buddista). "Il fine di questi esercizi è imparare a disidentificarsi in ogni momento della giornata, di disidentificare il sé da qualsiasi emozione, persona, pensiero o ruolo lo domini, e adottare la posizione strategica dell'osservatore distaccato". Tale pratica manifesta l'io come centro di pura autocoscienza e volontà.

La meditazione di consapevolezza è essenziale per la psicosintesi e in merito possiamo praticare l'autocentramento nella vita quotidiana: l'obiettivo è ottenere non un'esperienza delle vette, bensì un graduale rafforzamento della presenza. Noi terapeuti dobbiamo praticare la presenza anche quando lavoriamo con i clienti, perché essa ci consente di osservare ciò che sta accadendo dentro di noi e nel campo del cliente. Dobbiamo incoraggiare i nostri clienti a esercitarsi fin dall'inizio della terapia: lavorando con Maja, infatti, l'ho incoraggiata continuamente a osservare e notare le sue reazioni quando parlava dei suoi processi.

Possiamo armonizzare e sintetizzare i nostri conflitti interiori tramite l'osservatore, il fulcro attorno al quale osserviamo, amiamo e padroneggiamo le nostre diverse energie. Assagioli così afferma: "Pertanto, in psicosintesi, al primo, secondo e terzo posto sta il lavoro dal centro" (non datato 2).

Possiamo fare qualche passo avanti anche senza meditazione se l'intelletto è usato come una funzione analitica neutra e obiettiva. Nell'ultimo capitolo Assagioli si riferisce alla "persona interiore", e io suppongo che si riferisca alla nostra identificazione con l'intelletto e col commentatore. Quando l'io si identifica con l'intelletto, diventa il centro, ma poiché siamo spesso guidati da convinzioni inconsce irrazionali, che l'intelletto ha inconsciamente adottato, la libertà di questo centro è non poco limitata. Spesso non si riesce a procedere perché il cliente, lo psicoterapeuta o entrambi non sono motivati a sviluppare il vero centro. Sviluppare la presenza è come imparare a suonare il violino: quando scopriamo l'osservatore e la sua dinamica volontà-di-essere-io, possiamo suonare tutte le corde della personalità e la nostra vita diventa musica.

L'INTEGRAZIONE DELLA PERSONALITÀ

Lo scopo della psicosintesi personale è quello di unire le forze della personalità attorno all'io, esaltando l'importanza dell'integrazione. Nel capitolo III abbiamo definito come dotato d'una personalità auto-attuata un individuo che può affermare liberamente la propria unicità, talché, dopo l'integrazione, i disparati aspetti della sua personalità sono focalizzati, indipendenti, autentici, definiti e forti.

Vi sono, tuttavia, tipi di integrazione nei quali l'osservatore non è il centro; infatti l'identificarsi con la presenza e l'autoconsapevolezza si verifica in una fase avanzata di sviluppo, mentre di solito il centro attorno al quale sono organizzate le nostre vite è costituito da uno o più ruoli collegati a una funzione psicologica.

Per esempio, una donna identificata con il ruolo di madre (basato principalmente sulla funzione emotiva) organizza la sua vita intorno ai bambini e alla famiglia, dimostrandosi autorevole, perseverante e indipendente, anche se questa naturalmente è un'identità molto limitata. In questo caso, molte risorse interne potrebbero non venire attivate né attuate. Poiché dal punto di vista della donna è una scelta di vita autentica, non vi è nulla di sbagliato in tale situazione, che purtuttavia potrebbe avere delle conseguenze: dover affrontare una crisi quando i figli escono di casa o, se non è istruita o è disoccupata, ridursi a dipendere dal marito o dai servizi sociali.

Altre forme di integrazione vengono conseguite da ruoli unilaterali e dominanti come la carriera, lo sport o la vita sociale: potremmo essere forti, integrati e ben focalizzati in questi ruoli, ma dietro le quinte potremmo sperimentare grandi conflitti interiori. Parti della nostra natura potrebbero essere state represse ed escluse dalla nostra identità, generando una personalità sbilanciata: un artista potrebbe avere un complesso di inferiorità perché privo di istruzione; un CEO di successo potrebbe lasciare dietro di sé una serie di relazioni fallite ...

Per quanto riguardava Maja, lei si era inconsciamente spostata verso tre lati della sua natura che ne costituivano il centro. Illustro la sua situazione tramite l'Ovoide usato da Assagioli (1983c); ho inserito un paio di occhiali vicino all'io che simboleggiano il "commentatore interno". Come accennato, Assagioli ha descritto tre diverse possibilità di autoidentificazione: le subpersonalità o "personaggi", il commentatore o "la persona" e la pura autocoscienza (cfr. 1975, p. 121). Qui tre ruoli dominanti (subpersonalità) occupano la maggior parte del campo della coscienza e del centro e costituiscono l'identità di Maja.

Maja era venuta da me perché la sua autoimmagine di donna soffriva, in quanto desiderava ardentemente una relazione colma di calore e che la arricchisse: questo ruolo occupava l'area inferiore e i suoi bisogni sono definiti affettivi o d'amore nella gerarchia di Maslow.

L'area centrale rappresentava la sua identità professionale come responsabile IT in una grande agenzia di comuni-

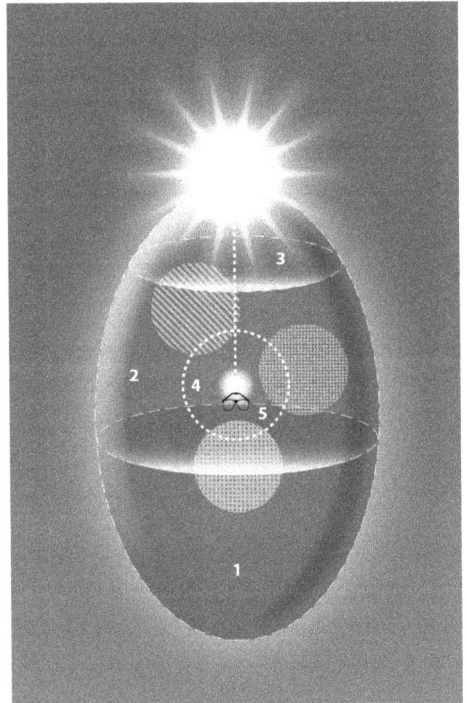

Le tre subpersonalità dominanti di Maja

cazione. Maja era felice del suo lavoro: era brava e questo le veniva riconosciuto. In questo ruolo si era resa autosufficiente e finanziariamente indipendente, cosicché vedeva il suo lavoro come l'aspetto più stabile della sua vita.

L'area superiore rappresentava il suo "filosofo interiore" e il suo interesse per le grandi domande della vita. Indagava sul significato della vita e della morte e aveva letto libri sia sullo sviluppo personale, sia sulla filosofia dell'antica Grecia. Il fatto che l'area superiore si estenda nel supercosciente dimostra che il pensiero astratto e riflessivo può connettersi con "qualcosa di più grande". Maja prosperava nel mondo mentale, ma era proprio la sua identificazione con l'intelletto a causarle problemi nella vita di relazione.

All'inizio della terapia Maja non era consapevole dell'io come osservatore/presenza e la sua volontà era legata alla sua identità lavorativa. I tre cerchi all'interno dell'Ovoide mostrano solo il loro baricentro rispetto alla motivazione primaria delle rispettive subpersonalità; a seconda dello stato psicologico di ciascuna, possono andare su o giù nell'Ovoide. Nella realtà le cose sono più sfumate di ciò che un diagramma può illustrare e nel capitolo VIII esploreremo ulteriormente le subpersonalità[1].

Ci liberiamo molto di più dai nostri diversi ruoli quando è l'osservatore il centro integratore della personalità, perché possiamo più facilmente spostarci dentro e fuori da ruoli e subpersonalità. Ci relazioniamo alla vita con un senso di giocosità, perché *sappiamo* che la nostra identità non dipende dai ruoli che interpretiamo. Questa libertà richiede una lotta costante: dobbiamo combattere molte battaglie prima di liberarci da forti identificazioni con determinati ruoli. Tuttavia, qualunque svantaggio soffriamo nella nostra vita amorosa, professionale o di status sociale, ne traiamo anche l'opportunità di sviluppare fiducia nella volontà e di riconoscere che non dobbiamo identificarci troppo intensamente con nulla di ciò che esiste nel mondo esterno. Questo distacco interiore ci crea una maggiore flessibilità. Possiamo correre più rischi, in quanto capaci di gestire il pericolo di cercare qualcosa di nuovo, diventando così più creativi, coraggiosi e impegnati: in altre parole, una personalità auto-attuata.

L'osservatore non emerge spontaneamente dal nulla, ma deve essere conseguito per mezzo del proprio impegno esistenziale. Un estroverso può essere introspettivo e praticare l'osservazione interiore senza sapere nulla sulla disidentificazione; è la vita stessa a insegnargli a disidentificarsi. Essere consapevoli del proprio osservatore interiore è un vantaggio, ma non è indispensabile. L'osservatore è un fatto esistenziale, al quale ci risvegliamo in un modo o nell'altro, anche se svilupparlo

---

1 In 1983c Assagioli fornisce molti esempi di questi scenari.

in modo determinato fa chiaramente risparmiare molte lotte inutili. Il fatto che la meditazione e lo yoga siano così popolari ci porta a pensare che si stia diffondendo l'esperienza dell'io come pura autocoscienza.

Idealmente l'integrazione della personalità è guidata dall'io come osservatore dinamico amorevole ed è questa, come già detto, la nostra psicosintesi personale. In questa fase non sono necessariamente i valori umanistici o altruistici a motivarci; potremmo semplicemente voler ottenere il massimo dalle nostre vite e dalle nostre relazioni.

LO PSICOTERAPEUTA COME CENTRO UNIFICATORE ESTERNO

Sviluppare l'autocoscienza da soli è una grande sfida: la presenza e la volontà sono sottili e sono facilmente oscurate dalle nostre identificazioni con idee, sentimenti e cose esterne. Il contatto dal vivo con un'altra persona autocosciente è dunque cruciale: può accadere in terapia, oppure con l'aiuto d'un insegnante di meditazione o d'un buon amico. Ma quando si lavora per lasciar andare i legami con il passato, le cose cambiano, perché è necessario l'aiuto professionale d'uno psicoterapeuta esperto nel trattare con repressioni, resistenze e transfert.

Per Assagioli il terapeuta è "colui che non solo indica e suggerisce al paziente, come fa Jung, l'obiettivo della sua 'individuazione', ma che anche lo incoraggia e lo educa fin dall'inizio per mettere in pratica metodi attivi, onde acquisire un'autocoscienza sempre più chiara, lo sviluppo d'una forte volontà, la padronanza e il giusto uso delle sue energie impulsive, emotive, immaginative e mentali, oltre che l'avvalersi di tutti i mezzi per ottenere l'indipendenza dal terapeuta" (1967b).

Questo va chiarito ai nostri clienti. Assagioli parla in primo luogo dello sviluppo dell'autocoscienza, poi della volontà. Ciò ha un senso preciso, dal momento che la psicosintesi è focalizzata sul ruolo del centro. Riguarda infatti la capacità del cliente di essere un testimone amorevole capace di compiere scelte indipendenti (la volontà) e di attuarle nella vita. L'io si sviluppa attraverso il rispecchiamento o il feedback tra psicoterapeuta e cliente.

Quando noi psicoterapeuti sviluppiamo il nostro osservatore interiore, siamo in grado di riconoscere l'osservatore del nostro cliente e supportarlo nel diventare il suo amorevole testimone. Possiamo aiutare i nostri clienti a *disidentificarsi da autopercezioni limitanti* come "nessuno mi ama", "sono talmente arrabbiato" e "non sono attraente", in tal modo mostrando loro la libertà che la disidentificazione offre. Man mano che lo psicoterapeuta coltiva una relazione in cui il cliente si assume la responsabilità della propria vita, l'autonomia e la volontà-di-essere-io del cliente ne escono rafforzate.

In breve, lo psicoterapeuta vuole essere uno specchio autentico per l'autoconsapevolezza del cliente e, in senso più ampio, per il collegamento tra l'io e la sua Anima. Per Assagioli il terapeuta "deve, in una certa misura, assumere il ruolo e il compito di protettore, consigliere e guida. Nel simbolismo dei sogni, dice Jung, appare spesso sotto l'aspetto del "vecchio saggio" e corrisponde a ciò che gli indiani chiamano 'guru'" (1967b). Dunque, lo psicoterapeuta opera sia come guaritore sia come insegnante.

Assagioli spiega questo rapporto nel diagramma seguente, dove descrive anche quattro diverse relazioni terapeuta-cliente (1967b).

La stella che sta al di fuori della psiche individuale (2) rappresenta il terapeuta; questi funge da collegamento o ponte tra l'io individuale (1) e l'Anima (3). Quando il cliente non è in diretto contatto "verticale" con l'Anima, il terapeuta può essergli d'aiuto nello stabilirlo. Il terapeuta diventa un "modello" o un "catalizzatore" per lo sviluppo e, agendo come centro unificatore esterno, aiuta il cliente a trovare il proprio centro. La stella alla sommità del supercosciente indica che il terapeuta ha una prospettiva transpersonale e idealmente la trasmette ai clienti.

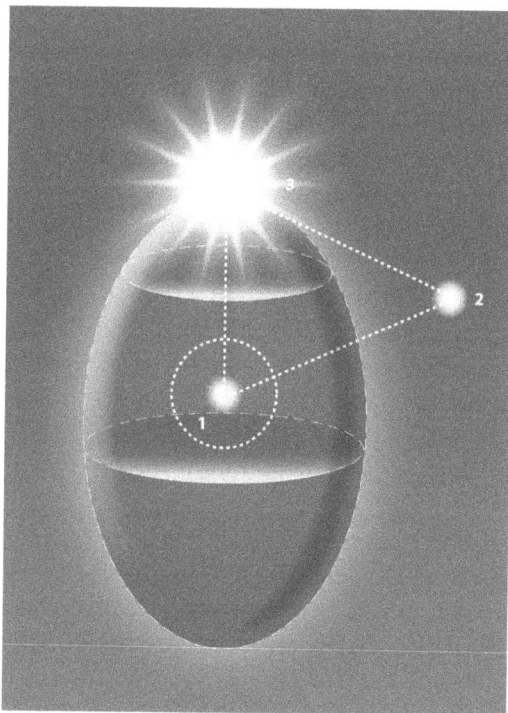

Il terapeuta come Centro Unificatore Esterno

Lavorando con Maja mi sono concentrato sullo sviluppo del suo lato femminile e della sua funzione emotiva. Il mio maschile ha svolto un ruolo nel rafforzare in lei come donna il suo femminile: Maja infatti aveva bisogno di relazionarsi a un uomo in grado di capire e accogliere il suo profondo scontento per la sua vita amorosa.

L'approccio basato sulla consapevolezza l'ha aiutata a prestare attenzione più alla sua personalità che alla sua mente, con la quale era identificata. Ha riconosciuto che l'identità di testimone amorevole ha rafforzato la sua relazione con il corpo e i bisogni emotivi; infatti disidentificarsi dal corpo non le ha impedito di radicarsi in esso, anzi, è successo proprio l'opposto, grazie al caloroso apprezzamento che ha imparato a tributargli. Come risultato di questo lavoro ha deciso di lasciare l'uomo sposato, accettando di difendere se stessa e la sua dignità di donna: aveva bisogno di un uomo che si impegnasse completamente con lei, e che quindi la mettesse al primo posto. La-volontà-di-essere-io le ha dato la forza di stare da sola e la libertà per trovare l'uomo giusto.

LA RELAZIONE TRA L'IO E L'ANIMA

La relazione tra l'io e l'Anima sarà trattata nel capitolo X, ma ora ne anticiperò qualcosa in breve. C'è un solo io – in merito Assagioli era molto chiaro – che però si dispiega a diversi livelli. La coscienza, la luce interiore e la presenza sono le medesime, mentre diverso è il grado di consapevolezza: ciò che l'io può contenere e includere consapevolmente determina la sua "dimensione". Una persona illuminata avrà l'esperienza certa che la sua pura coscienza è anche la mia coscienza. La differenza tra di noi sta nell'intenzione e nello scopo individuali (la volontà) che nutriamo riguardo al nostro ruolo evolutivo nel tutto, il Sé universale.

La differenza tra l'io personale e il Sé Transpersonale dipende dalla libertà dell'osservatore, vale a dire da quanto siamo trascendenti e immanenti in relazione ai contenuti della coscienza a tutti i livelli. Quando sperimentiamo *l'io personale* come pura autocoscienza, proviamo un senso di separazione. Vi è la netta sensazione di un "io" che è abbastanza diverso dal "tu", in quanto l'osservatore è ancora limitato al campo mentale, che crea questa dualità.

Quando passiamo nel supercosciente, la consapevolezza si espande oltre i nostri limiti fisici nell'infinito. Il pensiero si ferma, ci liberiamo dalle nostre catene mentali e ci troviamo completamente liberi e pacifici, come se fosse stata rimossa una camicia di forza. Possiamo ancora pensare, ma è come spremere l'immensità in una scatola. C'è ancora un "io" (essere-un-Io) e una piena identità, ma è un io liberato.

Nella psicoterapia fondata sulla consapevolezza non si ha spesso l'opportunità di lavorare con l'esperienza spirituale dell'io, cosa che può però verificarsi se lo psicoterapeuta psicosintetico pratica seriamente la meditazione di consapevolezza. In merito, un esercizio potente è mantenere il contatto visivo con il cliente e semplicemente "essere", immergendosi nella coscienza dell'altro.

Il contatto visivo profondo può infondere pace e libertà, se il terapeuta sa come comunicare questi stati: l'ho praticato per anni e ogni tanto un cliente riconosce spontaneamente il valore di "soltanto essere". Una volta ci siamo seduti per 45 minuti in silenzio; sapevamo che era stato attivato qualcosa di transpersonale, un più profondo stato di essere nel quale il tempo si ferma e due anime sono insieme in un infinito ora, una pace profonda. Successivamente il cliente mi confidò: "Questa è la prima volta in assoluto che qualcun altro è stato in grado di stare con me nel mio essere più profondo".

Nel prossimo capitolo affronteremo il tema della volontà e vedremo come possiamo rafforzare la libertà-di-essere-io di noi stessi e dei nostri clienti.

CAPITOLO VI

LA VOLONTÀ
– LA STRADA VERSO IL POTERE

"La volontà è il potere centrale della nostra individualità,
l'essenza più intima del nostro Io;
quindi la scoperta della volontà significa,
in un certo senso, la scoperta del nostro vero essere"
(Assagioli, non datato 12)

Il terzo concetto chiave di Assagioli è la volontà: "Gli aspetti della volontà umana nel suo pieno sviluppo sono la *volontà forte*, la *volontà sapiente*, la *volontà buona* e la *Volontà transpersonale*" (1977, p. 19). La volontà è associata alla nostra identità essenziale, poiché sappiamo che l'io non solo osserva, ma pure *dirige*. Assagioli considerava questo aspetto dell'io la pietra angolare della psicosintesi. Se l'io è soltanto un osservatore, un testimone amorevole, non può fare altro che stare passivamente a guardare, mentre potenti forze interiori o altre persone cercano di dominarci o controllarci. Invece, quando scopriamo la volontà, ci rendiamo conto che possiamo assumere il controllo delle nostre vite, poiché con il suo appropriato utilizzo possiamo padroneggiare le influenze psicologiche interne ed esterne. Tramite la volontà riconosciamo il potere della nostra autenticità e la libertà di *esprimerci*. Non c'è potere più grande dell'essere noi stessi.

Assagioli descrive la situazione nel modo seguente: "L'uomo di debole volontà è come un tappo di sughero nell'oceano sballottato da ogni onda; o come una banderuola fatta ruotare da ogni raffica di vento. È schiavo non solo della volontà altrui e di tutte le circostanze esterne, ma anche delle sue pulsioni e dei suoi desideri: non è in grado di fare un uso adeguato dei suoi talenti e delle sue attitudini e neppure d'essere all'altezza delle sue convinzioni" (non datato 12).

Assagioli sottolinea il fatto che noi non *abbiamo* una volontà, ma che piuttosto *siamo* una volontà. In altri termini: "La volontà è il potere centrale della nostra individualità, l'essenza più intima del nostro io; quindi, in un certo senso, la scoperta della volontà significa la scoperta del nostro vero essere" (non datato 12). La volontà è qualcosa che *sperimentiamo* e come tale è difficile da spiegare in teoria perché, come per la bellezza, la volontà è soggettiva. Possiamo spiegare a qualcuno la bellezza di un tramonto, se non ha avuto un contatto intimo con la natura? La volontà è una forza vivente interiore e dinamica; fondamentalmente è la volontà-di-essere-chi-io-sono.

Vorrei condividere una personale esperienza per illustrare tutto ciò:

"Ho meditato per 5 ore con l'obiettivo di osservare il contenuto della mia coscienza, interrompendomi solo per un intervallo di 10 minuti: non mi aspettavo che succedesse nulla di specifico, se non di avvertire la mia presenza nel momento. Durante le prime ore la mia mente era piena di una cacofonia di impressioni, ma poi emerse un senso di chiarezza e le molte impressioni non mi disturbarono più. Sedendo con questa chiarezza, svanirono sullo sfondo pensieri, stati d'animo e sensazioni, e solo la coscienza divenne reale in modo evidente. Io sono coscienza, uno spazio desto e consapevole che esiste quietamente. Si manifestò allora la domanda: 'Cosa saresti senza i contenuti della coscienza?'– 'Nulla'– fu la pronta risposta. Riconobbi la risposta ... eppure chi lo stava chiedendo? Chi stava scegliendo di meditare? Chi stava mantenendo l'intenzione di sedersi e semplicemente di osservare? Chi ha scelto di interrompere la meditazione? Chi ha permesso che sorgessero queste domande? Questa riflessione mi ha chiarito che, fintanto che sono in un corpo e devo funzionare in un universo manifesto, devo agire. Anche non agire è un'azione. *Scegliere* di non agire è un'azione. C'è una volontà dentro di noi che vuole sempre qualcosa e diventa attiva non appena entro in azione: ciò significa scegliere la presenza, un pensiero, un sentimento, un atto fisico. Cos'è questa forza? Chi è? ... Questa domanda era troppo interessante per trascurarla, quindi il *focus* del mio modo di meditare ne ha spostato il carattere; qualcosa in me ha fatto questa scelta e il mio viaggio è cambiato".

La coscienza è fondamentalmente senza confini e universale; possiamo quindi chiamare l'io, in quanto testimone amorevole, l'*io aperto*.

La coscienza è lo sfondo universale della consapevolezza – una base dell'essere – e, mentre siamo nel momento presente, possiamo osservare i contenuti della coscienza. La volontà è una *forza* dinamica che si esprime attraverso l'individualità e dà fuoco e direzione alla nostra coscienza. Essenzialmente siamo coscienza con uno scopo, che alla fin fine è la volontà-di-essere-un-io. In altre parole tutti abbiamo dentro una forza dinamica viva che ci spinge verso la realizzazione del sé. E la volontà, l'aspetto dinamico dell'io, la consegue tramite scopo, intenzione, scelta e direzione. La volontà esprime in noi l'universale in forma individuale e, in tal senso, possiamo dire che, tramite l'applicazione cosciente della nostra volontà, diventiamo l'*io unico*. L'esperienza della pura volontà può essere meglio descritta come proposto. Al contrario dell'io aperto, la volontà raduna le energie attorno a un punto/centro. In termini di energia, possiamo dire che la nostra vera identità è sia un campo energetico (apertura) sia una particella (punto) nello spazio. Riconosco che questa è una descrizione molto sottile, che può essere compresa solo attraverso l'esperienza diretta.

Assagioli ne dà questa interpretazione: "Quando sperimentiamo noi stessi come 'io', come soggetti, abbiamo spesso un'esperienza che può essere riassunta in questa frase: 'Sono una forza, una causa'. Questa è l'esperienza della volontà umana" (Miller, 1972).

La volontà può essere sperimentata a diversi livelli e questa prospettiva implica l'esistenza d'una coscienza universale (Dio, Brahman, l'Uno), che cerca di dispiegare la sua universalità attraverso le individualità. Ciò significa che ogni persona, ogni essere, ogni creazione è potenzialmente un'espressione unica – o emanazione – di una sottostante unità. Nel cristianesimo questo equivale al concetto di Dio che si incarna in Gesù Cristo. Tutti noi abbiamo una natura "Cristo" o "Buddha", ma ciò non significa che dovremmo copiare Buddha o Cristo; dobbiamo piuttosto realizzare la nostra unica natura divina attraverso la volontà-di-essere-io. Nello sperimentare questo aspetto della volontà, riconosciamo in esso la volontà transpersonale dell'Anima. Eppure la volontà bussa alla porta della nostra personalità ben in anticipo rispetto a qualsiasi segno di inclinazione spirituale.

LA SCOPERTA DELLA VOLONTÀ

In primo luogo percepiamo la presenza della volontà come un appello lanciato dal nostro io unico quando ci risvegliamo al bisogno di diventare un io. Questa richiesta di libertà e indipendenza è spesso collegata a una crisi. La volontà è l'anelito alla libertà e all'autenticità che si fa sentire mentre tentiamo di liberarci da varie dipendenze e identificazioni. Assagioli lo descrive così: "una nota chiave della volontà è la libertà, la libertà di scegliere e di agire come vogliamo" (Miller, 1972).

La sofferenza che proviamo quando non siamo in grado di essere noi stessi agisce da stimolo alla volontà. Potremmo, per esempio, aver bisogno d'una conferma esterna della nostra identità, che in tal caso ha le sue fondamenta su di un terreno instabile e ci rende difficile stabilire dei confini personali adeguati; oppure potremmo essere dominati da inclinazioni interiori che vanno contro la nostra autoimmagine. In entrambi i casi non siamo padroni in casa nostra: siamo sballottati avanti e indietro da abitudini e desideri che diminuiscono il rispetto per noi stessi. Queste dipendenze pongono grandi limiti alla nostra vita.

Come dimostrano questi esempi, volontà e desiderio non sono la stessa cosa. Si può avere la *volontà* di fare qualcosa, ma ci si ritrova a fare qualcosa di diverso. La volontà e il desiderio sono entrambi potenti, ma la volontà è *sempre* connessa all'identità: la volontà di essere un io unico in azione. Il desiderio riguarda spesso qualcosa al di fuori di noi stessi, qualcosa cui *aspiriamo*, affermazione, sicurezza, potere o qualcosa che cerchiamo d'evitare. Però potremmo anche voler essere noi stessi, che è un importante desiderio che può portare alla volontà.

La volontà è profondamente legata ai confini ed è grazie ai nostri confini che definiamo la nostra individualità e unicità. Paradossalmente noi ci liberiamo grazie ai nostri confini, perché solo quando definiamo la nostra identità per mezzo di scelte coscienti, diventiamo unici. Quando smettiamo di imitare gli altri e ci concentriamo su noi stessi e sul nostro senso di esistere, possiamo scegliere la nostra identità e liberarci gradualmente da comportamenti non autentici.

Assagioli descrive come la volontà può emergere in risposta sia al bisogno di diventare autonomi, sia ai valori e ai bisogni con i quali ci identifichiamo in un dato momento. Potremmo chiamarla "forza dell'identità", una forza che ci fornisce un senso di radicamento e di integrità. Sotto questo profilo la volontà è la strada verso un maggiore potere.

La volontà ci dà il coraggio di porre fine a una relazione infelice o di abbandonare una carriera insoddisfacente. La volontà forte si fonda spesso su un senso di dignità, sulla convinzione che siamo una preziosa espressione di qualcosa di grande e di importante: l'Anima. Ma spetta a noi *scegliere* se vogliamo riconoscerci nelle nostre azioni. Ciò comporta spesso una crisi nella quale dobbiamo, per così dire, sacrificare le nostre dipendenze nel fuoco della libertà.

La nostra vera identità, i ruoli e le auto-percezioni che abbiamo in un dato momento sono il risultato delle nostre scelte inconsce e coscienti. Le autoimmagini possono rappresentare il nostro falso io, se sono imitazioni inconsce; ma possono anche rappresentare il nostro vero io, se sono espressioni di una scelta consapevole. La volontà ci consente di disidentificarci, ma anche di identificarci. La volontà afferma: "Io non sono questo o quello – ma questo". *Siamo* ciò che *scegliamo* di pensare, sentire e agire, anche se le nostre scelte si basano su influenze sociali e culturali. Le scelte consce o inconsce hanno lo stesso effetto: creano identità. Le nostre scelte generano sempre conseguenze; compiere scelte consapevoli ci dà la libertà di scegliere qualcosa di nuovo.

Anche la scelta di nuove auto-percezioni provoca conseguenze. Attaccamenti ed emozioni formate da precedenti scelte si ribellano alla nuova volontà. Il risveglio di queste polarità è doloroso, ma è proprio la tensione tra scelte passate e presenti che può modellare la nostra identità futura. Quando decidiamo di diventare chi siamo, cioè individui unici, inizia la nostra psicosintesi personale.

LA PSICOTERAPIA FONDATA SULLA VOLONTÀ

Applicando queste concezioni a una psicoterapia fondata sulla consapevolezza e sulla volontà, lo psicoterapeuta dovrà concentrarsi in particolare sull'identità del cliente. A questo fine la consapevolezza e la volontà sono essenziali. Si deve conoscere il cliente prima di iniziare a lavorare con i suoi problemi. Assagioli si riferisce a questa iniziale fase terapeutica come "conoscenza approfondita della personalità del cliente".

La psicosintesi consiste nell'aiutare i clienti a diventare personalità autentiche, indipendentemente da dove è collocata la loro identità nel diagramma dell'Ovoide. Poiché i loro problemi possono essere risolti in svariati modi, è prima necessario comprendere a fondo la loro auto-percezione, i loro bisogni e i loro valori, altrimenti può accadere che tocchi ai clienti adattarsi alla psicoterapia invece che la psicoterapia ai clienti.

La prima cosa che chiedo a un cliente è: "Verso dove punta il tuo viaggio? In che modo vuoi crescere in questo processo?". Uso metafore come "essere il capitano della tua vita", vedendo il cliente come uno che decide la rotta e ruota il timone coerentemente; un'altra metafora utile è "essere padrone in casa propria". Insisto che c'è una forza nella nostra vita, la *volontà-di-essere-io*. È importante esplorare questa "volontà dell'io", che guida il bisogno di autenticità, individualità e libertà di essere se stessi.

Quando il cliente insieme allo psicoterapeuta definisce i suoi obiettivi, la sua volontà si focalizza. L'obiettivo può essere qualsiasi cosa, dal desiderio di conseguire una maggior presenza o spontaneità al coraggio di stabilire dei limiti. Normalmente questi obiettivi non vengono associati alla volontà, poiché questa non è compresa per quello che è, cioè l'*intenzione* che sta dietro ogni azione consapevole. Quando si ha una volontà sufficientemente focalizzata, si sviluppa un magnetismo interiore, che guida le energie psicologiche in una direzione specifica.

Maja voleva che la sua vita amorosa funzionasse; *voleva* avere successo in amore. Le nostre prime sessioni riguardarono il fatto che lei se ne assumesse la responsabilità, cosa che fece definendo quale fosse per lei una buona relazione d'amore. Successivamente si impegnò a entrare in azione. Non dovremmo mai prendere decisioni per i nostri clienti, poiché è assumendosi tale responsabilità che sviluppano forza.

Nel suo caso Maja aveva bisogno di porre fine alla relazione con l'uomo sposato: sapeva infatti da tempo che questo rapporto non era degno di lei e nemmeno all'altezza delle sue esigenze e valori. Con lui non si sentiva importante. Non era stata lei a scegliere e quindi non chiedeva nulla all'amore che condivideva nella relazione: la sua storia con un uomo sposato rappresentava tutto questo. Sapeva di dipendere dalle conferme che lui le dava e che la speranza che un giorno sarebbe stato suo era un'illusione. Ma le mancava la forza di volontà per cambiare.

La sua volontà e il suo desiderio erano in conflitto, in quanto la volontà la rimandava alla libertà e alla dignità, dicendole che meritava di meglio. La volontà infatti proviene dall'Anima e, all'aumentare dell'autoconsapevolezza, viene progressivamente riflessa nell'io. È l'impulso evolutivo che ci spinge fuori dalla zone di comfort verso maggiore libertà, amore e grandezza. La volontà esprime la forza della regina e del re archetipici, l'Anima e il Sé universale. La nostra interpretazione individuale di questa forza, nonché i valori e le immagini che attribuiamo a questo potere, sono un'espressione di dove al momento ci collochiamo nell'Ovoide.

Quando ci ridestiamo alla nostra volontà, il nostro senso di direzione diventa chiaro a livello sia personale sia transpersonale. Maja aveva bisogno di confrontarsi con il senso di inutilità che la tratteneva in una relazione nella quale non era vista o scelta per quello che era. Durante la terapia si rese conto che ciò rifletteva la sua mancanza di autostima e allora decise di concentrare la sua volontà sullo sviluppo della sua identità e autostima come donna, perché questo rappresentava il suo più grande limite.

Secondo Assagioli, quando il terapeuta lavora per rafforzare la volontà di un cliente può mettere in atto una "terapia del padre":

"Vedete, il terapeuta ha due ruoli principali: *il ruolo materno e il ruolo paterno*. Il ruolo materno del terapeuta è attivo nella prima parte del trattamento, specialmente nei casi più gravi, e consiste nel dare un senso di protezione, comprensione, simpatia e incoraggiamento, proprio come fa una madre saggia. È un *aiuto* diretto al cliente da parte del terapeuta.

Il ruolo paterno, d'altra parte, può essere sintetizzato nell'azione di *allenamento all'indipendenza*. Il vero ruolo paterno, a mio modo di vedere, è di incoraggiare, suscitare le energie interiori del bambino e mostrargli la strada verso l'indipendenza: pertanto la funzione paterna è quella di risvegliare la volontà del cliente" (Miller, 1972).

La volontà regola tutte le altre funzioni psicologiche, il che garantisce l'integrità dello sviluppo personale e spirituale e alla fine libera la personalità. Per far sì che ciò accada, dobbiamo insegnare ai nostri clienti a utilizzare le *tecniche attive*, grazie alle quali possono arrivare a padroneggiare le energie psicologiche. Tutti infatti sperimentiamo paura, resistenza, ribellione o paralisi quando abbiamo bisogno di sviluppare nuovi aspetti di noi stessi.

Assagioli è stato ispirato dalle tecniche yoga orientali, in particolare dal raja yoga e dal suo ottuplice sentiero di liberazione, ed è in questa luce che dovrebbero essere applicate queste tecniche, in particolare la disidentificazione, la visualizzazione e la volontà.

Secondo Assagioli gli "obiettivi e compiti principali" della psicoterapia sono:

1. "L'eliminazione dei conflitti e degli ostacoli, consci e inconsci che bloccano questo sviluppo.

2. L'uso di tecniche attive per stimolare le funzioni psichiche che sono ancora deboli e immature" (1967a).

Vi sono anche un gran numero di tecniche attive adatte per:

1. Risvegliare le energie latenti, in particolare nell'inconscio superiore.
2. Sviluppare le funzioni costituzionalmente deboli e quelle bloccate a uno stadio infantile.
3. Trasmutare le energie bio-psichiche sovrabbondanti e quelle che non possono essere scaricate o espresse in modo diretto.
4. Disciplinare e regolare (senza reprimere o rimuovere) la manifestazione di tutte le energie psichiche di ogni livello, promuovendone l'utilizzo costruttivo ed efficiente e l'espressione creativa.
5. Armonizzare le varie funzioni ed energie, costruendo così una personalità umana integrata.
6. Promuovere l'introduzione dell'individuo nella società per mezzo di armoniose relazioni interpersonali e di gruppo" (1967a).

La volontà ci conduce alla libertà ed è l'antidoto alla dipendenza e al vittimismo; la terapia paterna può quindi essere vista come un "progetto per la libertà" che supporta l'auto-attuazione e l'autorealizzazione del cliente. Se trascuriamo la volontà, corriamo il pericolo che il cliente regredisca. Questo è particolarmente vero se lo psicoterapeuta concentra la cura sulla terapia materna, che perpetua la dipendenza del cliente dallo psicoterapeuta, cosa che è in netto contrasto con i valori della psicosintesi. Assagioli sosteneva che il terapeuta dovrebbe incoraggiare e formare il cliente "fin dall'inizio a mettere in pratica metodi attivi per acquisire un'autoscienza sempre più chiara, lo sviluppo di una volontà forte, la padronanza e il corretto uso delle sue energie impulsive, emotive, immaginative e mentali; di avvalersi inoltre di ogni mezzo per conquistare l'indipendenza dal terapeuta" (1967b).

In terapia ha senso iniziare rafforzando la consapevolezza e la volontà che, dopotutto, costituiscono gli aspetti centrali della nostra identità e guidano il corso della nostra vita. Quando lo psicoterapeuta rispecchia la volontà del cliente, è buona idea denominare la sedia del cliente "sedia del regista", "sedia del capitano" o "sedia dell'istruttore". Questo è il posto dove si prendono le decisioni. Lo scopo è di aiutare il cliente a identificarsi coscientemente con il testimone amorevole che prende le decisioni. Altri aspetti del cliente possono essere oggettivati con altre sedie che rappresentano le sue diverse subpersonalità, le quali possono essere di supporto oppure opporsi agli obiettivi del cliente.

La maggior parte del rispecchiamento si consuma nella relazione tra il cliente e lo psicoterapeuta e, se lo psicoterapeuta esercita un'autorità autentica sia professionale sia personale, tale potere viene trasmesso al cliente. Quando quest'ultimo si rende conto che l'intenzione dello psicoterapeuta è quella di liberarlo per essere ciò che sceglie di essere e che ha il potenziale di divenire, allora egli sperimenta di essere visto nella sua *forza*.

Questo non vuol dire che il terapeuta supporti *inequivocabilmente* tutte le convinzioni del cliente; al contrario, lo psicoterapeuta centrato sulla volontà deve contestare le ipotesi del cliente. La forza delle convinzioni del cliente viene messa alla prova e confrontata con i bisogni e i valori che sono emersi nel processo terapeutico. A un certo punto dell'approccio psicosintetico lo psicoterapeuta spiega apertamente la sua filosofia al cliente: se l'obiettivo terapeutico viene accettato, lo psicoterapeuta assume in merito i ruoli di guida e guaritore. La funzione del guaritore è quella di portare amore e comprensione nei processi psicologici (ruolo materno); nel ruolo di guide orientiamo i nostri clienti a diventare testimoni amorevoli, che con potere possono esprimere la loro identità nell'azione (ruolo paterno).

Il trasferimento del potere è centrale nella psicoterapia fondata sulla consapevolezza e sulla volontà. Si basa sulla capacità dello psicoterapeuta di vedere le potenzialità e le possibilità del cliente che non sono ancora sbocciate. La fiducia e la certezza del terapeuta nella capacità del cliente di diventare pienamente se stesso sono essenziali per la relazione psicoterapica, dato che permettono al cliente di vedere *se stesso* con l'occhio dello psicoterapeuta e di *identificarsi* con la visione terapeutica. In questo senso lo psicoterapeuta diventa un centro unificante esterno, che riflette i valori e le esigenze più profondi del cliente.

È importante tenere ben presente la *volontà sapiente*: infatti, se consideriamo la vita da una prospettiva evolutiva, vediamo che essa è un viaggio verso una maggiore consapevolezza e che il nostro senso di identità si evolve man mano che i nostri valori e bisogni cambiano. Dobbiamo scegliere la nostra identità con cura e tenerla con leggerezza nella nostra consapevolezza, poiché evolvere richiede che non ci identifichiamo o non ci affezioniamo troppo a nulla. In terapia questa prospettiva può essere attivata tramite l'uso di affermazioni come: "È vero nel momento presente".

LA VOLONTÀ FORTE, BUONA E SAPIENTE

Cerchiamo ora in breve di descrivere con precisione la volontà. Nel libro *L'Atto di Volontà* Assagioli descrive tre aspetti e tre livelli di volontà: i tre aspetti sono la volontà forte, buona e sapiente; i tre livelli sono volontà personale, transpersonale e universale. Fondamentalmente c'è una sola volontà, la volontà universale, la forza evolutiva dietro la creazione, che però si manifesta in vari modi a seconda del livello di sviluppo della persona. Ecco come Assagioli distingue tra la volontà forte e quella buona:

"Al centro del sé c'è un'unità di maschile e femminile, volontà e amore, azione e contemplazione" (Keen, 1974, p.11). L'io contiene entrambe le polarità, maschile e femminile, che sono universalmente applicabili nel cosmo.

"La volontà non è soltanto autoaffermativa, aggressiva, e con funzioni di controllo. C'è anche la volontà che accetta, che cede, la volontà che si dona. Si potrebbe dire che c'è una polarità femminile nella volontà – l'abbandono spontaneo, la gioiosa accettazione delle altre funzioni della personalità" (Assagioli in Keen, 1974, p.11).

La *volontà forte* è l'espressione più semplice e familiare della volontà; è l'affermazione maschile dell'*identità*. Sono il potere dinamico e la forza dell'ego a consentire l'emergere dell'io. Si può facilmente abusare della volontà forte; da qui la sua cattiva reputazione. Ma dobbiamo riconoscere che la volontà forte è essenzialmente la volontà-di-essere-io ed è indispensabile quando stiamo dandoci da fare per diventare un essere umano libero. Se siamo egocentrici, la volontà forte può danneggiare le nostre relazioni e causare problemi in altri contesti sociali. In realtà essa non è di per sé malvagia, ma può svilupparsi solo in base ai valori, alla saggezza o alla coscienza sottostanti che la controllano.

La volontà forte è l'"aspetto-fuoco" dell'io e proviene direttamente dallo spirito, una forza che insiste nel diventare tutto ciò che può essere. La forza della volontà dipende da quanto investiamo in un obiettivo, cioè da quanto è forte la volontà di essere se stessi. Che la volontà forte sia distruttiva o costruttiva dipende dal suo equilibrio con la volontà buona; quando è influenzata dalla polarità amorevole dell'io, la volontà diventa volontà buona.

La *volontà buona*: "La si potrebbe dire un'espressione di amore" (1977, p. 71). La volontà riguarda essenzialmente l'esprimere la nostra *identità in azione*: per esempio, stabilire obiettivi e raggiungerli. La buona volontà è efficace perché ci insegna a cooperare: crea con gli altri relazioni sane e costruttive al fine di realizzare obiettivi comuni. Spesso le persone sono carenti o dell'aspetto amore o dell'aspetto volontà dell'io; o sono amorevoli e premurose, ma mancano di una volontà forte, o sono forti e potenti, ma mancano di volontà buona. Dobbiamo bilanciare e sintetizzare il nostro amore e la nostra volontà, cosa che – come Assagioli ben sapeva – non è impresa facile.

"Ci vogliono un controllo continuo, ed una percezione costante di momento in momento ... Ma questa percezione, questo atteggiamento di mantenere una 'presenza' interiore cosciente, non si esaurisce nell'osservare ciò che 'accade' dentro di noi e nel mondo esterno. Rende possibile l'*intervento attivo* e l'*impegno* da parte dell'io, che è non solo un osservatore, ma anche una *entità volente*, un *agente direttivo* del gioco delle varie funzioni ed energie" (1977, pp. 78-79). Qui torniamo all'intenzione che sta dietro la psicoterapia fondata sulla consapevolezza e sulla volontà: aiutare i nostri clienti a diventare testimoni amorevoli, in grado di padroneggiare la vita usando la volontà forte, buona e sapiente. Il nucleo dell'io è statico, la coscienza aperta e potente. Quando l'io si esprime nell'*azione*, lo fa attraverso le sette funzioni psicologiche.

Al riguardo svolge un ruolo importante la volontà sapiente.

La *volontà sapiente*. La decisione di esprimere noi stessi in modo nuovo e autentico è eccitante, ma comporta anche paura, inerzia e altri tipi di resistenze interne ed esterne. Quando decidiamo di mettere in pratica la *volontà-di-essere-noi-stessi*, il nostro approccio può essere sbilanciato. Se la nostra volontà è troppo forte, rischiamo di reprimere le nostre contrastanti emozioni, cosa che può tradursi in una personalità troppo rigida; se enfatizziamo la volontà buona, potremmo non essere affatto in grado di volere: potremmo essere troppo tolleranti nei confronti delle resistenze interne e preferire di lasciarci andare passivamente con il flusso.

Dobbiamo quindi appellarci alla volontà sapiente, come scrive Assagioli:

"La funzione essenziale della volontà sapiente, quella che noi dobbiamo coltivare, è l'abilità di sviluppare la strategia più efficace e che richiede il minor sforzo, piuttosto che la strategia più ovvia e più diretta" (1977, p. 41).

La parola chiave qui è "strategia", così come "risparmio di sforzo": infatti molta energia viene sprecata in conflitti creati dalla volontà forte o dalla mancanza di controllo della volontà buona.

Assagioli sostiene che il potere della volontà non si basa esclusivamente sulla sua forza. Piuttosto la vede come una funzione che può suscitare, regolare e dirigere tutte le altre funzioni psicologiche e che, come tale, utilizza il potere insito nel nostro corpo, nei sentimenti, nei desideri, nelle idee, nel pensiero e nell'intuizione.

Nel libro *L'Atto di Volontà* Assagioli descrive le leggi psicologiche che attivano queste forze psichiche. Alcuni esempi possono essere sufficienti. Il potere della visualizzazione è ben noto nella meditazione e nell'allenamento mentale: si basa sulla forza creativa dell'immaginazione. Visualizzare qualcosa può risvegliare e dirigere le nostre energie psichiche. Se visualizziamo il sole posizionato all'altezza del nostro cuore, nell'atto di emanare amore verso noi stessi e verso il mondo, gradualmente sperimenteremo questo amore come una realtà. Le immagini sono molto potenti; un fatto che l'industria pubblicitaria sa come sfruttare.

Un altro aspetto dei sei stadi della volontà sapiente, che cito solo brevemente, riguarda il processo tramite il quale realizziamo un'idea, dalla sua concezione alla sua esecuzione: gli stadi sono simili a quelli del "pensiero di processo" che spesso troviamo nel coaching.

LO SVILUPPO IN MAJA DELLA VOLONTÀ FORTE, BUONA E SAPIENTE

Nel mio lavoro con Maja l'obiettivo iniziale era quello di rafforzare la sua *volontà forte* e il suo senso di identità come donna: l'ho fatto riconoscendo costantemente la sua volontà-di-essere-io e incoraggiandola nell'esplorazione della sua interiorità. Come ha vissuto la sua volontà d'avere una vita sentimentalmente bella? Come percepiva il proprio corpo o le proprie emozioni e quale immagine ne aveva?

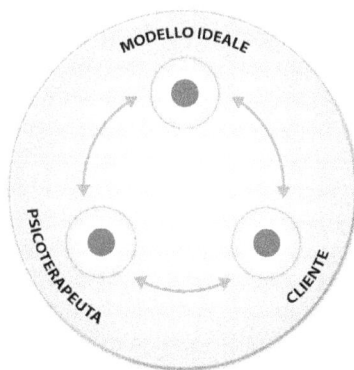

Il modello ideale della donna "in dignità"

Abbiamo poi lavorato con la sua volontà sapiente. Ho oggettivato la sua volontà d'amare utilizzando una sedia che rappresentava la "donna in dignità". Il posto da lei occupato di solito era la sedia del regista, che rappresentava l'io, il custode del suo equipaggio interiore (le subpersonalità), il testimone amorevole e potente. L'altra sedia rappresentava il modello ideale della sua donna interiore (vedi diagramma) e durante le nostre sedute le chiedevo spesso se sarebbe riuscita a sedersi sulla sedia che rappresentava la sua donna interiore.

Il gioco di ruolo e la visualizzazione hanno risvegliato in Maja il desiderio d'esprimere la propria femminilità con autostima; seduta sulla sedia della donna ideale, le è stato possibile percepire i valori e i bisogni importanti per la sua vita amorosa. Ha anche esplorato da quale tipo di uomo fosse attratta e ha infine disegnato un ritratto della sua donna interiore, che ha scansionato e usato come salvaschermo sul suo p.c.

Abbiamo registrato sul suo cellulare una breve meditazione centrata sul cuore, dove si è immaginata una "donna di valore e degna", esercizio che ha generato in lei l'energia e la sensazione di se stessa come un essere nobile. Il nostro lavoro insieme ha dato alla luce una donna interiore colma di dignità e autentica. Avendo in Maja una testimone amorevole e diretta, la donna interiore acquisì un maggior potere di espressione di sé. Alla fine Maja riuscì a porre fine al rapporto con l'uomo sposato.

Nella psicoterapia fondata sulla volontà il cliente è incoraggiato ad *agire* sulle sue scoperte interiori. Abbiamo quindi pianificato scenari in cui Maja doveva stabilire dei confini ed esprimere in modo diretto i suoi bisogni: gli esiti di tali decisioni li abbiamo esaminati nella sessione successiva. In alcune sedute Maja ha anche provato a sedersi su sedie diverse e a sperimentarsi in conversazioni immaginarie con le persone. Grazie a questo ha imparato cosa significava essere autentici nei suoi rapporti con il mondo.

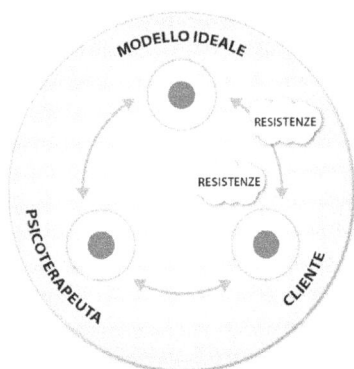

Il modello ideale crea delle resistenze interiori

Come accennato, lavorare per sviluppare nuovi tratti e comportamenti della personalità crea molto probabilmente delle resistenze interiori. Le vecchie abitudini dominanti si oppongono al cambiamento. Antiche autoimmagini e insicurezze, mosse come sono da vecchie convinzioni, si ribellano: quando si lavora con queste forze, la volontà sapiente assume particolare importanza.

Quando Maja decise di agire sulla base delle sue nuove intuizioni, era senz'altro preoccupata, in particolare nei mesi precedenti la rottura. Allora abbiamo posizionato le sedie che rappresentavano gli ostacoli al suo modello ideale e abbiamo esplorato queste voci interiori (vedi diagramma). Ben presto divenne chiaro che questa paura era prodotta dal suo "bambino interiore" e dall'"adolescente interiore". Il lavoro con queste subpersonalità è l'obiettivo principale del capitolo VIII.

Quando la paura era troppo grande, per Maja diventava impossibile agire; allora abbiamo lavorato con questi ostacoli secondo le tre prospettive descritte nell'ultimo capitolo. Abbiamo posizionato sulle sedie i suoi adolescenti paurosi, che lei ha ben descritto sedendo sulla sedia dell'osservatore (3a persona). Ha poi cambiato sedia e dialogato con le altre subpersonalità presenti nella stanza (2a persona). Si è identificata profondamente con ognuna di esse; questo le ha fornito preziose intuizioni sulla paura reale (1a persona). Nel diagramma, riportato sopra, la resistenza interiore è rappresentata dagli adolescenti paurosi.

Questi esercizi hanno dato il via libera a sentimenti repressi (catarsi) e hanno permesso a Maja di avere degli *insights* sui diversi strati della sua personalità. Ciò illustra il tipo di lavoro in cui, come afferma Assagioli, "trasformiamo le energie bio-psichiche in sovrappiù e quelle che non possono essere scaricate o espresse in modo diretto". I suoi adolescenti interiori provavano un intenso desiderio di un padre assente; questo sentire era associato a una profonda vergogna, che non poteva essere espressa nella sua insoddisfacente relazione. I suoi adolescenti interiori avevano imparato ad adattarsi e a non essere un "peso" in relazione agli uomini. Questo ruolo sottomesso e amabile è il classico esempio di un falso io che si è sviluppato in risposta al mancato soddisfacimento di esigenze autentiche.

Possiamo vedere come la volontà di Maja abbia soddisfatto i bisogni sia del modello ideale sia delle subpersonalità conflittuali. Maja come osservatore ha usato la sua volontà per attivare l'immaginazione, le emozioni, il corpo e i pensieri al fine di riscattare le energie accumulate. Tutto ciò le ha permesso di sviluppare lati completamente nuovi della sua personalità. Come Assagioli disse a Sam Keen:

"Ma nella persona normale la volontà può funzionare per diminuire o eliminare il conflitto riconoscendo la gerarchia dei bisogni e soddisfacendoli tutti nella maniera più giusta. La volontà centrale distribuisce i compiti ad altre parti della personalità. Mi lasci usare un'analogia che è basilare nel mio pensiero: la volontà è come il direttore d'orchestra. Non si autoafferma prepotentemente, ma è invece l'umile servitore del compositore e dello spartito" (1974, Keen, p.10).

Maja e io abbiamo lavorato direttamente con il mondo interiore delle diverse subpersonalità, che temevano le conseguenze d'avere un'autentica identità femminile. Maja ha esplorato con meditazioni guidate la sua casa interiore e ha identificato le varie immagini di sé che aveva nella sua vita. Poiché ora Maja sapeva essere una testimone amorevole, queste meditazioni hanno creato più spazio per le sue subpersonalità. Ha anche avuto intuizioni su come interagire con le sue "voci" e su come soddisfare i loro bisogni attraverso l'amorevole energia del suo cuore. Possiamo paragonare il lavoro con la volontà sapiente alle tecniche psico-spirituali utilizzate nello yoga. Man mano che le nostre sessioni progredivano, la sua volontà-di-essere-io diventava più forte, più amorevole e intelligente. Maja è diventata inoltre più *assertiva*. Ha sperimentato una vita più fluida e una volontà senza sforzo di essere semplicemente se stessa, specialmente nelle sue interazioni con gli uomini.

Il giorno in cui mi ha confidato che aveva lasciato l'uomo sposato, è stato importantissimo. Non era amareggiata per quello che in precedenza era sembrato un tradimento da parte di lui: poteva anzi vedere come entrambi si fossero "usati" l'un l'altra per accontentare determinati bisogni, che secondo loro non avrebbero potuto essere altrimenti soddisfatti. Ora era pronta a guardare al futuro e a incarnare il suo nuovo modello ideale, sentendosi più libera di essere se stessa e più determinata a costruirsi un amore ricco di soddisfazioni.

Nel capitolo sull'Anima approfondiremo la funzione e lo scopo della volontà transpersonale, ma ora è giunto il momento di affrontare il modello ideale.

CAPITOLO VII

IL MODELLO IDEALE
– LA VIA DELLA FOCALIZZAZIONE

"Si può dire che la psicosintesi individuale consista essenzialmente nella realizzazione del proprio modello ideale"

(Assagioli, 1977, p. 138)

Diamo un'occhiata più da vicino al quarto concetto chiave di Assagioli, il modello ideale, che abbiamo brevemente trattato nel capitolo I: cercheremo di tracciarne una panoramica ed esamineremo alcune applicazioni pratiche. Potremmo chiederci perché, tra le molte tecniche proposte in *Principi e Metodi della Psicosintesi*, Assagioli consideri il modello ideale tanto importante; la risposta ce la dà la nostra citazione di apertura: il modello ideale è più d'una tecnica, è addirittura l'obiettivo della psicosintesi.

Il modello ideale è per i clienti "una precisa immagine di se stessi quali desiderano e si propongono di diventare" (1973, p. 33). È una tecnica che applichiamo quando abbiamo raggiunto la terza e la quarta fase della terapia, che Assagioli definisce come:

3. Realizzazione del sé, o almeno scoperta o creazione di un Centro Unificatore

4. Psicosintesi: formazione o ricostruzione della personalità attorno al nuovo Centro (1973, p. 27).

Il modello ideale è il proseguimento diretto del lavoro con la volontà: aiuta i clienti a centrarsi e a definire un obiettivo per la loro psicosintesi, obiettivo che può essere espresso usando un'immagine interiore o esterna di ciò che vogliono realizzare. Lavorare con il modello ideale riguarda la capacità della volontà di usare l'immaginazione per raggiungere i suoi obiettivi, poiché il compito della volontà è di regolare e dirigere le altre funzioni psicologiche: il trucco è quello di incanalare motivazione, entusiasmo e vitalità personali verso un obiettivo e la volontà lo fa tramite le leggi psicologiche definite da Assagioli nel libro *L'Atto di Volontà*. A questo proposito, le due più importanti sono:

I. *Le immagini o figure mentali e le idee tendono a produrre le condizioni fisiche e gli atti esterni a esse corrispondenti.*

II. *Gli atteggiamenti, i movimenti e le azioni tendono a evocare le immagini e le idee corrispondenti; queste, a loro volta (secondo la legge seguente), evocano e rendono più intensi le emozioni e i sentimenti* (1977, p. 45).

Man mano che le sessioni con Maja progredivano, l'immagine interiore della "donna in dignità" diveniva più forte. Seduta sulla sedia della "donna in dignità", poteva approfondire e mettere a fuoco questa immagine: si vedeva in piedi in una grande stanza piena di gente durante un'importante cerimonia, con indosso un abito da sera rosso brillante, raggiante di dignità e grazia. È stata questa l'immagine del suo modello ideale che ha adottato come *screen saver* del suo computer, facendola diventare una specie di pubblicità per il suo modello ideale. Ancora più utile è stata la meditazione creativa guidata che ha registrato sul suo cellulare e che poteva ascoltare in qualsiasi momento. Queste sono alcune delle tecniche *attive* che possiamo usare per promuovere la psicosintesi del cliente.

Il modello ideale di Maja ha focalizzato il suo desiderio di trovare una relazione basata sul suo nuovo senso di sé come donna e la meditazione ha gradualmente sviluppato la sua capacità di *sentirsene* degna. Come dice Assagioli, la nostra capacità di agire è stimolata da immagini che possiamo visualizzare chiaramente e *sentire* fortemente. Ecco perché la visualizzazione e la meditazione creativa sono così efficaci nello scoprire nuove qualità psicologiche e nel determinare cambiamenti nel comportamento.

La forza di volontà può essere misurata dalla quantità di energia che mobilitiamo per raggiungere i nostri obiettivi. Le energie del corpo, i sentimenti, i desideri, le immagini, i pensieri e le idee intuitive costituiscono una forza potente, grazie alla quale possiamo ottenere molto. Il potere delle immagini di liberare la volontà è ormai noto ovunque nell'allenamento mentale, dagli affari agli sport d'élite, e può essere ricondotto alle antiche filosofie yoga.

Le immagini da utilizzare devono ovviamente essere autentiche: possono sorgere spontaneamente o emergere gradualmente come parti di un puzzle. Alcune immagini archetipiche che provengono dal supercosciente hanno in sé la potenza per raggiungere direttamente il nucleo dello scopo dell'Anima. Infatti nel supercosciente l'Anima ha piantato semi che l'io può scoprire al momento giusto: tali immagini possono diventare il fulcro di una psicosintesi che può durare anche tutta una vita. Possiamo accedervi attraverso esercizi che ci collegano al supercosciente. Nella mia pratica utilizzo varie visualizzazioni guidate:

L'incontro in vetta alla montagna con il vecchio saggio/la vecchia saggia. Visualizzazione nella quale guido il cliente in un viaggio che inizia in una bellissima valle ai piedi di una montagna sacra e termina sulla sua cima. Qui il cliente incontra una persona saggia che è un'immagine del suo modello ideale.

Il tempio dell'Anima. In questa visualizzazione il cliente si trova in una valle e scorge il tempio della sua Anima in cima a una collina. Lo guido verso il tempio, dove c'è uno specchio magico che mostra il suo vero io, l'immagine speculare del suo modello ideale.

Il teatro dell'Anima. La visualizzazione consiste nel guidare il cliente da una valle fino a un luogo sacro nel cuore di una foresta luminosa e aperta, dove si erge il teatro dell'Anima. In questo ambiente egli viene invitato a sedersi sulla sedia del regista, da dove può percepire - provenienti da dietro il sipario - i suoni e gli stati d'animo di tutte le sue subpersonalità. A questo punto il cliente chiede che appaia sul palco la subpersonalità che è la rappresentazione più vera del suo modello ideale, in modo da poter instaurare un dialogo con essa.

Piero Ferrucci nel suo ottimo libro *Crescere* (1981) ha presentato molti esempi di come le visualizzazioni possono essere utilizzate in psicoterapia; consiglio vivamente di fare riferimento a tali esempi.

Il modello ideale può essere un'immagine di se stessi in una situazione specifica, o l'immagine di qualcun altro che ha le qualità che si desiderano (Buddha, Cristo, Vergine Maria, ecc.); può anche essere un simbolo, cioè un animale, una fiamma, una stella. In seguito vedremo questi simboli più da vicino.

Per diversi anni ho lavorato su me stesso con il modello ideale di uno yogi, archetipo che mi si presentò spontaneamente durante una meditazione, nella quale il suo nome risuonò immediatamente in me. Lo yogi era seduto sotto un albero in un luogo sacro nella perfetta posizione del loto, e l'energia che irradiava attirava fortemente la mia tipologia. All'inizio guardai lo yogi in terza persona, dall'"esterno", e notai il suo carisma e le sue qualità. Riflettei sul suo nome, sulla possibile storia della sua vita e su ciò che poteva motivare la sua pratica yogica. Tali riflessioni mi fornirono una serie di dati, esperienze reali o semplicemente utili associazioni, che mi aiutarono a crearmi un'immagine di lui come il mio saggio interiore. Fu così che nella mia coscienza divenne il più reale possibile. Poco tempo dopo iniziò a nascere in me un sentimento di devozione per Brahman: bastava che pensassi al nome Brahman per provare un senso d'amore beato e per arrendermi a questo essere trascendente e immanente che è la causa dell'universo. Fino ad allora non avevo mai sentito un così fervente amore per un dio indù, come invece accadeva ora davanti all'immagine del mio yogi interno. Continuando la meditazione, mi accorsi inoltre di come interagiva con le altre persone, per cui, grazie a lui, potei acquisire molte informazioni importanti sulla mia attuale personalità.

A volte mi identificavo con lo yogi (prospettiva in prima persona) e mantenevo la sua immagine nella testa o al centro del cuore; in altre occasioni mi vedevo come se fossi effettivamente lui, immaginandomi seduto sulla riva del Gange a contemplare il fiume della vita. Nel fare questa visualizzazione, suonavo i ragas indiani e bruciavo incenso per rendere l'atmosfera più intensa. Il risultato di queste meditazioni fu lo stabilire il contatto con le qualità rappresentate dallo yogi e l'identificazione con la sua funzione, dalla quale ho tratto la motivazione interiore che m'ha portato a insegnare meditazione e psicologia spirituale. Cosa che ora è per me la più naturale del mondo.

Ho anche visualizzato me stesso irradiare saggezza e amore nella mia rete di amici e studenti. In questo modo ho integrato il modello ideale in tutte le aree della mia vita. Anche se l'intenzione non era quella di manifestare perfettamente il carattere dello yogi, le visualizzazioni hanno comunque gradualmente approfondito il mio contatto con le sue qualità e con ciò che egli rappresentava. Una volta trovato un modello ideale che funzioni, non c'è limite a quante variazioni possiamo svilupparne. Questo yogi è oggi una parte viva del mio mondo interiore e sarà sempre una subpersonalità e un archetipo dal quale posso attingere ogniqualvolta voglio approfondire la mia meditazione.

La Psicosintesi è una psicologia transpersonale altamente evoluta, perché include tutte le fasi dalla nascita all'illuminazione. Anche se non tutti sono in grado, o sono disposti, a investire così tanta energia in una ricerca visionaria verso l'illuminazione, tuttavia la Psicosintesi mantiene viva tale visione – la visione di auto-attuazione e autorealizzazione – e offre tecniche che si possono usare per raggiungere quell'obiettivo.

VARI TIPI DI MODELLI

La nostra personalità si basa su precedenti autoimmagini o modelli che strutturano la nostra identità e autopercezione: queste percezioni sono formate dai messaggi e dalle impressioni che riceviamo dall'ambiente e dalle nostre caratteristiche intrinseche. Assagioli descrive l'inconscio come un grande archivio cinematografico di pellicole impressionate, ricordi, ecc., che informano la nostra autoimmagine. Tuttavia vi sono anche grandi quantità di pellicole non impressionate che possiamo influenzare consapevolmente con la funzione atta a creare immagini: l'immaginazione. Nelle parole di Assagioli possiamo scoprire "l'enorme riserva di energie psichiche non differenziate che sono latenti in ciascuno di noi, l'*inconscio plastico* a nostra disposizione che ci dà una indefinita capacità di apprendere, di elaborare, di creare" (1973, p. 28).

Il punto di partenza per il modello ideale è la ricettività dell'inconscio. Tramite visualizzazioni e la meditazione creativa mostriamo all'inconscio le immagini di ciò che vogliamo essere. Questo è, ovviamente, proprio quello che fa l'industria pubblicitaria: acquistiamo i loro prodotti perché siamo più volte esposti ai loro slogan e immagini.

Assagioli elenca sei diversi tipi di modelli dell'io che ha definito falsi, poiché in verità non riflettono chi davvero siamo. Sono spesso in conflitto tra loro e danno vita a subpersonalità e voci interiori che competono per avere la nostra attenzione. Come vedremo nel prossimo capitolo, è importante smascherare questi falsi io e trasformarli nella prima e nella seconda fase della terapia.

I sei falsi tipi di Assagioli sono (1973, p. 141):

1. Ciò che *crediamo* di essere. Questi modelli si dividono in due classi, quelli in cui ci *sopra*valutiamo e quelli in cui ci *sotto*valutiamo.
2. Cosa *ci piacerebbe* essere: i modelli idealizzati e irraggiungibili.
3. Come *vorremmo apparire* agli altri; esistono diversi modelli per ciascuna delle nostre relazioni interpersonali importanti.
4. I modelli o le immagini che *gli altri proiettano su di noi*, cioè i modelli di ciò che gli altri credono che noi siamo; ne siamo consapevoli, ma li rifiutiamo.
5. Immagini o modelli che gli altri si creano di ciò che *vorrebbero che noi fossimo*; ne siamo consapevoli, ma li rifiutiamo.
6. Immagini che gli altri *evocano e producono in noi*, cioè immagini di noi stessi evocate da altri; spesso siamo inconsciamente identificati con esse.

I modelli del punto 6 si chiamano "identificazioni proiettive" e possono essere molto dannosi: per esempio, qualcuno cresciuto in un rigoroso ambiente moralizzante che lo giudicava duramente può finire per credere di essere "malvagio".

L'ultima categoria di modelli dell'io di Assagioli costituiscono il vero e proprio modello ideale:

7.   Il modello di ciò che *possiamo diventare* visto in una prospettiva realistica.

Un altro gruppo di auto-percezioni forma un ottavo modello. Queste sono *le rappresentazioni realistiche di chi siamo al nostro attuale livello di sviluppo*.

Il modello ideale utilizza il design della natura ed è un approccio consapevole ai poteri creativi dell'inconscio. Come dice Assagioli, la sua essenza consiste nell'usare: "il potere dinamico e creativo delle immagini, particolarmente delle immagini visive" (1973, p. 141). Un modello ideale autentico è l'incarnazione di un'idea che ha origine nel supercosciente, dove possiamo trovare una serie di idee archetipiche di ciò che potremmo essere. Queste idee astratte sono potenti forze che possono "incarnarsi" in un'immagine mentale-emotiva, immagine ideale che stimola il desiderio e l'impulso all'azione fisica e alla realizzazione.

Questo processo incontra delle sfide: per esempio, il nuovo modello ideale deve competere contro precedenti autoimmagini e il conflitto che ne deriva è una prova della nostra determinazione a essere noi stessi. Se la resistenza è troppo grande, il modello ideale non ha successo e la visualizzazione viene abbandonata; in tali casi possiamo dire che è nato morto. Questo è il motivo per cui è fondamentale lavorare sia con il lasciar andare, *sia* con il trasformare le autoimmagini conflittuali che "emergono dalla profondità", quando iniziamo a concentrarci sul modello ideale: dobbiamo contemporaneamente riscattare *e* trasformare queste autoimmagini contrastanti. Il lavoro con le subpersonalità contrastanti avviene durante la terza e la quarta fase della terapia.

Per trasformare la resistenza del soggetto in terapia, Assagioli ha raccomandato questo approccio: "se insorgono spontaneamente emozioni di timore, di ira, egli *non deve combatterle*, deve sopportarle, accettarle. Ciò deve essere ripetuto fino a quando, così facendo, avvenga gradatamente una liberazione spontanea da quella che potrebbe essere chiamata "allergia psicologica". Dopo un sufficiente numero di ripetizioni, senza alcuno sforzo, il soggetto si ritrova liberato dalle emozioni negative" (1973, p. 149).

Il conflitto di Maja era legato alla sua bambina interiore, la quale credeva che sarebbe stata abbandonata e ostracizzata se avesse espresso il suo bisogno di intimità. Abbiamo quindi lavorato sulla capacità di Maja di accogliere e soddisfare le paure della sua bambina interiore, dandole la tenera cura che non aveva ricevuto durante l'infanzia. L'approccio fondato sulla consapevolezza la aiutò a osservare le sensazioni fisiche ed emotive che sorsero quando la visualizzò avanzare richieste al suo futuro fidanzato. L'immagine della "donna in dignità" sfidò la "personalità sopravvivenza", cioè il gruppo di autoimmagini e di subpersonalità disposte a dare aiuto allo scopo di avere amore come ritorno (questa dinamica è descritta nel capitolo sulla psicologia dello sviluppo). Quando vogliamo manifestare un modello ideale o altre espressioni di coscienza superiore, dobbiamo lavorare simultaneamente con l'inconscio inferiore e trasformare strati precedenti di identità formatisi durante l'infanzia.

In alcuni casi delle persone reali assumono il ruolo di nostri modelli; qualcosa di simile lo si ritrova nella relazione terapeuta-cliente. Lo psicoterapeuta può in una certa misura essere un modello, nel senso che ha *qualità* che il cliente deve integrare. Quando lo psicoterapeuta riempie in modo amorevole lo spazio nella terapia di "stile materno", o si propone come supervisore nella terapia di "stile paterno", allora rappresenta per i clienti un modello del diventare padre e madre di loro stessi. Come descritto nel precedente capitolo, lo psicoterapeuta assume in questo modo la funzione di centro unificante esterno per il cliente. Il pericolo è che quest'ultimo possa diventare troppo dipendente dallo psicoterapeuta, ma un'adeguata focalizzazione sulla volontà riduce considerevolmente tale rischio. Anche il lavoro sull'osservazione e l'oggettivazione delle subpersonalità, usando il lavoro della sedia o il disegno creativo, riduce il transfert dal cliente al terapeuta.

Assagioli si riferisce anche a *categorie* di idoli con i quali un cliente può identificarsi (1973, p. 144), per esempio pop star, personaggi dello sport, persone ricche o "di successo". Questi idoli possono esercitare un'influenza potente e, se si dedica loro troppa attenzione, possono ostacolare un'autentica psicosintesi. Invece di sviluppare le proprie qualità e risorse, si vive in modo vicario attraverso il successo di altre persone, che siano i figli, un partner o una celebrità. Assagioli insiste sul fatto che i terapeuti considerino queste figure in modo critico, evidenziandone gli aspetti poco attraenti, al fine di liberare il cliente da possibili ossessioni.

Maja era affascinata dall'uomo sposato, che era influente, carismatico e di bell'aspetto; soffriva di una sorta di "visione a tunnel", che la induceva a non vedere altro al di fuori di ciò che la affascinava. Così finì per idealizzarlo. Quando però iniziammo a esaminare i dettagli della relazione, apparve evidente che egli era venuto meno a molte delle sue promesse: era affascinato sessualmente da Maja, ma il suo impegno non andava oltre. Quando le feci notare i suoi commenti offensivi e i suoi sistemi di tradimento, lei li accettò intellettualmente, ma la sua idealizzazione rimase immune da qualsiasi analisi critica.

A questo punto, ciò che ha fatto la differenza sono state la disidentificazione e il lavoro della sedia. Facemmo accomodare su di una sedia nella stanza il suo lato affettuoso per presentare il suo caso: l'adolescente interiore che *voleva* essere amata da lui ed era praticamente ossessionata dal suo transfert romantico. La strategia era di trasferire il suo bisogno d'amore dall'uomo a se stessa. Maja si rese presto conto che, fino a quando la sua "adolescente interiore", e quindi se stessa, fosse rimasta legata a quell'uomo, avrebbe continuato a essere prigioniera in una relazione d'amore infelice. Tramite la testimone amorevole, e disidentificandosi, Maja scoprì come poteva contenere il dolore della sua adolescente interiore senza identificarvisi. Troncare la relazione sarebbe stato doloroso, ma avremmo potuto prepararla a sopportare la sofferenza, perché l'alternativa era peggiore. È stato proprio questo lavoro che le ha permesso di mettere fine al rapporto e di scegliere una nuova strada verso una relazione d'amore ricca di soddisfazioni. Anche l'adolescente interiore alla fine ha accolto con favore questa scelta, pur provando timore per la rottura.

L'APPLICAZIONE SAPIENTE DEL MODELLO IDEALE

Nel lavorare con i modelli ideali, è importante non "sparare ai passeri con i cannoni" e non adottare modelli idealizzati che vanno ben oltre le esigenze del cliente. La maggior parte dei modelli ideali mira a sviluppare lati specifici del cliente, come abbiamo visto con Maja. Sono pochi i clienti che traggono vantaggio dal concentrarsi troppo presto sull'immagine di una loro personalità perfetta, ma neppure dovremmo sminuire le loro aspirazioni. Se un profondo afflato spirituale motiva la psicosintesi, noi dovremmo farlo nostro con un modello ideale appropriato.

Spesso constatiamo che i problemi immediati dei nostri clienti sono radicati in un insufficiente sviluppo di qualità importanti, come l'accettazione, l'empatia, il coraggio o la chiarezza mentale; mentre l'identificazione con negativi modelli parentali, professionali o ruoli di genere può inibire la loro autostima. Chiaramente dobbiamo dissolvere il più possibile le identificazioni negative, prima di lavorare con i modelli ideali. Assagioli raccomanda di lavorare con i modelli ideali per rafforzare le funzioni psicologiche insufficientemente sviluppate (1977, pp. 77-78).

Nel capitolo III abbiamo descritto come ogni funzione psicologica costituisca una linea separata di sviluppo. Da questo punto di vista è importante sviluppare un modello "che rappresenti il passo o stadio successivo e più urgente per il paziente, quello di far crescere una funzione psicologica non sviluppata, concentrandosi su una singola qualità specifica o su un piccolo gruppo di qualità o abilità di cui più ha bisogno per raggiungere – e persino procedere con – la sua psicosintesi" (1975, p. 170).

Esistono due tipi di modelli ideali. Alcuni si riferiscono all'immagine di una personalità del tutto auto-attuata o "illuminata" e coinvolgono la psicosintesi transpersonale; possiamo però avere anche modelli più specializzati. Alcuni tipi di persone orientate spiritualmente sono motivate da modelli ideali molto "avanzati". In questo caso potremmo voler trasformare gradualmente il cliente nella direzione del proprio ideale perfetto, ma guidandolo a scoraggiare una scelta troppo idealizzata, senza comunque farlo troppo bruscamente: un cliente potrebbe voler identificarsi con la sua natura di Buddha e trarre beneficio da un modello ideale di insegnante saggio, sforzandosi di realizzarlo nella pratica.

Quando lavoriamo con il modello ideale, miriamo a sviluppare l'immaginazione, una funzione psicologica che ha un effetto significativo su tutte le altre – com'è apparso chiaro quando abbiamo precedentemente affrontato l'argomento delle leggi psicologiche di Assagioli. L'immaginazione stessa funziona creando sintesi, motivo per cui Assagioli l'ha considerata così importante, e può operare a livello fisico, emotivo, mentale e intuitivo. Possiamo usare la nostra immaginazione per visualizzare oggetti fisici o evocare stati emotivi, per afferrare concetti intellettuali o contemplare la connessione tra gli esseri umani. Come dice Assagioli, allenare l'immaginazione "è uno dei mezzi migliori per giungere alla sintesi delle diverse funzioni" (1973, p. 124).

Assagioli ha sottolineato in particolare due tipi di meditazione. La *meditazione di consapevolezza*, come descritta nel capitolo IV, utilizza la disidentificazione e l'autoidentificazione: in Appendice ne viene riportato un esempio. La *meditazione creativa* utilizza visualizzazioni utili per lo sviluppo delle funzioni psicologiche. Nella meditazione di consapevolezza ci rivolgiamo all'io come pura autocoscienza e volontà, mentre la meditazione creativa sviluppa le nostre funzioni psicologiche in modo da poter esprimere questo io in una personalità liberata.

La meditazione creativa si basa sulla capacità di visualizzare. Per poter rendere il nostro modello ideale abbastanza forte da competere con le altre autoimmagini, dobbiamo essere in grado di mantenere la sua rappresentazione nella nostra mente, cosa che facciamo tramite la visualizzazione. La visualizzazione rafforza i nostri poteri di concentrazione e aumenta la nostra capacità di focalizzarci su ciò che è importante nella nostra vita. Lavorare con i modelli ideali genera una maggiore attenzione alla nostra autentica personalità.

LA MEDITAZIONE CREATIVA SUL MODELLO IDEALE

La psicosintesi richiede ai clienti di continuare a lavorare al di fuori delle sessioni di terapia; in merito si può rafforzare la loro volontà con l'utilizzo della meditazione creativa.

Molte tradizioni spirituali usano la visualizzazione come parte delle loro pratiche contemplative. Il "potere del pensiero" è ben noto negli ambiti dell'auto-sviluppo, così come l'idea che l'energia segue il pensiero. Possiamo anche dire che l'energia segue l'immaginazione. La psicosintesi è una psicologia energetica e la meditazione creativa è un metodo importante per padroneggiare le nostre energie psicologiche.

La *meditazione creativa* si basa sul potere della visualizzazione. Una delle prime meditazioni che ho praticato è stata quella di visualizzare nel mio petto un sole che irradiava qualità transpersonali: accettazione, fiducia e compassione. Durante il primo decennio della mia pratica di meditazione era questo il mio punto focale. La visualizzazione crea nel nostro mondo interiore immagini che contengono energie specifiche, il che rende la visualizzazione un potente strumento per armonizzare e sintetizzare la personalità e per aiutare la manifestazione dell'Anima nel mondo. La visualizzazione consente la creazione di una nuova personalità, per il cui tramite si possono esprimere le energie supercoscienti dell'Anima.

Le fasi abituali della meditazione creativa sono: centramento, ascesa, meditazione e ancoraggio, che mostrano come il modello ideale possa essere usato come punto focale per la visualizzazione.

Questi passaggi assicurano che la nostra meditazione si connetta al più alto livello di energie disponibile e sia libera da influenze della coscienza ordinaria. Nel centrarci, prima di iniziare la meditazione, dirigiamo la nostra consapevolezza verso il supercosciente, in tal modo dirigendoci verso la montagna simbolica dove inizia la meditazione. Ciò aiuta a costruire un chiaro canale di comunicazione tra l'io e l'Anima, come illustrato dalla linea tratteggiata tra questi due punti nel diagramma dell'Ovoide. Mentre rafforziamo questa connessione, utilizzando diversi tipi di visualizzazioni, il nostro contatto con l'Anima aumenta gradualmente. Lo schema di meditazione creativa incluso nell'Appendice descrive queste fasi.

Centramento: in questa fase calmiamo il nostro corpo, le nostre emozioni e la nostra mente, armonizzandole attraverso l'attenzione del testimone amorevole. Assumiamo quindi il ruolo di osservatore e saliamo sulla montagna il più vicino possibile al supercosciente.

Ascesa: in questa fase creiamo un canale tra l'Anima incarnata, l'io, e l'Anima eterna o Sé Superiore.

L'ascesa inizia ancorando la nostra attenzione nel centro del cuore, rappresentato da un sole che irradia accettazione, così fornendoci la forza dell'"Identità" e permettendoci di sostare in una persistente e stabile presenza d'amore. Dirigiamo poi la nostra coscienza verso il centro del cervello, ove si schiude un secondo sole. Qui entriamo in contatto con tutte le altre anime risvegliate nel mondo, espandendo la nostra consapevolezza in un raggio di 360 gradi. Guidiamo infine la coscienza dal cervello verso una sfera brillante di luce e d'amore, la sede dell'Anima, ove ci identifichiamo con il Grande Essere che è il Sé divino.

Meditazione: ora abbiamo raggiunto lo stadio della meditazione in cui entra in gioco il modello ideale selezionato come *focus* principale per la meditazione creativa. Possiamo meditare su qualsiasi cosa, con il solo limite della portata della nostra immaginazione. Potrebbe essere una buona idea meditare sulle qualità che vogliamo rafforzare e che sono incorporate nel nostro modello ideale, in modo da collegare la nostra meditazione con la nostra vita. In Appendice si può trovare un esempio di modello ideale: il *Loto di Pace e di Armonia*.

Con l'immaginare nel centro del cuore un brillante loto bianco, che emana pace e armonia, di fatto creiamo nel cuore un loto immaginario, attingendo energie pacifiche e armoniose dal supercosciente: creiamo cioè un veicolo tramite il quale possono manifestarsi energie più elevate. Chiunque pratichi la meditazione creativa riconoscerà tale realtà, così come i meditatori esperti sono consapevoli dell'impatto di una pratica di visualizzazione che viene ripetuta: è come visitare una casa costruita, dove si hanno a disposizione energie nel momento in cui si entra.

Tramite la visualizzazione, la meditazione creativa costruisce gradualmente un canale verso il supercosciente, dimora delle energie superiori, che possono iniziare a penetrare nella nostra vita quotidiana; ma possono anche apparire altre forze, per esempio energie disturbanti – forze che si oppongono – e subpersonalità che devono essere trasformate. Questa situazione è una conseguenza naturale del lavoro meditativo ed è conosciuta come "armonia tramite il conflitto". Quando la meditazione termina, è tempo di ancorare le energie nel mondo.

Ancoraggio: in questa fase puntiamo a distribuire nel mondo le energie che abbiamo raccolto. L'accumulo di energia può ingolfare i nostri centri, producendo sintomi di sovrastimolazione: mal di testa, sensazioni di bruciore, affaticamento, irritabilità e irrequietezza. Così è opportuno, quando completiamo ogni meditazione, che mettiamo l'energia a disposizione del mondo. Un modo molto semplice per farlo è pronunciare la sillaba indù OM tre volte, visualizzando ogni volta l'energia fluire verso il mondo attraverso le nostre varie reti sociali e professionali. L'Anima vuole portare luce nel mondo. Pronunciando l'OM creiamo un raggio di luce che eleva e rafforza il mondo che ci circonda. La sillaba creativa OM manifesta le energie che desideriamo mentre la pronunciamo.

IL MODELLO IDEALE CHE CONNETTE L'IO E IL SÈ

Il modello ideale può essere il punto focale per una psicosintesi sia personale sia transpersonale. Se utilizzato nella psicosintesi personale, funge da focus per il successo personale. Attinge alle immagini che siamo soliti associare al successo e una di queste, in particolare, viene scelta in base alla necessità di motivare il nostro lavoro.

La seguente visualizzazione di Assagioli si applica alla psicosintesi sia personale sia transpersonale: "Immaginate voi stesso come *un essere in possesso* di una volontà forte; cercate di vedervi camminare con passo fermo e risoluto, agendo in ogni situazione con decisione, intenzione focalizzata e costanza; cercate di vedervi mentre resistete con successo a ogni tentativo di intimidazione e di seduzione;

visualizzatevi così come sarete quando avrete ottenuto la padronanza interna ed esterna" (1977, p. 34).

Se il modello ideale è orientato verso la psicosintesi transpersonale, attinge a simboli archetipici provenienti dal supercosciente: Assagioli fornisce molti esempi di simboli appropriati (1973, p. 170). In precedenza ho evidenziato come l'immagine del sole o di uno yogi possa servire da modello ideale nella meditazione creativa.

Questi modelli ideali formano un legame indiretto tra l'io e l'Anima, diverso dalla via diretta, tramite il ponte della coscienza, dove la comunicazione arriva come una certezza immediata e intuitiva, dal "nulla", senza alcuna interpretazione necessaria. Ne parlerò più diffusamente nel capitolo X.

Il percorso indiretto stabilisce invece un ponte tra i contenuti del supercosciente e il nostro modello ideale. Gli archetipi del supercosciente ispirano quest'ultimo: le immagini dello yogi e del sole, per esempio, simboleggiano entrambe l'idea archetipica dell'illuminazione. Il diagramma illustra come l'Anima attivi un'idea archetipica, su cui l'io medita grazie al modello ideale. Sull'uso dei simboli come modelli ideali, Assagioli cita Jung: "il meccanismo psicologico che trasmuta l'energia è il simbolo".

Assagioli prosegue: "Molti e vari sono i simboli che hanno un'azione anagogica (elevatrice). Fra i più efficaci 'modelli' ideali umani, possono venire usati due tipi di essi, diversi, anzi in un certo senso opposti. Un uomo può visualizzare un eroe, un saggio, un santo o un essere umano-divino quale il Cristo, oppure l'immagine di una donna ideale quale la Beatrice di Dante o la Madonna. A sua volta una donna può prendere quale 'modello' il più alto tipo di femminilità che possa immaginare, oppure l'immagine di un Uomo ideale. Il potere di tali immagini è espresso nel

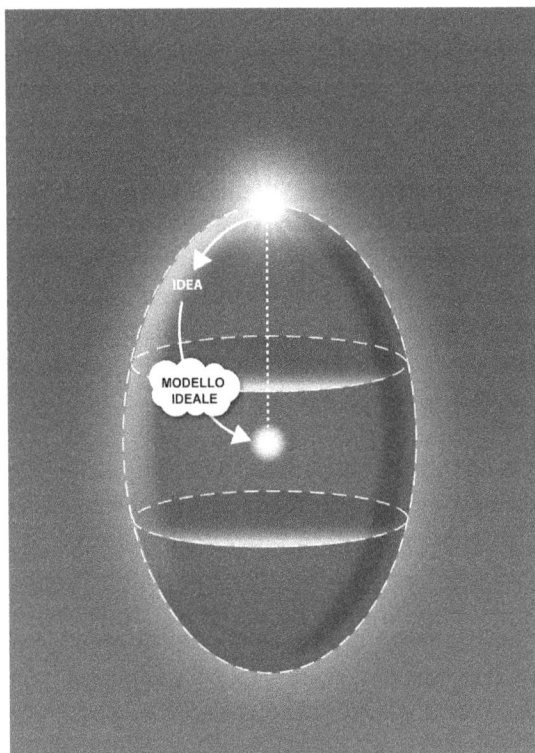

Il modello ideale

detto indiano: 'Il Gange (il fiume sacro) purifica quando sia visto o toccato, ma gli Esseri santi purificano col solo venir ricordati' " (1973, p. 229).

Spero sia chiaro come il modello ideale possa aiutarci a mettere più chiaramente a fuoco la nostra autentica personalità. Viviamo in un mondo pieno di distrazioni che richiedono costantemente la nostra energia e attenzione; il modello ideale ci aiuta a rimanere in rotta. Serve da guida interiore, affinché noi, come abili capitani, possiamo raggiungere in sicurezza la destinazione da noi scelta.

Passiamo ora alla Sintesi, la difficile arte di armonizzare, integrare e sintetizzare le crisi, i conflitti e gli ostacoli che compongono il viaggio della vita.

CAPITOLO VIII

LA SINTESI
– LA STRADA DEL FLUIRE

"Possiedi te stesso e trasforma te stesso.
È questo lo scopo di tutte le tecniche psicosintetiche"
(Assagioli, 1983c)

La sintesi è, chiaramente e ovviamente, uno dei concetti chiave della Psico-sintesi: l'abbiamo definita come una filosofia che vede la vita tendere verso l'unità attraverso l'evoluzione della coscienza. C'è una forza spirituale sotto-stante dietro tutto ciò che esiste "che vada riunendo fra loro e con Sé tutti gli esseri, alcuni consapevoli e volenterosi, i più ancor ciechi e ribelli, con vincoli di amore; che stia silenziosamente e potentemente attuando la *Suprema Sintesi*" (1973, p. 37).

Nella seguente citazione Assagioli descrive la natura della sintesi, la condizione umana e il percorso verso una maggiore armonia:

"Perché è necessaria la psicosintesi? Perché tutti abbiamo in noi elementi psicolo-gici diversi e contrastanti che si alternano e si scontrano. Spesso raggiungono un livello di forza tale da formare personalità o subpersonalità separate che lottano per la supremazia dentro di noi. Ciò si traduce in una serie di contraddizioni, con-flitti, turbolenze e sconvolgimenti, che possono causare gravi difficoltà nervose e spesso danno all'individuo una sensazione dolorosa e crescente di insoddisfazio-ne, instabilità e disarmonia.

Ma questa 'condizione umana' non è affatto fatale né inevitabile; possiamo cam-biarla e porvi rimedio se siamo disposti a esaminarci a fondo e se applichiamo i metodi necessari per ricombinare gli elementi dissociati e contrastanti per trasfor-marli in una sintesi ricca e armoniosa.

La sintesi è un principio organizzatore e unificante che agisce in tutti i regni della natura: ne troviamo manifestazioni nella materia inorganica sotto forma di com-binazioni chimiche. Nella vita organica agisce in modo più evidente e complicato come potere di autoregolazione dei corpi viventi, per esempio nel delicato e am-mirevole equilibrio tra usura e ricostruzione dei tessuti. Nella vita psicologica il principio di sintesi trova la sua applicazione in diversi modi: unificando interessi e attività vitali opposte nei riguardi dei mondi esteriore e interiore dell'individuo (estroversione e introversione); o anche sintetizzando pensiero e sentimento e altri elementi psicologici attorno a un centro unificante nell'ambito della psicosintesi della personalità.

Vi è poi il problema della psicosintesi spirituale, quella tra la personalità e il Sé o Anima, la quale costituisce lo scopo e l'aspirazione elevati di tutti gli individui che non riescono a venire soddisfatti solo dai valori terreni. Un altro aspetto della sintesi è quello che unisce un individuo in numerosi rapporti di integrazione con altri individui: prima di tutto c'è la psicosintesi della coppia umana, l'eterno problema della relazione tra i sessi, sulla quale più oltre aggiungeremo altri commenti. Quindi la sintesi del gruppo familiare, dei gruppi sociali, dei gruppi nazionali e, per ultimo – come ideale finale – la psicosintesi di tutta l'umanità" (non datato 10).

La sintesi implica quindi la risoluzione d'una varietà di conflitti:

a. nella personalità, tra diverse subpersonalità e funzioni psicologiche;

b. tra personalità e Anima;

c. nelle nostre relazioni, in famiglia, nei gruppi sociali, nelle nazioni e nell'umanità nel suo insieme.

Esaminerò in questa sede il primo aspetto, quello della personalità: ciò implica necessariamente guardare alle relazioni, poiché è attraverso di esse che le nostre subpersonalità spesso vengono attivate ed espresse. La sintesi di Anima e personalità la esaminerò invece nel capitolo successivo.

LA SINTESI GENERA FLUSSO

Dal punto di vista della psicologia dello sviluppo, procedendo dal fondo del diagramma dell'Ovoide verso l'alto, gli esseri umani si trovano ad affrontare numerosi conflitti interiori tra i diversi bisogni. Questi possono manifestarsi come ambivalenze rispetto ai nostri diversi ruoli ed esigenze: essere una buona madre o costruirsi una carriera ambiziosa; trovare sicurezza con un uomo pur essendo una donna indipendente; essere unicamente se stessi, ma anche socialmente accettati. Sono solo alcuni esempi, ma è la risoluzione di questi e simili conflitti che porta a una personalità integrata e armoniosa. Affinché ciò si verifichi, dobbiamo prima stabilire un contatto con l'io, che è il centro organizzativo della personalità e il nostro centro di pura autocoscienza e volontà: è nell'io che troviamo le risorse necessarie per attuare i nostri valori e operare sui nostri bisogni.

Ci auto-attuiamo quando gli obiettivi della personalità sono *organizzati, sviluppati e diretti* in una auto-espressione creativa, spontanea e liberata: questo è l'obiettivo della psicosintesi personale. Il processo di sintesi può essere descritto anche in un altro modo: dobbiamo sapere chi siamo e cosa vogliamo, e questo è il primo stadio; dobbiamo quindi metterlo in atto, usando la nostra volontà e le nostre funzioni psicologiche, processo che richiede disciplina, organizzazione, concentrazione e il coraggio di essere un io (1977, pp. 31-32).

La sintesi si sviluppa gradualmente attraverso i vari livelli della nostra personalità. Un corpo sano è un organismo ben regolato che mantiene i suoi processi senza sforzi fintantoché è curato adeguatamente, mentre rischiamo d'ammalarci quando scegliamo uno stile di vita che rende il corpo dipendente da abitudini malsane. È la meravigliosa sintesi del corpo che lo mantiene vivo e ben funzionante. Se vogliamo usarlo come strumento della volontà e delle altre funzioni psicologiche, il corpo deve essere addestrato di conseguenza: dobbiamo imparare a coordinarlo quando impariamo a parlare, scrivere, muoverci ed esprimerci. Allo stesso modo dobbiamo comportarci con le altre funzioni psicologiche: devono essere sviluppate in modo da poter cooperare ed esprimere i loro talenti.

Quando una funzione psicologica è stata sintetizzata, possiamo esprimerne le qualità liberamente e facilmente: i ballerini allenati possono muovere il corpo senza alcuno sforzo. Allo stesso modo, se alleniamo i nostri sentimenti come psicoterapeuti o attori, possiamo esprimerci empaticamente e creativamente. Se alleniamo la nostra mente a pensare, possiamo esprimerci chiaramente nel nostro campo di conoscenza. La sintesi è alla portata di tutti noi, ma non nasce spontaneamente: è uno sviluppo disciplinato e mirato a creare le basi per la sintesi, un risultato della quale è il "flusso".

Il flusso può essere definito come *l'espressione spontanea ed efficace di un'azione*. Il livello del flusso dipende dalla complessità dell'azione: il flusso d'una ballerina è più complesso e organizzato della danza giocosa d'un bambino, così come in battaglia un maestro di kung fu dimostrerà un grado avanzato di sviluppo rispetto a un criminale violento che attacca scompostamente. Entrambi possono combattere senza sforzo, ma il maestro di kung fu lo fa da un livello superiore di coscienza e perfezione.

Un requisito del flusso è l'unificazione delle nostre funzioni psicologiche, che rende possibile una libera espressione della volontà in tutta la nostra personalità con l'investimento di molto impegno e lavoro. Richiede addirittura una vita intera lo sforzo di raggiungere quello che potremmo chiamare "flusso dell'Anima", cioè l'espressione spontanea ed efficace di qualità dell'Anima, come la saggezza, la compassione e il servizio.

Assagioli la considera come l'unione della volontà personale, transpersonale e universale. "La volontà personale è senza sforzo – scrive Assagioli – quando colui che vuole è così identificato con la Volontà Transpersonale o, a un livello ancora superiore e più completo, con la Volontà Universale, che tutto ciò che egli fa si realizza liberamente e spontaneamente, ed egli sente di essere un canale consenziente nel quale affluiscono, e per mezzo di cui operano, potenti energie. Questo è il wu-wei, o 'stato taoistico', di cui parla Maslow in *The Farther Reaches of Human Nature*" (1977, pp. 23-24).

Nello stato di esaltazione del flusso estremo, essere e fare sono una cosa sola. Ma anche la personalità auto-attuata sperimenterà a un certo punto il conflitto tra la Volontà transpersonale dell'Anima e i suoi bisogni e la sua volontà egocentrici. Questa lotta decide i valori che motiveranno un individuo. Secondo Assagioli, Cristo è un esempio della più alta sintesi. "La più esplicita e più alta affermazione di volontà-di-unificazione è stata fatta dal Cristo: 'Non la mia, ma la tua volontà sia fatta', e il suo compimento è nella Sua affermazione trionfante: 'il Padre e io siamo uno'" (1977, p. 99).

LE SUBPERSONALITÀ – I NOSTRI ATTORI INTERIORI

Ciò che spesso ostacola la sintesi e il flusso sono i conflitti interiori che insorgono tra le subpersonalità: su di essi lo stesso Assagioli non ha scritto molto, ma hanno ricevuto molta attenzione dopo la sua morte. Rowan (1990), Ferrucci (1981), Sliker (1992) e Rueffler (1995) hanno in modi diversi elaborato le sue teorie. Gordon Davidson, nel suo libro *Joyful Evolution* (2011) decisamente raccomandabile, ha fornito la descrizione forse più completa di queste subpersonalità.

Assagioli sottolinea che l'idea delle subpersonalità non è sconosciuta nella psicologia. Per esempio, William James parla di "i diversi sé" e C.G. Jung di personae (1973, p. 76 e 1967b). John Rowan (1990) espone un'approfondita panoramica dei vari nomi con i quali vengono designate nella psicologia. A proposito delle subpersonalità Assagioli scrive:

"È difficile rendersene conto, ma ogni subpersonalità che si è sviluppata abbastanza per avere una volontà, essere coerente, pensare e sentire, è una personalità in miniatura e ha le stesse qualità della personalità generale. Una subpersonalità è una piccola personalità a sé stante alla quale piacerebbe vivere in acque piuttosto profonde. Esiste il principio di personificazione, ma non lo approfondirò perché è più teorico e io detesto la teoria. Ma dopotutto non è affatto una teoria; è un processo di personificazione: ogni elemento psicologico, in particolare ogni gruppo di elementi psicologici, per es. quelli che in psicologia sono chiamati 'complessi', tendono infatti a personificarsi. Fino a questo punto non è una teoria. Possiamo osservarlo.

A titolo di esempio prendiamo i diversi ruoli che ricopriamo nella vita. Una donna si identifica spesso nella sua funzione materna al punto da sentirsi e agire principalmente come madre, che quindi è una subpersonalità a sé stante e che potrebbe essere in conflitto con i suoi tratti femminili. Uno dei temi di importanza pratica – sul quale però ora non mi soffermo – è il conflitto tra il ruolo di moglie e quello di madre; potremmo riprenderlo in un altro momento, ma ciò dimostra che ogni subpersonalità ha una specie di ego" (non datato 2).

Assagioli riscontra che delle subpersonalità si attivano nei nostri ruoli sociali e anche nei diversi "complessi" psicologici, di inferiorità, di padre, di genitore e così via (1973, pp. 74-75). Le subpersonalità sono espresse nel nostro comportamento e nelle nostre reazioni e possono essere vissute come autoimmagini o voci interiori. Scrive al riguardo: "Infatti se noi ci osserviamo, ci accorgiamo che continuamente qualcosa in noi parla, ci sono continue voci dalle nostre subpersonalità, dal nostro inconscio, continui clamori interni" (1988, pp. 33-34).

La nostra personalità contiene molte autoimmagini e voci interiori che abbiamo acquisito nel corso delle nostre vite: possono rappresentare il tipo di falso io, di cui abbiamo parlato nel capitolo sui modelli ideali. In quanto ruoli sociali, si sviluppano nello spazio tra le influenze esterne e le nostre risorse e necessità interne. Le subpersonalità sono correlate ai diversi stadi di sviluppo esaminati nel capitolo III.

La nostra personalità è come un grande edificio a più piani. Su ogni piano vi sono degli "attori", ognuno responsabile dei diversi bisogni del piano, che noi sperimentiamo come resistenze interiori, credenze, desideri e modelli fissi di comportamento. Le molte esigenze dei nostri numerosi attori interni possono provocare molti disordini nell'edificio. Possiamo sperimentare i vari attori come energie, stati d'animo e vibrazioni senza una forma particolare, ma possiamo anche sperimentarli come persone che parlano e agiscono in noi. La sensazione di solitudine, per esempio, è spesso legata a una concreta subpersonalità, "la solitaria", che crea e mantiene questo umore.

Possiamo sperimentare i nostri attori come il bambino interiore, l'adolescente o l'adulto. Questi attori interni sono autoimmagini che abbiamo sviluppato attorno a ruoli diversi: madre, padre, uomo, donna, bambino, fratello, sorella, professione, ecc. Quando adottiamo nuove funzioni o ruoli sociali, formiamo nuove e corrispondenti subpersonalità, che sono quindi modelli di comportamento relativamente coerenti e stabili.

Le subpersonalità si sviluppano tramite l'identificazione con i nostri ruoli: se ci identifichiamo con qualcosa per lungo tempo, creiamo una corrispondente immagine interiore con tutte le qualità psicologiche associate all'identificazione. Molti ruoli informali ci caratterizzano senza che ne siamo pienamente consapevoli: se fossimo vittime di bullismo a scuola, potremmo crearcene una corrispondente autoimmagine. Allora il nostro bambino interiore adotterebbe un'identità di vittima che lo modellerebbe fino a quando altre esperienze non lo cambiassero o noi lavorassimo per cambiarlo terapeuticamente.

I ruoli possono anche svilupparsi sulla base di un'identificazione con funzioni psicologiche verso le quali proviamo attrazione. Questi ruoli possono essere espressi come tipi psicologici: "il clown" (immaginazione), "lo scettico" (pensiero logico), "l'eroe" (volontà), "l'aiutante" (sentimento), "il romantico" (passione), "l'apprendista" (sensazione) e "il sognatore" (intuizione).

I ruoli legati all'età, quelli di bambino, adolescente, ragazzo, padre, madre, professionista e molti altri ci fanno partecipi delle loro qualità e attitudini. Al riguardo Assagioli sottolinea l'importanza della *psicosintesi delle età*. Ogni fase dello sviluppo ci arricchisce di importanti qualità psicologiche necessarie per la nostra auto-espressione. Secondo Assagioli, la persona in età avanzata può creare la psicosintesi delle età: "Può consapevolmente rievocare, suscitare, risuscitare, alimentare in sé i caratteri positivi di tutte le età precedenti: può farlo usando varie delle tecniche psicologiche e psicosintetiche note: immaginazione, suggestione, modello ideale, affermazione, meditazione e altre. Può farlo anche aiutandosi coll'aprirsi all'influsso diretto di persone delle età precedenti, cioè stando con dei bambini … con adolescenti, con giovani, con adulti … ma non per continuità meccanica, ma con partecipazione psicologica e vitale … giocando con loro, parlando con loro, adeguandosi al loro livello" (1983c, p. 13).

Un altro gruppo di subpersonalità si forma attorno a ciò che possiamo chiamare archetipi: quando ci identifichiamo con loro, queste immagini dell'inconscio collettivo ci influenzano potentemente. Film, letteratura e altri media possono creare impressioni durature nell'inconscio: i bambini possono identificarsi con Pippi, Batman o Biancaneve o con immagini tetre e demoniache, come la strega, il cattivo o il mostro. Possiamo anche identificarci con gli animali, per esempio il lupo, l'orso o il gufo. Questi archetipi contengono potenti energie che possono influenzarci nel bene e nel male.

Come abbiamo visto, Maja sviluppò una subpersonalità completamente nuova, "la donna in dignità", che conteneva la sua identità di genere: meditando su questa subpersonalità e recitando tale personaggio, le diede vita e forma. Al contrario, lavorammo pure con una subpersonalità costituita da un senso di indegnità e inadeguatezza. In una sessione Maja andò a conoscere il suo senso di indegnità e apparve una subpersonalità molto oscura: si trattava di una donna che viveva da sola in un piccolo appartamento miserabile, una reietta con abiti malandati. In lei Maja percepiva un senso di profonda vergogna.

Questa donna parlava di un matrimonio vissuto in solitudine con un uomo freddo e privo di emozioni, e di come fosse perciò caduta nell'adulterio, finendo per identificarsi completamente con il rifiuto e la condanna che ne aveva ricevuto. L'empatia di Maja con la donna scatenò in lei ondate di dolore, a cui seguì una catarsi: infatti interpretò questa donna come un simbolo archetipico della sua indegnità interiore. La "donna caduta" è una figura archetipica che vive inconsciamente in molte donne, spesso tramandata di madre in figlia. Grazie al nostro lavoro, Maja riuscì a separarsi dal senso di indegnità.

Riuscì a provare un senso di sollievo quando potette parlare della "donna caduta" senza identificarsi con lei; la sua guarigione ebbe poi inizio quando incominciò a occuparsi della donna interiore caduta con la compassione dell'amorevole testimone.

Una terza categoria di subpersonalità viene creata dalle nostre relazioni con altre persone.

Molto possiamo comprendere da ciò che abbiamo visto sinora, per esempio che le nostre diverse fasi di sviluppo creano varie subpersonalità. Ma abbiamo anche osservato come possiamo interiorizzare le nostre relazioni più importanti – genitori, fratelli, amanti e amici – e, per loro tramite, dare vita a delle subpersonalità. Nella letteratura psicoanalitica questa interiorizzazione si chiama "relazioni oggettuali" e se ne individua lo scopo nell'aiutare i bambini a sentirsi sicuri in assenza dei loro genitori. Quando, come descritto nel capitolo V, Assagioli definisce lo psicoterapeuta come un centro unificante esterno, sta parlando della medesima funzione, poiché lo psicoterapeuta esterno viene interiorizzato nella struttura psichica del cliente. Lo "psicoterapeuta interiore" d'un cliente può essere una voce interiore saggia ed empatica, che lo aiuta in diverse situazioni di vita, in particolare nel caso dei ruoli parentali che nel tempo vengono interiorizzati nel bambino. Queste potenti subpersonalità agiscono in noi come esseri indipendenti, *assumendo gli stessi ruoli e valori dei nostri genitori esterni.*

Se le osserviamo, vediamo che le nostre subpersonalità agiscono come "esseri viventi". Esse esistono in noi, ma solo finché ci identifichiamo con loro inconsciamente o consapevolmente, e diventano più vive ogni volta che ripetiamo i loro tratti comportamentali, accrescendo la loro energia e vitalità.

Può sembrare strano che la nostra vita psicologica sia così varia e complessa. Ma, nel parlare di subpersonalità, Assagioli non si esprime in modo simbolico: "In generale si passa dall'una all'altra, senza averne chiara consapevolezza: esse sono tenute insieme solo da una vaga memoria; ma in pratica le subpersonalità agiscono come esseri differenti con caratteristiche molto diverse e anche opposte" (1973, p. 76). In *Allenamento della volontà* Assagioli descrive come:

"Idee, immagini, emozioni, sentimenti e pulsioni si combinano e si raggruppano, formando 'complessi psicologici': si creano così raggruppamenti psicologici che possono crescere fino a diventare 'subpersonalità' reali, con una vita semi-indipendente. Si sviluppano come i vari 'io' descritti da William James (l'io familiare – l'io professionale – l'io sociale)" (non datato 12).

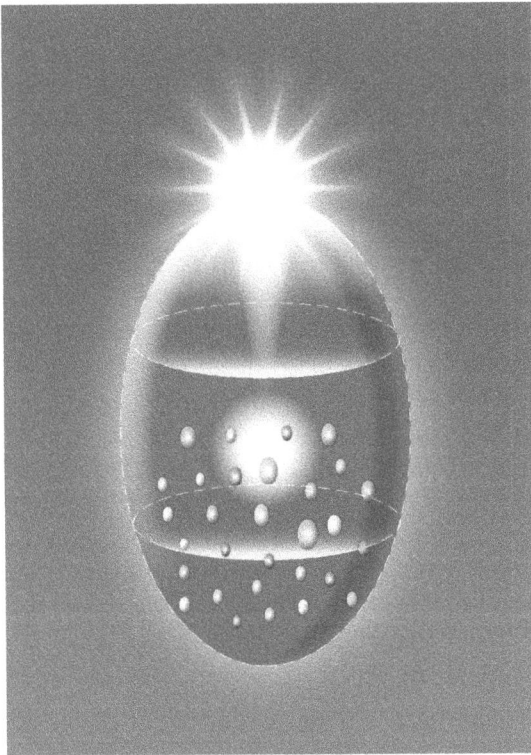

Il diagramma dell'Ovoide e le supbpersonalità

Nel libro *L'Atto di Volontà* Assagioli scrive che: "Tutte le varie funzioni, e le loro molteplici combinazioni in complessi e subpersonalità, mettono in moto la realizzazione dei loro scopi al di fuori della nostra coscienza, e indipendentemente da, e perfino contro, la nostra volontà" (1977, p. 49). Non c'è da meravigliarsi se possiamo incontrare difficoltà nel padroneggiare le nostre reazioni, a fronte d'una moltitudine di voci interiori che cerca di controllare le nostre vite. Assagioli descrive anche come le subpersonalità lavorano nell'inconscio e si esprimono attraverso i sogni (1988, p. 49).

Il diagramma che mostra le subpersonalità nelle varie aree dell'Ovoide illustra proprio questo: le subpersonalità si spostano e cambiano posizione nel campo della coscienza quando ci identifichiamo con i ruoli che rappresentano. Come dice Assagioli, ogni subpersonalità è "in grado di 'salire' o 'scendere' durante l'attività nella quale è impegnata" (1983c).

È importante ricordare che le nostre relazioni esterne diventano realtà interiori. Ciò significa, per esempio, che tutti abbiamo *dentro di noi* un'immagine delle nostre figure genitoriali, le quali stanno cercando di preservare le norme e i valori dei nostri genitori. Quando sentiamo la voce dei nostri genitori risuonare nella nostra testa, è la loro immagine interiore che ci sta parlando.

Le subpersonalità hanno una vita propria, ma sono anche bloccate in una distorsione temporale: spesso sono imprigionate nel tempo della nostra vita in cui sono state create. Il nostro passato è il loro presente e agiscono le loro vite nella nostra vita, appena sotto la soglia della coscienza. Alcune di esse si evolvono naturalmente attraverso le circostanze della vita, altre invece sono bloccate nel passato.

L'ultima e forse più controversa categoria di subpersonalità comprende quelle legate alla reincarnazione. Quando si medita su stati d'animo collegati a una subpersonalità, alcuni clienti sentono di essere in contatto con una vita passata: per esempio, la "donna caduta" incontrata da Maja, un'altra persona la potrebbe interpretare come ciò che era in una vita passata. È facoltà dell'individuo considerare una subpersonalità come un archetipo o come una vita precedente: resta il fatto che spesso nelle sessioni emergono spunti delle vite passate. Possiamo interpretare queste subpersonalità come io precedenti ancora attivi nella nostra attuale incarnazione.

Per concludere, vorrei sottolineare che le subpersonalità compaiono solo nell'inconscio inferiore e medio, poiché tali energie possono prendere forma solo a livello mentale, emotivo e fisico. A livello di supercosciente le energie sono senza forma: le sperimentiamo come fenomeni di luce, ispirazione ed energia, piuttosto che come immagini reali o come forme-pensiero.

LO SVILUPPO DELLE SUBPERSONALITÀ

Le subpersonalità si sviluppano naturalmente come risposte alle sfide della vita: nuove relazioni, lavori e responsabilità ci costringono ad apprendere nuovi ruoli o a sviluppare quelli esistenti, e nel processo si formano nuove subpersonalità o quelle esistenti crescono. Ciò può portare a conflitti tra le esigenze che insorgono e la nostra capacità di soddisfarle.

Il nostro sviluppo non progredisce necessariamente in un lento ritmo "naturale", da una crisi o un conflitto a un altro: si tratta invece di un'attività estenuante nel cui ambito viviamo le nostre subpersonalità attraverso le nostre proiezioni. Quando, grazie alla disidentificazione, ritiriamo le proiezioni, smettiamo di agire questi conflitti interiori nel mondo esterno. Scopriamo così che il mondo esterno è una specie di specchio che riflette le subpersonalità che stanno dentro di noi, e che le nostre reazioni sono le nostre subpersonalità in azione. Ci rendiamo conto che è più importante cambiare noi stessi piuttosto che gli altri e comprendiamo perché dovremmo rimuovere la trave che è nei nostri occhi e non preoccuparci così tanto della pagliuzza in quelli del fratello.

Assagioli suggerisce di far crescere le nostre subpersonalità considerando la vita come un gioco. "Il punto di partenza" – scrive – "è la completa immersione in ogni subpersonalità ... Ciò porta al raggiungimento di una auto-coscienza che può svolgere *consapevolmente* ruoli diversi" (1973, p. 76). Quando recitiamo il ruolo di madre, donna o insegnante, e portiamo i nostri valori, risorse e qualità personali in questo ruolo, questo diventa autentico. Quando poi ci rendiamo anche conto di non essere il ruolo, sperimentiamo una maggiore libertà in relazione al medesimo, e quindi ognuno "tanto meno si identifica con un ruolo particolare, tanto meglio riuscirà a svolgerlo" (1973, p. 76).

La descrizione di Assagioli della relazione ottimale tra Anima, io e subpersonalità (1983c) può anche essere utilmente espressa con l'uso di metafore; quest'ultime sono strumenti preziosi in terapia e io ne faccio largo uso nel mio lavoro: le adeguo alle esigenze del cliente e costituiscono un buon esempio dell'aspetto educativo della psicosintesi. Lo psicoterapeuta è non solo un guaritore, ma anche una guida o un insegnante.

Per la relazione tra l'Anima, l'io e le subpersonalità uso le seguenti metafore:

L'Autore, il Regista e gli Attori

Il Capitano, il Maestro di vela e i Marinai

Il Consiglio d'Amministrazione,
il Direttore Generale, il Personale

Il Compositore, il Direttore d'Orchestra, i Musicisti

L'Anima è la forza *ispiratrice* che possiede la visione più ampia, comunica il significato e fornisce lo scopo generale. Metafore utili sono l'Autore, il Capitano, il Consiglio d'Amministrazione e il Compositore.

L'io è la *forza-guida*, organizzatrice e coordinatrice dell'interazione tra le subpersonalità, che facilita il lavoro di sviluppo. All'io appartengono le metafore del

Regista, del Maestro di vela, del Direttore Generale e del Direttore d'orchestra.

Le subpersonalità svolgono la *funzione esecutiva* e usano talenti e abilità per dare vita al lavoro. Per loro usiamo le metafore degli Attori, dei Marinai, del Personale e dei Musicisti.

Questa cooperazione è spesso carente. La nostra connessione con l'Anima è generalmente debole e ci manca un chiaro senso di significato e di scopo. Oppure la personalità potrebbe non essere adeguatamente integrata e quindi l'io non è in grado di coordinare e gestire le varie subpersonalità, cosa che si verifica spesso. La casa interiore è divisa e in disaccordo con se stessa e noi sprechiamo energia per rispondere ai bisogni conflittuali delle nostre subpersonalità. Può anche semplicemente accadere che queste non abbiano la capacità di realizzare i piani del Consiglio d'Amministrazione (l'Anima) e del Direttore Generale (l'io). Qualunque sia la causa, ne consegue conflitto e incapacità di soddisfare i nostri bisogni.

Quando scopriamo le nostre subpersonalità, paradossalmente scopriamo anche l'io. Assagioli scrive che: "Un altro vantaggio è che la rivelazione dei diversi ruoli, caratteristiche, ecc., mette in evidenza, per contrasto, la realtà dell'io, del sé che li osserva 'dall'alto' per così dire. Nel corso di questo lavoro di riconoscimento delle subpersonalità, ci si rende conto che il sé il quale sta a osservare non può essere identificato con alcuna di esse, ma è qualcosa o qualcuno di diverso da ognuna. Questo è un riconoscimento molto importante che costituisce l'inizio della via alla futura psicosintesi" (1973, p. 76).

Questo processo porta le subpersonalità sotto il governo e la guida amorevole dell'io e alla sintesi della personalità. Assagioli suggerisce le seguenti fasi (1983c):

"Innanzitutto la scoperta dei molti aspetti della personalità tramite la disidentificazione. Ciò richiede la realizzazione dell'io come centro di pura autocoscienza e volontà".

"La seconda fase è quella in cui le subpersonalità esistenti vengono trasformate e addestrate dal 'regista'. Ciò presuppone una chiara e stabile autocoscienza, l'impiego d'una volontà forte e risoluta e un costante senso di autocoscienza, sia come soggetto sia, allo stesso tempo, come agente" (1983c).

La sintesi delle subpersonalità richiede lo scioglimento di un "complesso", un tema doloroso della vita (solitudine, ansia, ecc.), grazie all'esercizio dei suoi potenziali positivi e delle sue energie. Problemi di vita impegnativi necessitano di lavorare per un lungo lasso di tempo con diverse subpersonalità. L'interazione tra gruppi di esse è necessaria e di solito procede attraverso cinque fasi. Le subpersonalità devono essere *riconosciute, accettate, trasformate, integrate e sintetizzate*. Queste fasi possono essere così intese:[1]

Il *riconoscimento* ci impone di disidentificarci dalla subpersonalità, creando un'iniziale libertà dalla medesima. La subpersonalità viene osservata e, col disidentificarsene, trascesa. È quindi possibile considerare la subpersonalità come un oggetto presente nella nostra coscienza.

L'*accettazione* attiva l'amore. La subpersonalità può quindi essere trattata con amore ed empatia, il che ammorbidisce i suoi meccanismi di difesa e rende possibile una relazione amorosa tra osservatore e subpersonalità. Il suo bisogno primario (la sua causa) viene compreso e il Sé diviene immanente e presente nella subpersonalità come coscienza empatica.

La *trasformazione* fa entrare in gioco la creatività. Tramite il dialogo e la visualizzazione si scopre il potenziale transpersonale della subpersonalità, la sua luce interiore.

L'*integrazione* implica il lavoro con la volontà, la quale provvede ai bisogni primari delle subpersonalità in termini di sicurezza, amore, status, libertà, ecc., trovando il modo di soddisfarli nella vita quotidiana.

La *sintesi* è il risultato di uno sforzo di lungo termine, grazie al quale gruppi di subpersonalità vengono inclusi, trasformati e integrati. Dove prima eravamo bloccati, ora la strada è aperta; sperimentiamo uno stato di flusso e la capacità spontanea di essere noi stessi: anche le nostre subpersonalità sono in stato di flusso sotto la guida dell'io.

LA PRATICA DEL LAVORO CON LE SUBPERSONALITÀ

Per lavorare con le subpersonalità possiamo usare molti metodi. Abbiamo già citato il lavoro con la sedia, e ora ci riferiamo in particolare alla sedia del cliente. Questa è la sedia dell'io, che osserva e dirige amorevolmente le subpersonalità. A ogni subpersonalità viene riservata una sedia, alla quale viene data voce quando il cliente vi si siede. La sedia dell'Anima può trovarsi ovunque nella stanza, ma spesso chiedo al cliente di alzarsi in atteggiamento di apertura, con la mano sul cuore e di guardare le sedie con attenzione. Stare in piedi simboleggia il trascendente e la mano sul cuore rappresenta la prospettiva immanente, dalla quale possono scaturire importanti intuizioni.

---

1 James Vargiu, nel suo articolo del 1974, si intrattiene sui vari stadi, anche se in una chiave molto ottimistica.

Anche il disegno creativo è efficace nell'identificare e rilasciare le energie delle subpersonalità: la scelta di colori e forme offre al riguardo una visione completa. Viene richiesto al cliente di disegnare la subpersonalità o il suo umore, senza pensarci troppo. Questo lo aiuta a disidentificarsi e poi sintonizzarsi su diversi aspetti del problema, esaminando l'effetto del colore.

La visualizzazione guidata è a mio avviso uno dei modi più efficaci per lavorare con le subpersonalità. Per questo il cliente deve essere in grado di osservare i suoi stati interiori: deve riuscire a vedere le immagini interiori delle sue subpersonalità, ma è anche piuttosto importante sentirle ed esprimerle. Ispirati dal lavoro di Gordon Davidson, il mio amico e collega Søren Hauge e io abbiamo sviluppato un metodo, che chiamiamo SoulFlow, nel quale accompagniamo una subpersonalità attraverso le fasi di riconoscimento, accettazione, trasformazione, integrazione e sintesi. Nell'Appendice ho incluso uno schema del processo.

Vorrei concludere questo capitolo con un esempio di come funziona nella pratica SoulFlow, mostrando come possano essere applicati terapeuticamente alcuni dei principi che ho descritto.

In una sessione con Maja applicammo il SoulFlow alla sua "donna caduta" (vedi Appendice).

Creammo un pilastro di guarigione che aprì un campo di consapevolezza amorevole dove il lavoro di trasformazione poteva avvenire. Il pilastro di guarigione rappresenta lo spazio nel quale l'Anima e l'inconscio sono collegati all'io nella sua funzione di testimone amorevole. È anche un esercizio nel quale il cliente impara come creare uno spazio amorevole per se stesso, aprendo il suo cuore a tutto ciò che la sua personalità contiene.

A occhi chiusi e in uno stato meditativo, il cliente chiede a una certa subpersonalità di farsi avanti all'interno. L'immagine della donna caduta era familiare a Maja, e quindi le riusciva facile visualizzarla. In questo contesto, è importante relazionarsi con una subpersonalità considerandola un *essere vivente*, con un'accettazione incondizionata del suo stato emotivo. Il SoulFlow infatti è un approccio basato in modo radicale sull'apprezzamento, nel quale qualsiasi tratto distruttivo di una subpersonalità viene interpretato come una sua strategia di sopravvivenza, per non essere stata né incontrata né vista con amore in precedenza. Ora viene riconosciuta e la fase successiva è l'accettazione.

A questo punto chiesi a Maja di confermare alla sua "donna caduta" di essere una parte *viva* e apprezzata del suo inconscio. Maja le disse che voleva conoscere la sua storia e capire di cosa avesse bisogno. La ascoltò e contenne il dolore e la disperazione. A un certo punto però scoppiò in lacrime e lottò per rimanere concentrata: le ricordai con delicatezza che lei era la testimone amorevole e che aveva il compito di mantenere lo spazio interno per la sua subpersonalità. Questo l'aiutò a disidentificarsi dal dolore in modo da poterle trasmettere il suo amore. Dedicammo un po' di tempo a capire come la sua subpersonalità si fosse identificata con la condanna, con ciò che l'aveva portata a essere infedele e le conseguenze del rifiuto. Maja si comportò come una brava madre e una persona empatica verso le sue parti ferite. Questo è il primo passo della fase trasformativa.

Dopo avere incontrato il suo dolore ed essersene affrancata, chiesi a Maja di informare la "donna caduta" che era bloccata nel passato. Maja le disse che ora viveva in Danimarca e visualizzò un'immagine della sua vita attuale. Quando la subpersonalità venne a sapere che la sua realtà non esisteva più, rimase perplessa e sorpresa, e si risvegliò come da un sogno. Questo ha spesso un potente effetto. La verifica della realtà è importante perché consente alla subpersonalità di disidentificarsi. Maja informò la donna caduta di come l'infedeltà venisse considerata in una prospettiva più moderna e tollerante e ciò ebbe certamente influenza su di lei. Questo è il secondo stadio della fase trasformativa.

Assagioli afferma che le subpersonalità possono essere considerate come riflessi sia dell'io sia dell'Anima (non datato 2). Hanno le stesse qualità della personalità, ma, per riflettere l'Anima, le subpersonalità devono scoprire la propria luce. L'Anima è presente in modo immanente nella personalità tramite il suo splendore, ma la personalità deve essere in grado di rifletterlo: questo è possibile solo se le subpersonalità scoprono la propria luce. Chiesi quindi a Maja di dire alla donna caduta che anche lei aveva una luce nel suo cuore, proprio come la sua. Chiese alla donna di riconoscere la propria luce e insieme esplorarono le sue *qualità*. Questo è importante per la subpersonalità e quindi anche per Maja. Ci furono lacrime di gioia. La luce era piena di bellezza, armonia e senso estetico. L'aspetto della donna caduta cambiò radicalmente, irradiando dignità e grazia e diventando molto più simile al modello ideale di Maja. Ciò fece una tale impressione su Maja che spontaneamente rinominò la donna "Grazia". Questa è la terza fase trasformativa.

Il passo successivo fu integrare Grazia nel cuore di Maja. Maja disse a Grazia che c'era un posto nel suo cuore che conteneva tutte le persone da lei amate. La invitò a entrarvi e Grazia accettò l'invito. La sensazione di stare in un flusso accompagnò la sua uscita dalle regioni oscure dell'inconscio e l'ingresso nello spazio di luce del cuore. Maja visualizzò altre immagini della sua nuova vita e confidò a Grazia che il suo obiettivo era quello di incontrare qualcuno con cui poter avere una relazione d'amore arricchente e alla pari. Trovarono un accordo di squadra. Grazia si rese conto d'avere un ruolo significativo nella vita di Maja. Questa è la fase integrativa.

Questa sessione fu per Maja un vero e proprio punto di svolta. Ora era in grado di *percepire* la dignità della sua donna interiore e di nutrire di se stessa immagini positive, che potevano ispirarla e guidarla in diverse situazioni. Non aveva ancora raggiunto il suo obiettivo di esprimere liberamente e spontaneamente la sua dignità, ma aveva fatto un passo importante verso di essa.

Abbiamo ora capito quanto può essere importante lavorare con le subpersonalità. È un modo con il quale l'Anima si incarna nell'inconscio con le sue qualità supercoscienti. Quando l'inconscio inferiore riflette le qualità del supercosciente, allora l'Anima ha una presenza reale nella personalità. Nel prossimo capitolo daremo uno sguardo alle qualità del supercosciente e al modo con il quale possiamo raccogliere i frutti della sua abbondanza.

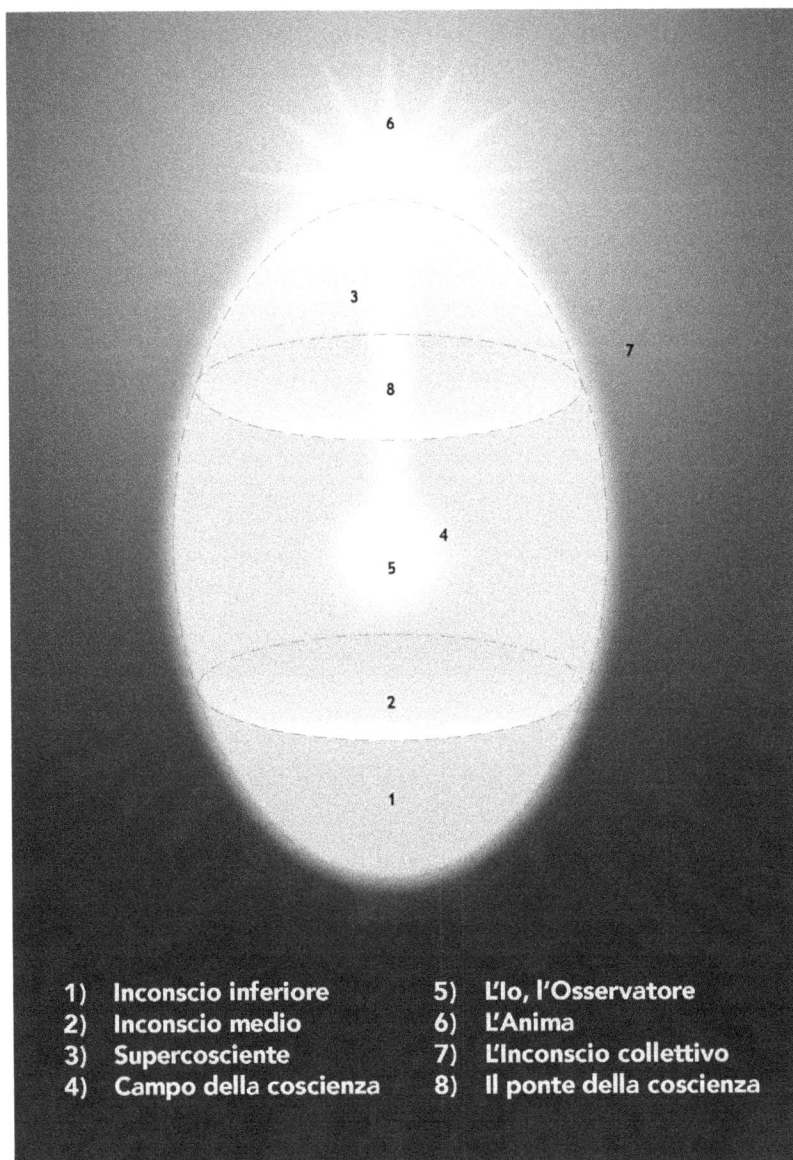

1) **Inconscio inferiore**
2) **Inconscio medio**
3) **Supercosciente**
4) **Campo della coscienza**
5) **L'Io, l'Osservatore**
6) **L'Anima**
7) **L'Inconscio collettivo**
8) **Il ponte della coscienza**

© Kentaur Training – www.kennethsorensen.dk Artista Carsten Jørgensen

CAPITOLO IX

IL SUPERCOSCIENTE
– IL CAMMINO DELL'ABBONDANZA

*"Ciò che distingue la psicosintesi da molti altri
tentativi di comprensione psicologica è la posizione
che adottiamo in merito all'esistenza di un
Sé spirituale e di un supercosciente,
che sono fondamentali come le energie
istintive descritte così bene da Freud".*
(Assagioli, 1975, p.193)

Il supercosciente, o inconscio superiore, è il sesto concetto chiave sul quale Assagioli ha probabilmente scritto più che su qualsiasi altro argomento, esclusa la volontà. Nel libro *Lo Sviluppo Transpersonale*, pubblicato quattordici anni dopo la sua morte nel 1974, egli esplora dettagliatamente gli stati transpersonali e come vi possiamo entrare in contatto.

In precedenza abbiamo definito il supercosciente come l'insieme di energie che espandono la nostra coscienza dal personale al transpersonale: per esempio, molte persone hanno testimoniato di provare un forte senso di appartenenza o di essere "tutt'uno con" il pianeta, l'umanità o l'esistenza stessa. Tutte le innovazioni scientifiche, artistiche, tecnologiche, psicologiche e culturali davvero originali, cioè le idee che sospingono l'umanità su per la scala evolutiva, hanno la loro origine nel supercosciente. Questi intensi stati di coscienza danno speranza per un mondo di pace e d'armonia. Tramite il supercosciente sperimentiamo l'unità della natura e dell'uomo, una comprensione che può salvare entrambi dalla distruzione. Ecco perché è importante sviluppare la nostra Coscienza Superiore, come Assagioli scrive:

"Una delle maggiori cause di sofferenza e di errori di condotta è la paura; sia l'angoscia individuale, sia le paure collettive che possono spingere fino a una guerra. Ebbene, l'esperienza della realtà supercosciente annulla la paura, ogni senso di timore è incompatibile con la realizzazione della pienezza e della permanenza della vita. Un'altra causa di errori e di mali è la combattività, che è basata sulla separatività, sull'aggressività, su sentimenti di ostilità, di odio. Ma nella serena atmosfera del supercosciente quegli impulsi e quei sentimenti non possono esistere. Chi ha un allargamento della coscienza, una partecipazione, un senso di unità con tutti gli esseri, non può combattere più, lo trova assurdo, sarebbe come combattere contro se stesso! In tal modo i problemi più gravi, più angosciosi, vengono risolti, eliminati, dallo sviluppo, dall'allargamento, dall'ascesa della coscienza al livello di una superiore Realtà" (1988, pp. 25-26).

Il supercosciente è la nostra porta verso lo spirituale, ma cos'è la *spiritualità*?

La psicosintesi distingue tra la coscienza "normale" dell'inconscio inferiore e medio e le energie transpersonali del supercosciente: questa divisione ci aiuta a distinguere tra egoismo e altruismo. Questa differenza è essenziale perché è grazie al supercosciente che possiamo contribuire a risolvere i problemi umani fondamentali. La Psicosintesi mira a un mondo di armonia e pace, ma ciò può avvenire solo tramite la nostra volontà di sintesi; quindi dobbiamo iniziare da noi stessi. Il supercosciente ci fornisce l'energia per costruire ponti di comprensione e armonia, dentro di noi e nel mondo.

Eppure le nostre vite interiori contengono forze che ci dividono e ci portano al conflitto. Come Assagioli ha osservato: "L'egoismo costituisce l'ostacolo fondamentale. Deriva dal desiderio di possedere e di dominare, che è un'espressione degli istinti primari di autoconservazione e di autoaffermazione" (1977, p. 69).

L'assertività e l'aggressività possono causare conflitti interni ed esterni, ma non dovremmo condannarle o reprimerle, perché sono necessarie per la nostra sopravvivenza. Maslow parla di "bisogni carenziali": per definizione, si tratta di "bisogni", di qualcosa che ci manca, che sia semplicemente il cibo o un luogo nel quale vivere. Devono essere soddisfatti se vogliamo crescere, ma dobbiamo imparare a dominarli e raffinarli in modo da poter andare d'accordo con noi stessi e con gli altri. Maslow parla anche di bisogni "dell'essere" o "meta-bisogni", che sono bisogni di carattere *creativo* e che ha chiamato bisogni di *crescita*. Per Assagioli nascono dal supercosciente, una fonte di abbondanza spirituale.

Così Assagioli definisce la spiritualità:

"Essere spirituali non significa solo essere in grado di trascendere il piccolo io in una direzione 'verticale' grazie alla realizzazione del Sé e alla comunione con la Realtà Suprema. Implica anche un atteggiamento 'orizzontale' di comunione di pensiero, d'amore e di collaborazione armoniosa con tutti gli altri esseri umani. Questa espansione si ottiene attraverso 'cerchi concentrici', che gradualmente includono gruppi sempre più grandi, dalla famiglia all'umanità nel suo insieme" (non datato 1).

Ken Wilber descrive come lo sviluppo morale segua quattro fasi, in linea con i cerchi concentrici di Assagioli. In questo contesto, lo sviluppo morale si riferisce alla cura e all'apprensione, dalla preoccupazione individuale, che si estende solo fino a "me" e a ciò che è "mio", fino alla preoccupazione per tutte le persone. Wilber si riferisce alla sua teoria come alla *spirale della compassione* che si basa sulla ricerca di Lawrence Kohlberg e Carol Gilligan (Wilber, 2016b), spirale ove l'ambito dell'io si estende dalla cura egocentrica (me) alla cura etnocentrica (noi), alla cura mondo-centrica (tutti i popoli e gli esseri), alla cura cosmocentrica (il tutto). Le prime due fasi includono noi stessi e le persone che ci piacciono, che amiamo e dalle quali dipendiamo. A livello mondiale la coscienza si espande per identificarsi con l'umanità e qui inizia il campo transpersonale, dove si afferma la visione olistica dell'umanità una. L'idea dei diritti umani e la motivazione di molti movimenti umanitari emergono da questa fase, ma chiaramente credere in queste cose non è lo stesso che metterle in pratica nella vita di tutti i giorni.

Assagioli concorda sul fatto che la spiritualità richieda la pratica di elevati standard etici: "Tutte le rivendicazioni della spiritualità devono essere espresse attraverso una moralità più pura e rigorosa rispetto a quella dell'uomo medio ... Riconoscerete l'albero dai suoi frutti. La purificazione morale è la chiave per comprendere la vera ragione del lungo pellegrinaggio nei mondi interni" (1988, p. 136). Per praticare una moralità mondo-centrica, dobbiamo identificarci con i valori superiori. Assagioli definisce la spiritualità come "tutte le funzioni e attività che riguardano i valori superiori alla media, valori etici, estetici, eroici, umanitari e altruistici" (1973, p. 43).

La Coscienza transpersonale ci rende idealisti nel senso più ampio del termine. La psicosintesi transpersonale "non ha per fini il ritrarsi dal mondo, bensì quello di essere capace di compiere un più efficace servizio nel mondo degli uomini" (1973, p. 173).

IL SUPERCOSCIENTE IN PSICOTERAPIA

In terapia è importante essere in grado di aiutare i clienti che stanno attraversando un risveglio spirituale con le relative crisi. Assagioli suggerisce quattro tipi di crisi spirituali che potrebbero essere confuse con quelle "normali", perché si manifestano con sintomi simili:

1. Crisi che *precedono* il risveglio spirituale

2. Crisi *prodotte* dal risveglio spirituale

3. *Reazioni* al risveglio spirituale

4. *Fasi* del processo di trasmutazione (1973, p. 45).

Per comprendere queste crisi, dobbiamo distinguere tra due tipi di persone e due tipi di problemi. Assagioli differenzia tra persone che hanno come ideale quello di essere "normali" e altre che non possono più adattarsi alla normalità (1973, p. 57). Il primo tipo potrebbe avere cicatrici psicologiche dovute a una difficile educazione, che ha causato problemi nei suoi rapporti con le altre persone: non è stato in grado di sperimentare un'integrazione armoniosa nella normalità. Perciò questo tipo deve garantirsi una vita bella e stabile, in modo da poter soddisfare i propri bisogni sociali di base. Per queste persone la meta è la psicosintesi personale e non sarebbe utile parlare di coscienza superiore.

Il secondo gruppo ha affrontato una crisi esistenziale e perciò non gli è d'aiuto l'adattarsi alla società "normale": la sua ricerca di significato e scopo e l'indifferenza verso valori "normali" sono spesso accolti dagli altri con sorpresa o rifiuto totale. Questi tipi del secondo gruppo si sono risvegliati a valori oltre la normalità e infatti vogliono sapere: "qual è il significato della mia vita? Come vivo la mia 'chiamata'? Come posso diventare la migliore versione di me stesso?". Hanno gli stessi bisogni "carenziali" di tutti gli altri, ma il soddisfarli non è più il centro della loro vita.

Sebbene – come dice Assagioli – "un individuo possa avere autentiche esperienze spirituali senza essere affatto integrato, cioè senza aver sviluppato una personalità ben organizzata e armoniosa" (1975, p. 38), è chiaro che il lavoro transpersonale spesso richiede un precedente sviluppo personale, al fine di radicare in modo sano le esperienze transpersonali.

È perciò importante distinguere tra i due tipi di problemi. Non è appropriato che i clienti si aprano alle energie supercoscienti con visualizzazioni guidate, se hanno una struttura dell'io debole, poiché non hanno la maturità cognitiva ed emotiva necessaria per gestire le energie che espandono i confini della personalità; prima di tutto hanno bisogno di stabilire confini sani e profondi dell'ego, imparare a dire di "no" e prendere coscienza dei bisogni personali. Questi clienti spesso non sanno osservare le loro esperienze e quindi non riescono a disidentificarsene facilmente. Questi casi necessitano di una terapia "materna" a lungo termine, fino a quando non emerge gradualmente una personalità matura.

Vi sono, naturalmente, molte eccezioni a quanto sopra, come mostra l'esempio di Maja, la quale voleva sviluppare la sua identità di donna: in questo erano coinvolti pochissimi aspetti transpersonali. Aveva successo, intelligenza e una vita sociale relativamente armoniosa. Ci siamo concentrati sul miglioramento dell'amore per se stessa e per la sua femminilità. Se avesse voluto una terapia incentrata su valori idealistici condivisi, sarebbe entrato in gioco il transpersonale, ma con Maja le cose non stavano così. Tendeva a filosofeggiare, ma in modo piuttosto convenzionale. Il suo desiderio era di incontrare un brav'uomo con il quale metter su famiglia, e che fosse anche il suo migliore amico e amante. Tuttavia era presente in lei il senso d'uno spazio interiore di amore e saggezza, che chiamammo "la voce dell'Anima". Le chiesi di stare nella stanza come Anima, osservando le sedie che rappresentavano varie subpersonalità. Poi, di porre la mano destra sul cuore e di dirmi cosa stava emergendo nella sua vita. Che tipo di donna voleva essere? Questo esercizio ha in sé elementi transpersonali, ma la sua *intenzione* era personale.

Diamo un veloce sguardo alle quattro crisi spirituali e vediamo come sia possibile guidare il cliente attraverso di esse.

1. CRISI CHE PRECEDONO IL RISVEGLIO SPIRITUALE

Le persone interessate alle prospettive transpersonali hanno vissuto prima o poi questo tipo di crisi, una condizione per descrivere la quale Assagioli si serve del termine di Viktor Frankl *vuoto esistenziale* (1977, p. 83): i bisogni associati alla normalità non hanno più senso come motivatori primari, mentre spunta con forza il desiderio di qualcosa di diverso. Spesso a far precipitare la crisi è un senso di noia, di depressione, di disperazione e di mancanza di direzione nella vita. Questi sintomi possono sembrare familiari e normali, ma il bisogno che sta dietro la crisi è molto diverso: è un bisogno di significato, di fare in qualche modo la differenza nel mondo. Il cuore si è aperto e ne emerge una chiara motivazione umanitaria. La chiamata al servizio è un segno sicuro che il cliente sta diventando consapevole dell'Anima.

In questo caso il terapeuta rispecchia le aspirazioni del cliente con accettazione e apprezzamento. I suoi sintomi sono i dolori crescenti d'una nuova coscienza emergente.

Potrebbe nascere un conflitto tra i bisogni della personalità e l'Anima. Per esempio, l'Anima potrebbe spingere il cliente a trovare un lavoro nuovo e più significativo, ma la personalità potrebbe esitare a fare il grande passo per una serie di motivi: finanziari, perdita di status, ostracismo. In tale situazione è cruciale che lo psicoterapeuta comprenda il processo spirituale del cliente. Il cliente, sapendo di vivere uno sviluppo naturale, e che lo psicoterapeuta ha attraversato lo stesso processo, è incoraggiato a "seguire il cuore" e andare avanti.

Gli esercizi transpersonali sono di grande aiuto per chiarire l'aspirazione spirituale. Le visualizzazioni possono guidare i clienti nel tempio dell'Anima, dove il loro anelito può essere ascoltato e visto più chiaramente. Il cliente può anche essere guidato nella salita di una montagna, dove un dialogo con una persona saggia può fornire prospettive significative. Vi sono molti esempi nella letteratura sulla Psicosintesi; quelli forniti da Assagioli (1973), Ferrucci (1981, 2014) e Schaub (2013) sono particolarmente utili. L'idea principale è comunque quella d'aiutare il cliente a sviluppare una nuova visione della vita, attivarne la volontà e gestire la resistenza interiore al cambiamento.

A volte i clienti sanno esattamente cosa vogliono, ma semplicemente non riescono a realizzarlo. Le loro funzioni psicologiche, compresa la volontà, potrebbero non essere sviluppate: mancano conoscenza, passione o immaginazione per realizzare il sogno. In questo caso l'obiettivo è quello di sviluppare le funzioni più deboli: nel caso di Maja si trattava della funzione sentimento. Perciò nel lavoro insieme ci siamo concentrati sull'affrancarsi dal dolore accumulato, che l'ha aiutata a essere presente alle sue emozioni. Quando la volontà supporta la visione d'un cliente e lui cerca di viverla, sorgono nuove esigenze. Di fatto esce dalla sua zona di comfort per entrare in un nuovo territorio, che richiede nuove abilità rimaste fino ad allora dormienti. Tuttavia il significato e l'autenticità che lì si scoprono fanno sì che ne valga la pena.

2. CRISI PROVOCATE DAL RISVEGLIO SPIRITUALE

Esistono diversi modi per gestire queste crisi; qui esaminerò solo alcune tematiche generali. Una è il modo in cui la personalità reagisce alle nuove energie spirituali: per una personalità impreparata nuovi valori ed energie della coscienza superiore possono essere travolgenti. I clienti possono aver "visto la luce" o aver avuto una "rivelazione" e tali esperienze possono manifestarsi in modi diversi, a seconda del tipo psicologico.

Un tipo di reazione è l'*inflazione dell'ego*: in questo caso i clienti si identificano con l'energia transpersonale e possono sentirsi chiamati a una missione speciale e importante. Non sono consapevoli della differenza tra il potenziale e l'attuazione; possono aver percepito un potere, ma non sono in grado di manifestarlo correttamente. Una volta ho lavorato con una donna che ricopriva una posizione di leadership nel settore dell'istruzione. Credeva che la sua missione fosse riformare il sistema educativo, perché aveva le idee giuste per farlo. Purtroppo, dopo molti rifiuti, rischiò di perdere il lavoro, perché non riusciva a collaborare con gli altri. Era ispirata e motivata, ma una fanatica risolutezza le rendeva impossibile lavorare con chiunque altro: si sentiva una vittima, incompresa e non considerata. Il bisogno di autoaffermazione aveva preso il sopravvento sulle idee che provenivano dal regno transpersonale, e questo non faceva bene né a lei né alle idee.

Altri tipi possono inflazionarsi d'amore e ciò può comportare una relazione che non conosce confini con un insegnante spirituale. Spesso sono motivati da un grande amore per la dimensione spirituale, che vorrebbero esprimere in una relazione. L'idea d'una grande storia d'amore spirituale può diventare un'ossessione e ogni eventuale segno di fallimento comportare un'enorme frustrazione. Queste tipologie non hanno i piedi per terra; i loro ideali sono difficili da realizzare perché il loro sentimento d'amore è troppo forte. Ho lavorato con un uomo che era un arido tipo tecnico, un ingegnere. Si era innamorato d'una donna "alternativa" che viveva in una comunità spirituale. Gli interpretò la sua carta astrologica e lo spinse verso passioni idealistiche mai sperimentate prima: insieme a lei voleva portare l'acqua potabile ai paesi in via di sviluppo. Lei non ricambiava i suoi sentimenti, ma voleva essergli amica e aiutarlo a realizzare la sua visione idealistica. La funzione sentimento dell'uomo non era sviluppata e la sua idealizzazione romantica di quella donna finì per deviare le sue iniziali idee transpersonali.

Questi esempi mostrano la necessità d'un approccio psicoterapeutico saggio ed equilibrato. Spesso non possiamo affrontare il problema da una prospettiva puramente razionale: dobbiamo piuttosto trovare per queste energie uno sbocco adeguato, in modo che non sommergano la personalità. Andare incontro alla buona intenzione, ma incoraggiarne un'espressione realistica: questo è il compito. È utile focalizzare la volontà sugli aspetti positivi della visione; poi il cliente può realizzarla definendo i suoi scopi, valori e pianificazione, seguiti da azioni pratiche.

Il consiglio è di valutare qualunque subpersonalità risvegliata nel corso del processo, per scoprire eventuali motivazioni e reazioni sottostanti. Spesso il cliente comprenderà i bisogni che le guidano. Per esempio, uno stato transpersonale e un bambino interiore, ognuno in lotta per avere attenzione, possono facilmente creare confusione.

In questa fase non è consigliabile incoraggiare il cliente ad aprirsi verso nuovi orizzonti, dato che le sfide al momento in corso sono già abbastanza impegnative. È però fondamentale rafforzare l'osservatore amorevole, poiché un'apertura verso il transpersonale richiede un centro forte, in grado di gestire energie non familiari. Questo centro è l'io e il cliente deve imparare a disidentificarsi dalle energie transpersonali, altrimenti subirà una sovrastimolazione. Sono questi i vari problemi che derivano dall'identificarsi con un solo livello della nostra casa interiore, senza includere gli altri.

3. REAZIONI AL RISVEGLIO SPIRITUALE

La "luna di miele" tra l'Anima e la personalità finisce quando entrano in gioco le esigenze della realtà quotidiana. Nonostante tutte le nuove visioni eccitanti e stimolanti, la personalità in realtà non è cambiata, mentre le nuove energie premono con nuove esigenze sull'etica e sul comportamento individuali. Assagioli dice: "Inoltre spesso avviene che le tendenze e gli impulsi inferiori, prima sopiti nell'inconscio, vengano vivificati dall'impetuoso afflusso delle energie superiori e si ribellino aspramente contro le nuove aspirazioni e i nuovi compiti che costituiscono una minaccia alle loro manifestazioni non dominate" (1973, p. 50).

I clienti possono pensare d'aver preso la direzione sbagliata perché le loro reazioni sono diventate più intense. È come se fossero precipitati da una montagna con una vista meravigliosa e tornati alla triste realtà: rabbia, stanchezza, tristezza e sentimenti di inferiorità sono comuni. Questa è talvolta chiamata "crisi della dualità", perché si è divisi tra l'io ideale e quello quotidiano.

Quando incontriamo clienti in questa fase, dobbiamo concentrarci sul risveglio del cuore: dopo aver percepito la natura dell'Anima, infatti, possono facilmente diventare autocritici e giudicarsi troppo duramente. Una versione idealizzata di se stessi, con la quale si autoidentificano, può diventare un implacabile critico interiore, poiché il Superego si appropria delle energie transpersonali ed esige la perfezione. Il cliente deve capire che le pretese di questa voce interiore sono l'esatto opposto dello sviluppo spirituale. Soltanto un amore povero e meschino può amare solo ciò che è perfetto: contenendo, accettando e amando l'imperfezione, il cuore la innalza a un livello superiore. L'amore genera amore. A questo punto il terapeuta deve riservare al cliente uno spazio amorevole ed essere l'insegnante saggio che comprende il processo di risveglio, perché l'ha vissuto anche lui. In questa fase aiutiamo il cliente a rivivere le esperienze transpersonali di puro essere, profondità e autenticità, mentre gli stati interni dolorosi vengono trasformati.

La presenza del terapeuta può portare alla guarigione e all'accettazione amorevole del dolore. Il cliente impara come osservare, accettare, respirare e lasciar andare il dolore. Impara anche a fidarsi della propria volontà-di-essere-io e affronta le sfide della vita. Ciò può causare sgomento alle persone non abituate a questa nuova versione del cliente. La presenza del terapeuta aiuta anche a lavorare con le subpersonalità presenti nel subconscio del cliente, che ora devono imparare a esprimersi a un livello superiore.

Potrebbero verificarsi anche cambiamenti significativi nella vita esteriore del cliente. Vecchie relazioni si concludono e se ne aprono di nuove. La vita può sembrare confusa e caotica perché si ha un piede in due staffe: la vecchia vita non ha più senso, ma la nuova non ha ancora acquisito contorni chiari. Durante questa crisi potrebbero esserci dei passaggi più armoniosi, ma nella pratica clinica sono rari. Questa fase conduce alla successiva, nella quale il cliente impara a seguire nella vita una pratica spirituale.

4. FASI DEL PROCESSO DI TRASFORMAZIONE

Il risveglio dell'Anima ha il suo prezzo: la trasformazione e il raffinamento della personalità. Assagioli la definisce "la via della purificazione" e, nel percorrerla, vengono eliminati i vecchi modelli di comportamento. Una sorta di risveglio morale accompagna i valori del cuore. Iniziamo ad agire nell'interesse del tutto e non solo dei nostri affari personali. Possono insorgere sfide per quanto riguarda l'intimità, il denaro e il potere. Un'intimità del cuore, che gode di una maggiore sensibilità ed empatia, può tenere a freno l'egocentrismo nei rapporti. La coscienza si fa sentire e noi rifiutiamo di essere sfruttati o di sfruttare gli altri. Potrebbero anche nascere problemi etici su come guadagniamo e spendiamo denaro: le nostre abitudini di consumo vengono riesaminate alla luce della coscienza e la nostra nuova connessione con il mondo ci fa riflettere su come consumiamo le sue risorse. L'Anima ha lo scopo di cambiare il mondo e questo coinvolge il ruolo del potere nelle nostre relazioni. Risvegliati ai valori dell'Anima, sentiamo la continua pressione interiore della Volontà transpersonale: è una forza vivente che ci spinge oltre la nostra zona di comfort e che preme affinché cresciamo e diventiamo più grandi. Il suo persistente appello è che diamo più amore, forza e creatività al mondo, poiché la principale motivazione dell'Anima è il servizio.

Questa pressione evolutiva incontra la resistenza della personalità, che reagisce contro le nuove esigenze con paure e proteste. Questa è la fase nella quale i clienti hanno trovato "la via", ma necessitano d'aiuto per trasformare le loro resistenze interiori. Può essere d'aiuto lavorare sulle subpersonalità che resistono alla volontà-di-essere-io (capitolo VIII). Ma dobbiamo ricordare che in questo lavoro le subpersonalità dovrebbero essere viste come potenziali "partner", poiché possiedono una luce interiore che può rispecchiare le energie supercoscienti. Se l'Anima è il sole e il supercosciente la luce solare, le subpersonalità sono la luna che riflette questa luce. Assagioli così le descrive:

"Tratteremo ora degli elementi spirituali che scendono come raggi di sole nella personalità umana, nella nostra coscienza personale, che formano il collegamento fra la nostra personalità umana ordinaria e l'Io spirituale, la Realtà spirituale. Sono come dei raggi che discendono e che si colorano e si attenuano variamente, secondo la permeabilità, la trasparenza della nostra coscienza personale" (1988, p. 211).

La Psicosintesi mira a *manifestare* il supercosciente nel mondo, il che comporta l'accedere a queste energie *tramite* l'inconscio inferiore. Potremmo pensare che possiamo elevarci al di sopra dell'inconscio inferiore, ma dimenticheremmo che stiamo funzionando *grazie al* corpo e al suo sistema nervoso, che opera a una frequenza più bassa dell'inconscio inferiore.

Le energie transpersonali sono raggi di luce, cioè qualità che, una volta integrate nella personalità, la perfezionano. La visione è di imparare a interagire con l'ambiente con amore e saggezza spontanei. Assagioli lo descrive in questo modo: "Pertanto dobbiamo cercare di sviluppare, da un lato, simpatia, amore e intuizione, dall'altro disinteresse, oblio di sé e distacco emotivo. In questo modo raggiungeremo uno degli scopi principali della nostra evoluzione: un amore saggio senza attaccamenti, un amore sincero che dà libertà e ci rende liberi" (1934).

Nel capitolo III abbiamo esaminato le descrizioni che Assagioli ci dà dei nostri mondi interiori, compresi i livelli superiori di questo spettro di energia. Sulla base di ciò, suggerirei che il supercosciente contenga energie che possiamo chiamare pensieri astratti, e da queste emergono *idee* scientifiche, culturali e politiche. C'è anche un mondo immaginario di impressioni visive, suoni e sensazioni, che possiamo chiamare estetici, cui segue il mondo dell'*intuizione*.

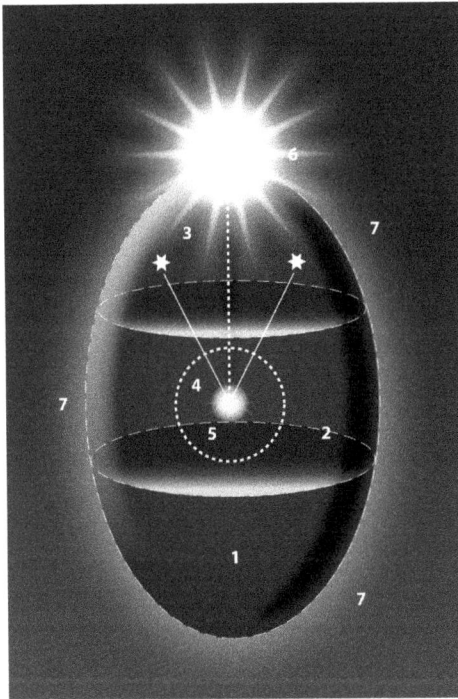

Talenti creativi

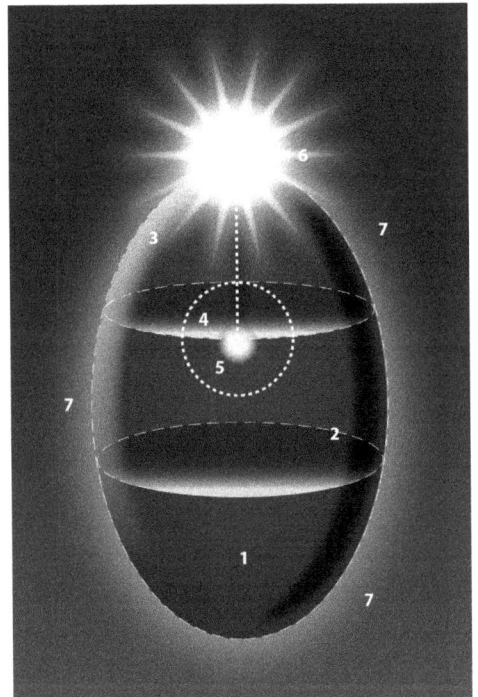

L'elevazione dell'io

Questo ci mostra come tutto sia connesso, uno stato di coscienza che dà origine a saggezza, etica e altruismo. Le energie eroiche e auto-sacrificali provengono dal mondo della volontà. Questi mondi sono campi di coscienza universale e unificante; sono impersonali, si riferiscono a tutta l'umanità e al pianeta stesso e attraverso di loro ci rendiamo conto che tutto è collegato. La coscienza sperimentata al risveglio dipende dal tipo psicologico: Assagioli utilizza sette tipi diversi, basati su volontà, amore, estetica, scienza, ecc. (non datato 15; Ferrucci 1989).

Sperimentare queste energie non significa che sviluppiamo automaticamente un sistema di valori transpersonale: vi sono molti esempi di come queste impressioni possono essere utilizzate egocentricamente. Nel diagramma "Talenti creativi" Assagioli mostra che qualcuno può accedere al livello transpersonale mentre la sua coscienza è ancora centrata nella personalità (1973, p. 169). Mozart era chiaramente un genio, ma la sua personalità era immatura; ne abbiamo già parlato nel capitolo III, in relazione alle diverse linee di sviluppo, lungo le quali possiamo trovare persone che hanno un evidente talento creativo. Portano qualcosa di completamente nuovo, originale e pionieristico nel mondo, ma allo stesso tempo sono prepotenti ed egoisti a causa di un ego inflazionato. Questi sono esempi classici di come l'ego può impadronirsi delle energie transpersonali, considerandole e presentandole come l'impronta straordinaria di un individuo, che può pertanto vantarsene.

Quando il sentiero evolutivo dell'io entra nella dimensione transpersonale, troviamo i grandi geni universali, le cui idee, sensibilità e spirito hanno modellato la nostra cultura. Assagioli cita Pitagora, Platone, Dante, Leonardo da Vinci ed Einstein e illustra questa idea nel grafico "L'elevazione dell'io" (1973, p. 168). In questo caso la coscienza dell'io è connessa in modo permanente al supercosciente: l'io separato si fonde con la coscienza universale e sperimenta un profondo senso di unità con tutta l'umanità.

Vi è dunque una marcata differenza tra le due situazioni: l'io che sale verso il supercosciente, processo che si traduce in un'espansione dell'autoidentità, e l'io che riceve ispirazioni dal supercosciente, senza alcuna successiva espansione dell'autoidentità.

METODOLOGIE TRANSPERSONALI

Da ultimo esaminiamo alcuni metodi per espandere la nostra coscienza. Uno psicoterapeuta che segua una pratica spirituale sarà in grado di consigliare i clienti in un sentiero analogo. Ciò implica assolvere tre principali compiti della psicosintesi transpersonale, ciò che Assagioli chiama auto-realizzazione. Essi sono:

a. Purificare e raffinare le reazioni della personalità alle energie transpersonali.
b. Rafforzare il cliente nella sua capacità di ricevere in abbondanza le energie transpersonali presenti nel supercosciente.
c. Purificare il canale che collega l'io e l'Anima del cliente, permettendogli di risvegliarsi alla sua identità di Anima.

Esempi del primo compito sono elencati nel capitolo VIII, mentre tratteremo del terzo nel prossimo capitolo. Termineremo questo capitolo considerando il secondo compito.

Assagioli indica due categorie di esercizi:

1. Quelli che promuovono l'elevazione dell'"io" o Ego, il centro di autocoscienza, verso i livelli del supercosciente e verso l'unione con il Sé spirituale.
2. Quelli che promuovono l'apertura della coscienza all'afflusso "discendente" dei contenuti e delle energie del supercosciente (1967b).

Nel mio libro *The Call to Greatness* (2012) ho descritto 14 diversi tipi di meditazione che possiamo usare per conseguire quanto sopra. Sono meditazioni dinamiche, sensibili, riflessive, osservative e creative, mirate a diversi tipi e scopi psicologici. Il libro si basa sulla Psicosintesi, è una guida al lavoro transpersonale ed è utile per ulteriori letture. In questa sede mi concentrerò sul valore dello sviluppo dell'intuizione sia dei clienti sia degli psicoterapeuti. Assagioli ha scritto:

"Noi non si può concepire un buon psicoterapeuta che non abbia sviluppato e non usi l'intuizione. Per tale ragione dovrebbe esser rivolta particolare attenzione a questa tecnica in ogni psicosintesi didattica" (1973, p. 182).

Come accennato, l'intuizione è una funzione psicologica di base. Ogni funzione fornisce la propria speciale visione della realtà: l'intuizione è una funzione di sintesi poiché "percepisce l'insieme di una data situazione o realtà psicologica ... direttamente quale una vivente esistenza" (1973, p. 179). L'intuizione ci dà un'esperienza diretta della realtà interiore o essenza d'un altro essere umano, d'una situazione o d'un oggetto. "L'intuizione oltre e più che le qualità dell'oggetto, ne coglie l'essenza, ciò che è" (1988, p. 58). Assagioli la descrive come "l'aprirsi di un 'occhio interno' che permette di vedere, di percepire delle realtà che la normale visione mentale non scorge" (1988, pp. 57-58). Etimologicamente la parola intuizione deriva dal latino *in-tueri*, che significa "vedere dentro".

Quando è vera, l'intuizione è infallibile e Assagioli distingue tra le comuni intuizioni sensoriali e le intuizioni transpersonali. Le prime sono sentimenti, sensazioni ed emozioni di pancia: si mescolano alle nostre emozioni soggettive e di conseguenza possono essere vere o no. Le intuizioni transpersonali non sono necessariamente emotive. Assomigliano molto di più all'entrare in una stanza in cui ogni cosa è illuminata, e se ne può comprendere *significato* e scopo simultaneamente.

L'intuizione è essenziale nel nostro lavoro di psicosintesi. Assagioli scrive: "Soltanto l'intuizione dà una vera comprensione psicologica, sia di se stessi sia degli altri. Ogni qualvolta si voglia arrivare a conoscere profondamente la natura essenziale di un essere umano, di un gruppo, e dei rapporti interpersonali l'uso dell'intuizione è indicato, anzi necessario" (1973, p. 182).

Per rafforzare la nostra intuizione, dobbiamo spianarle la strada: dobbiamo coltivare la quiete e disidentificarci dai contenuti della coscienza, processo che calma la personalità e la rende ricettiva. Pensieri, sentimenti e sensazioni perturbati creano una "nuvola" interiore nella quale i raggi del sole – le intuizioni del supercosciente – non possono penetrare. Potremmo provare spontaneamente un senso di unità con qualcuno che non abbiamo mai incontrato prima, eppure sappiamo per certo che "questo è il compagno della nostra vita"; potrebbe essere la certezza immediata che si deve lasciare il proprio lavoro e scegliere un'altra carriera. L'intuizione è una forza potente e indiscutibile di verità ma, se le resistenze dell'inconscio inferiore sono troppo forti, rischiamo di reprimerla.

La nostra coscienza può anche raggiungere la dimensione intuitiva accessibile ai livelli del supercosciente, dove può avere l'esperienza di profonde intuizioni. In un gruppo di meditazione che ho guidato, molti di noi hanno contemporaneamente percepito il sistema solare come un organismo vivente, in via d'evoluzione verso un obiettivo definito. I pianeti erano esseri viventi con i quali eravamo profondamente collegati e una grande mano invisibile ci conduceva verso il nostro obiettivo comune. Questa esperienza è stata più reale e intensa della nostra solita realtà fisica. In tutti i casi dobbiamo allenare la nostra volontà a lasciar andare eventuali contenuti inquietanti e a rifiutarli quando entrano nel campo della coscienza.

Nell'Appendice è riportato uno schema per una meditazione creativa volta a sviluppare l'intuizione. Per cogliere la verità su qualcosa, dobbiamo vederla nella sua totalità, nel contesto dell'insieme al quale appartiene. Potremmo chiederci: "Qual è il significato della mia vita?", "Perché soffro?"; solo attraverso l'intuizione possiamo arrivare a ottenere una risposta a tali domande. La meditazione mira a creare un canale che collega tre punti importanti nella nostra struttura spirituale interiore: il centro dell'essere nel mezzo del torace o "centro del cuore"; il "centro della saggezza" nel cervello, che è il centro della testa; e la brillante sfera dell'Anima sopra la testa. Questa meditazione rafforza la connessione tra l'io e l'Anima ed è l'ascensore che Assagioli ci dice possiamo usare per raggiungere i diversi piani della nostra casa interiore. L'intuizione vive nella terrazza in cima al diagramma dell'Ovoide: da qui possiamo contemplare le stelle e scoprire la nostra intima connessione con il cosmo e le profondità della Madre Terra.

Il supercosciente contiene risorse in grande abbondanza; per suo tramite abbiamo accesso a un surplus di energia per motivarci nella vita. Da questo livello riceviamo l'ispirazione e l'aspirazione spirituale per compiere l'ultimo passo: l'unione dell'io con l'Anima, l'obiettivo essenziale della psicosintesi transpersonale, un viaggio che faremo nel prossimo capitolo.

"Non v'è alcuna certezza; c'è soltanto avventura"

Roberto Assagioli

CAPITOLO X

IL SÉ TRANSPERSONALE
– LA VIA DELL'AMORE

"Il Sé Transpersonale di ognuno è in intima unione con
il Sé transpersonale di tutti gli individui, per
inconsapevoli che essi ne possano essere.
Tutti i Sé transpersonali possono essere considerati
dei 'punti' all'interno del Sé universale"
(Assagioli, 1977, p.195)

Il Sé transpersonale è l'ultimo dei sette concetti chiave di Assagioli ed è anche il più difficile da descrivere. Nascosto sotto strati di pensieri, sentimenti e sensazioni, si dischiude a realtà che trascendono l'intelletto. Il suo carattere può meglio essere descritto come luce, energia ed essere senza forma.

Tuttavia la realtà ontologica dell'Anima è fondamentale per ogni allenamento in psicosintesi. Secondo Assagioli sperimentiamo raramente la totalità dell'Anima: dobbiamo quindi iniziare con una comprensione teorica della sua natura, unita a un'esperienza del suo potere di guida. Tenendo questo ben presente, cominciamo con alcune testimonianze sull'esperienza diretta dell'Anima.

In un'intervista Assagioli ha osservato che: "la prima domanda che mi viene generalmente posta è: cos'è la Psicosintesi e in che modo differisce dalle altre terapie o concezioni della personalità umana. In primo luogo la Psicosintesi si basa sull'esperienza; è empirica ed esistenziale nel senso che si è sviluppata a partire dalla mia esperienza e da quella di altri. La descrizione dei risultati non è una teoria, bensì le risultanze di esperienze soggettive" (Besmer, 1973).

Assagioli non ha scritto direttamente delle sue esperienze personali; i suoi libri contengono molto poco di lui in prima persona. Tuttavia, dopo la sua morte, nei suoi archivi sono stati trovati degli appunti da lui scritti durante la prigionia, subita nel corso della seconda guerra mondiale, dove sono riportate alcune sue esperienze. Assagioli fu arrestato perché ebreo e per le sue attività pacifiste. Un articolo di Schaub e Gulino (1994) testimonia come Assagioli sia riuscito a provare, benché in prigione, un senso di libertà interiore. Nonostante il rischio d'una possibile esecuzione, decise di trasformare questa forzata cattività in una sorta di ritiro spirituale.

Negli appunti che raccontano di questa esperienza, Assagioli rivela di aver sperimentato "un senso di sconfinatezza, di nessuna separazione da tutto ciò che c'è, una fusione con il sé del tutto". Per poi continuare che vi fu "dapprima un movimento di 'uscire verso…', ma non verso alcun oggetto o individuo particolare, bensì un traboccare o effondermi in tutte le direzioni, come i raggi d'una sfera in continua espansione". A cui sopraggiunse "un senso di amore universale. Quindi la capacità di focalizzare la radiazione (l'amore universale) verso qualche oggetto o individuo e allo stesso tempo specificarne la qualità: un amore compassionevole verso i detenuti della mia prigione, verso tutti i prigionieri e i pazienti degli ospedali, un tenero amore per i membri della mia famiglia; un amore fraterno verso i miei amici … " (Schaub, Gulino, 1994).

Per capire pienamente cosa Assagioli voglia significare con queste parole, dovremmo riconoscere questi aspetti dell'Anima:

1. L'Anima e la sua duplice natura di entità statica e di attività radiante.
2. La natura individuale e universale dell'Anima.
3. La polarità maschile e femminile dell'Anima.

L'ANIMA E LA SUA DUPLICE NATURA DI ENTITÀ STATICA E DI ATTIVITÀ RADIANTE

Nei suoi appunti sull'esperienza in prigione Assagioli parla di "fusione con il sé del tutto" e di "traboccare ed effondermi in tutte le direzioni". Questa apparente contraddizione ha le sue radici in due aspetti diversi, ma collegati, dell'Anima, quello dell'essere e quello dell'attività. La caratteristica dell'Anima è la stessa dell'io: un centro stabile di pura autocoscienza e volontà. La differenza è che, quando si fonde con il Sé universale, l'autocoscienza dell'Anima è illimitata. In questo caso l'esperienza dell'essere è quella di un amorevole testimone, senza limiti e collegato al tutto.

Come dice Assagioli, l'Anima irradia continuamente stati più elevati di coscienza, che sperimentiamo nel supercosciente: è la radiazione dell'amore universale verso ciò che ci circonda. Le possibilità che si dischiudono hanno la loro origine nel Sé Transpersonale (1977, p. 117). Vista da questa prospettiva, l'esperienza delle energie del supercosciente è in gran parte un'esperienza delle *emanazioni o radiazioni dell'Anima*. In altre parole, ciò che possiamo interpretare come Dio, come un angelo o come qualche fenomeno paranormale, sono in realtà – in alcuni casi – le nostre stesse emanazioni da un livello superiore di coscienza.

Nei suoi *Talks on the Self* (non datato 2) Assagioli spiega la differenza tra l'Anima e la sua emanazione:

"*Il Sé irradia*. Aristotele lo definì con il bel paradosso del "motore immobile": è immobile ma mette in moto tutto il resto. Suggerisco di meditare sul motore immobile e sul nostro centro, il sole, quella misteriosa entità sconosciuta che emana un'enorme radiazione in tutto il nostro sistema solare e oltre. Altri esempi: anche un gioiello è statico, ma brilla; il gioiello riceve la luce e poi la riflette e la rifrange di nuovo, o anche un semplice specchio riflette la maggior parte della luce che riceve. Non è quindi così difficile comprendere questo paradosso del motore immobile".

Altrove Assagioli spiega la differenza tra l'essere statico e l'attività:

"Esiste una differenza di base tra il flusso della manifestazione, la grande elaborazione del piano cosmico e il Trascendente. Il Trascendente non scorre – il nucleo, il gioiello interiore, il vero centro – non fluisce, irradia" (Freund, 1983).

In uno stimolante articolo, basato sugli appunti di un'intervista ad Assagioli, James Vargiu scrive: "Allo stesso modo il Sé è immutabile nell'essenza, tuttavia emette le sue energie, che sono smorzate di intensità e trasmesse attraverso il Supercosciente, per poi essere ricevute, assorbite e utilizzate dalla personalità" (non datato 3).

Può sembrare relativamente facile figurarsi l'Anima come irradiante amore e ispirazione, poiché abbiamo un'idea di questi stati nella nostra vita. Tuttavia, senza un'esperienza diretta, l'idea della pura autocoscienza dell'Anima può sembrare difficile da comprendere. Può essere d'aiuto un'intuizione che mi è venuta durante una meditazione.

Nel 2010 ho condotto un ritiro di meditazione, il cui scopo era osservare la coscienza nel momento presente. Dopo cinque ore di silenzio la mia mente sembrava svanire sullo sfondo: ho sentito che la parte superiore della mia testa si stava in un certo senso ammorbidendo e ho avvertito un senso di libertà ed espansione. Nella mia coscienza, che mi sembrava estendersi all'infinito, si è aperto una specie di cielo interiore: sedevo in pace, semplicemente "essendo".

Non vedevo questo cielo interiore; ero io, un essere libero, impersonale e senza limiti. Potevo ancora pensare, ma il pensare mi sembrava essere una camicia di forza. In questa coscienza espansa ho percepito una visione diretta della mia identità, come coscienza senza forma fisica. La mia storia e identità personale venivano viste sullo sfondo dell'eternità: erano senza dubbio irrilevanti, eppure in qualche modo ancora importanti. C'era una totale assenza di amore personale empatico, che veniva sostituito da un senso oceanico di essere amore senza un oggetto. Il mio senso dell'io non era più limitato al personale, ma era sostituito dalla certezza che siamo tutti una sola coscienza. Non ero diventato un altro "io", ero sempre "io". Il mio senso di identità era lo stesso, ma la mia identificazione era non più legata alla mia personalità, bensì espansa in un campo aperto di presenza che si estendeva anche oltre il supercosciente, nel cosmo.

Passare dall'io all'Anima è come trovarsi su un aereo che ha superato le nuvole ed è entrato nello spazio luminoso, blu, aperto: la differenza è che il cielo aperto in cui siamo entrati è *noi stessi*. Sperimentare l'Anima nel suo aspetto statico come essere puro è un'esperienza di pura consapevolezza. Come dice Assagioli: "Il Sé Transpersonale è 'fuori' dal tempo e al di sopra di esso. Esiste e vive nella dimensione dell'Eterno" (1973b).

Assagioli considera l'Anima e il Sé transpersonale come trascendenti nella loro natura essenziale e non completamente presenti nell'inconscio inferiore; le loro radiazioni ed emanazioni possono penetrare in tutti i livelli, ma l'Anima in sé è un essere ontologico - un'entità che vive nel mondo supercosciente. Esploriamo questa importantissima concezione nelle seguenti citazioni di Assagioli:

"Il Sé, l' 'Anima', il vero Centro spirituale, è supercosciente, sia nelle nazioni sia negli individui. Esiste, ma in un regno o a un livello che di norma è al di sopra della portata della coscienza personale. La sua realtà è rivelata dalle sue manifestazioni, che di solito si verificano solo in occasioni eccezionali, ma che sono così vivide, potenti e di una qualità così diversa da costituire una prova certa della loro origine superiore" (1965).

In un'altra conversazione molto illuminante con uno studente, Assagioli conferma che il Sé superiore non scende ai livelli normali:

"Il Sé, da un certo punto di vista, è il più alto livello di trascendenza che possiamo raggiungere. La differenza è questa: che il Sé non diventa per se stesso immanente. Il Sé si irradia nel supercosciente ma rimane al suo livello. Il Sé non diventa immanente nel senso che ho detto. Alla fine potremmo raggiungere la coscienza del Sé, ma questa è un'altra cosa. In quel caso è il sé o ego personale che risale come un ragno lungo la rete e si identifica con il Sé. Ma non è il Sé che diventa immanente. Questa è la differenza. Tuttavia il Sé non è "altro"; è sempre presente e l'io personale ne è un riflesso diretto e in modo molto debole ne riverbera la natura" (non datato 16).

Finora il nostro focus si è appuntato sulla qualità statica ed effusiva dell'Anima: possiamo chiamarlo *Sé aperto* perché ci dischiude livelli più alti di unità con il mondo. Nel suo aspetto più trascendente è universale, senza forma e non manifesto. È una coscienza senza tempo, spesso indicata come "il Fondamento dell'Essere". Questo aspetto dell'Anima può essere ritrovato nel Buddismo e nel Vedanta, mentre in Occidente è associato al mistico cristiano Meister Eckhart.

LA NATURA INDIVIDUALE E UNIVERSALE DELL'ANIMA

L'Anima non è solo coscienza aperta e sconfinata, ma ha anche un aspetto individuale; ci risvegliamo a quest'aspetto per il tramite della Volontà-Transpersonale -di-essere-un-io. Quando abbiamo esperienza di questa polarità dell'Anima, ci formiamo un senso completamente diverso del nostro essere essenziale. Su questo punto Assagioli cita padre Auguste Gratry:

"Apprezzo moltissimo la descrizione di Auguste Gratry del contatto con il Sé Transpersonale perché è così vivida:

'La percepivo come fosse una forma interiore ... piena di forza, bellezza e gioia ... una forma di luce e di fiamma, che sosteneva tutto il mio essere: una forma ferma, immutabile, sempre la stessa, che si è più e più volte ripresentata nel corso della mia vita; purtroppo a intervalli l'ho persa di vista e l'ho dimenticata, ma l'ho sempre riconosciuta con gioia esclamando: «Ecco il mio vero essere»!'" (Miller, 1973).

Da questa citazione ricaviamo un'immagine dell'Anima come una forma interiore immutabile ricolma di forza, luce e fiamma. Assagioli colloca l'Anima sia all'interno sia all'esterno dell'Ovoide, per esplicitare sia la sua individualità sia la sua universalità. Verso l'interno del diagramma l'Anima irradia le sue qualità e, come scrive Assagioli: "il Sé irradia ... verso la personalità, orizzontalmente verso gli altri esseri viventi e verticalmente verso il Sé Unico" (Freund, 1983). Eppure la nostra individualità non è mai completamente perduta, anche negli stati più universali, come ci dice Lama Anagarika Govinda:

"L'individualità non è solo l'opposto necessario e complementare dell'universalità, ma anche il solo punto focale attraverso il quale si può avere l'esperienza dell'universalità" (1977, p. 96).

Grazie all'individuo, l'unico diventa universale. Assagioli si riferisce alla seguente citazione di Radhakrishnan:

"Il privilegio speciale dell'essere umano è quello di potersi unire coscientemente col tutto e operare per il tutto, e incorporare il disegno nella sua stessa vita. I due elementi dell'essenza: unicità (individualità) e universalità (totalità) crescono insieme fino a che infine il più unico diviene il più universale" (1977, p. 98).

Sviluppiamo la nostra individualità grazie alla nostra volontà e alle scelte che facciamo, il che significa scegliere ciò che siamo piuttosto di ciò che non siamo. Sviluppiamo il nostro *io unico* usando la nostra volontà per perseguire lo scopo e le qualità della vita che riflettono la nostra vera identità: non c'è alcun momento nella vita privo di scopo o di un'intenzione sottostanti. La volontà è un'energia alla quale non possiamo sfuggire, perché la portiamo in vita ogni volta che operiamo una scelta.

Usando un'analogia tratta dalla fisica quantistica, possiamo dire che l'Anima è sia una particella sia un'onda: la volontà è la nostra natura di particella e l'autocoscienza è l'onda. Perciò Assagioli ha ragione quando afferma che: "Tutti i Sé Transpersonali possono essere considerati 'punti' all'interno del Sé Universale". Nella meditazione questa volontà può essere percepita come una forza vivente interiore, un'energia intenzionale che *possiede una volontà* per un fine. Potrebbe essere la volontà transpersonale dell'Anima verso l'illuminazione e il servizio evolutivi, o potrebbe essere la volontà di Dio, la volontà del Sé Universale: quando Gesù parla della "volontà del Padre mio", intende questa forza.

Poiché l'Anima vuole trascendere i limiti della personalità e quindi essere al servizio del tutto più grande, "dobbiamo dunque cercare di esaminare deliberatamente e coraggiosamente i requisiti per trascendere i *limiti* della coscienza personale, senza perdere il centro della coscienza individuale. Questo è possibile – afferma Assagioli – perché l'individualità e universalità non si escludono a vicenda; possono essere riunite in una felice realizzazione sintetica" (1977, p. 87).

L'Anima desidera anche la "comunicazione con gli altri Sé" (1973, p. 86), come spiega Assagioli nella citazione iniziale di questo capitolo: "*Il Sé Transpersonale di ognuno è in intima unione con il Sé transpersonale di tutti gli individui*". Nel mondo interiore avviene uno scambio tra le Anime e per Assagioli il riconoscimento del Sé di gruppo è un passo verso il Sé universale (non datato 2).

LA POLARITÀ MASCHILE E FEMMINILE DELL'ANIMA

In una conversazione con Sam Keen, Assagioli affermò: "Al centro del Sé c'è un'unione di maschile e femminile, di volontà e amore, d'azione e osservazione" (Keen, 1974).

In questa occasione Assagioli collega il maschile alla volontà e all'azione, il femminile all'amore e all'osservazione (ricettività): l'Anima ha quindi doppia polarità, maschile e femminile.

La nostra polarità maschile e femminile è essa stessa statica e attiva. Possiamo vedere la forma statica maschile come fuoco e forza divini, mentre la forma femminile statica come apertura universale, esperienza di noi stessi come testimoni amorevoli illimitati e liberati.

La forma maschile statica è *intenzionale*: siamo individui unici che hanno uno scopo specifico per il lavoro del Sé Universale; siamo un punto nella coscienza del Sé universale.

La volontà maschile dell'Anima è come una forza interiore che ci spinge pazientemente oltre le nostre zone di comfort: sa che siamo più grandi di quanto pensiamo di essere e ci obbliga a diventare autenticamente noi stessi. È il "re" o la "regina" interiore che segue la chiamata del bene, del vero e del bello, non accettando niente di meno della completa attuazione di ciò che può diventare. Allarga i confini di ciò che pensavamo fosse possibile ed è perciò chiaro che la sua volontà è *agire*.

Il legame tra amore femminile e osservazione richiede una riflessione più profonda. Che cosa hanno in comune l'osservazione con la femminilità e l'amore? Sia l'osservazione sia l'amore richiedono apertura. L'osservazione nel senso in cui stiamo usando la parola implica autocoscienza e *ricettività* dell'io – coscienza pura; quindi sia l'amore sia l'osservazione ci *aprono* in modo che possiamo identificarci con gli altri, la natura e il cosmo.

Tale apertura si esprime attraverso le nostre funzioni psicologiche: fisicamente diventiamo rilassati e ricettivi; emotivamente diventiamo sensibili a qualcosa di diverso da noi stessi; parliamo infine di "menti aperte", quando il nostro pensiero assume una nuova prospettiva. Intuitivamente ci apriamo al divino. Questa apertura include il nostro Terreno dell'Essere e l'identificazione con il tutto, che sono chiaramente qualità femminili.

L'aspetto femminile dell'Anima si manifesta come desiderio di appartenenza, unità e comunità: apre i cuori e rimuove le barriere che ci separano dagli altri. La parte femminile dell'Anima sa che esiste solo l'Anima del mondo, di cui tutti siamo un'espressione: da questa prospettiva "ama il prossimo tuo come te stesso" è da intendersi alla lettera, poiché il tuo vicino è te stesso. Qui comprendiamo l'Anima come una via verso un amore più grande. La Volontà Transpersonale è la volontà di amare, perché Dio è amore.

L'Anima universale è espressa in molti "punti di luce" individuali: questi variano in luminosità, ma l'Anima dell'umanità è una. I mistici hanno sperimentato questo paradosso e anche noi possiamo afferrarlo in modo intuitivo, benché sia incomprensibile per l'intelletto: rappresenta la realizzazione della nostra natura di Buddha, o coscienza cristica, ciò che nella Psicosintesi chiamiamo Autorealizzazione.

L'aspetto maschile dell'Anima cerca di perfezionare lo scopo e lo sviluppo dell'individuo come espressione unica del Sé universale. La parte femminile dell'Anima collega l'individuo al tutto attraverso l'identificazione con la nostra umanità, con la natura e con il mondo, cercando di risvegliare quest'ultimo all'unità, di cui è un'espressione. Prendendosi cura del cosmo, si prende cura di se stessa. Insieme, le polarità maschile e femminile creano il buono, il vero e il bello.

Finora abbiamo esaminato l'anatomia generale dell'Anima. Rimangono molte domande alle quali è possibile rispondere solo risvegliandosi alla nostra identità di Anima. Per ora diciamo che siamo "un punto di luce all'interno di una luce più grande, che si manifesta attraverso un corpo fisico, con l'obiettivo di portare l'amore nel mondo".

Soffermiamoci ora su come Assagioli intenda il processo di autorealizzazione.

IL PROCESSO DI AUTOREALIZZAZIONE

Alla domanda sul perché le nostre vite personali non riflettano il supercosciente, Assagioli rispose:

"Perché ci sono così tante cose in mezzo. Tra l'io personale e il Sé superiore vi è ogni sorta di cose – opache, non trasparenti – che ostruiscono la luce o la rifrangono; ogni tipo di ostacoli" (Freund, 1983).

Tenendo questo ben presente, continuiamo il viaggio dell'Anima dalla coscienza corporea alla coscienza non duale, esplorandone gli ostacoli lungo la strada. Come accennato, la filosofia di Assagioli implica una nozione di emanazione dell'Anima, laddove egli parla del simbolo della resurrezione: "… presuppone una dottrina emanentistica dell'Anima, la quale è discesa, si è immersa nella materia e poi ritorna alla sua 'Casa', alla patria celeste, ma non quale era prima, bensì arricchita dall'esperienza dell'auto-coscienza maturata nel travaglio e nel conflitto" (1988, p. 83).

Nel diagramma dell'Ovoide la discesa dell'Anima verso l'io a livello della personalità è rappresentata dalla linea tratteggiata tra i due livelli di autocoscienza. Assagioli scrive: "Il nostro Essere spirituale, il Sé, che è la parte essenziale e più reale di noi, è, di solito, celato, chiuso, 'avviluppato'; anzitutto dal corpo con le sue sensazioni; poi dalla molteplicità delle emozioni ed impulsi (paure, desideri, attrazioni e repulsioni) e dall'attività mentale inquieta e tumultuosa. È necessario togliere o 'allargare' questi viluppi, affinché si riveli il Centro Spirituale" (1973, p. 176).

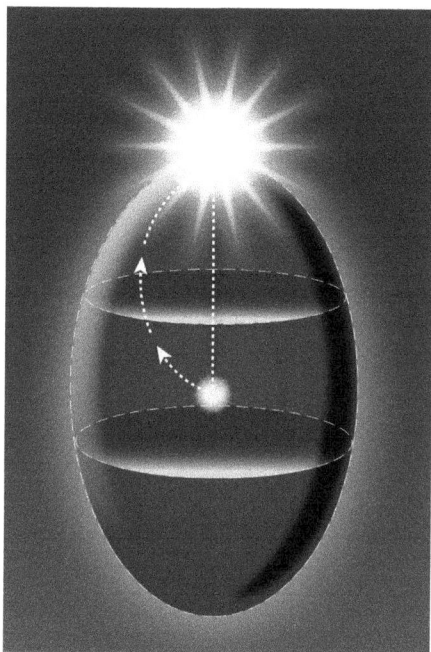

Illuminazione tramite il supercosciente

Autorealizzazione significa disidentificarsi dalla nostra personalità; significa anche sviluppare in essa nuove qualità che riflettono la radiazione dell'Anima, attività necessaria per manifestare l'Anima nel mondo. Ciò si applica al lavoro con i modelli ideali e le subpersonalità.

Assagioli ci propone due esempi di differenti percorsi verso l'Anima, che tuttavia nella pratica devono essere combinati. Il primo riguarda l'ancoraggio degli stati supercoscienti nella personalità, tramite modelli ideali e simboli. Questo percorso consiste nel purificare la personalità e le sue risposte a questi nuovi stati, un lavoro che sviluppa gradualmente nella personalità nuove qualità, che ci consentono di esprimere meglio l'amore e la volontà dell'Anima. Come accennato, possiamo chiamare questo percorso 'illuminazione tramite il supercosciente', perché si tratta d'un approccio all'Anima attraverso un ancoraggio di qualità supercoscienti nella personalità.

Il secondo percorso è più diretto. Cosa intende Assagioli con risvegliarsi direttamente all'Anima? "Realizzare o prender coscienza del Sé significa una, più o meno temporanea, *identificazione*, o fusione, della coscienza dell'io o ego normale col Sé spirituale del quale è un riflesso" (1973, p. 170). Ciò che deve essere conseguito è espandere la coscienza personale nel Sé; "seguire il filo o il raggio verso la stella. E raggiungerla" (1975, p. 24).

Il "filo o raggio" è il Ponte della Coscienza tra l'Anima e l'io (numero 7 dell'Ovoide al capitolo II), di cui Assagioli parla poco, ma che è comunque molto importante. Il ponte della coscienza è la nostra linea *diretta* di comunicazione con l'Anima. L'io è una proiezione dell'Anima e il Ponte della Coscienza deve condividerne le caratteristiche: è un canale di pura autocoscienza e volontà – uno spazio silenzioso – che collega "terra e cielo".

Questo canale è formato dalla polarità energetica maschile-femminile discussa in precedenza. Personalmente la percepisco, in quanto aspetto femminile aperto, come una vigilanza inamovibile; poi c'è la forza dinamica della volontà e della *Vita* stessa. Fondamentalmente esiste una sola volontà, la volontà universale, che è la forza dell'evoluzione che sta dietro l'esistenza. Volontà e vita sono sinonimi e quindi si può concordare che: "il nostro Sé (Anima) è vita e la personalità è nel flusso. Le qualità della personalità dovrebbero seguire il flusso, ma non il Sé. Il bello, difficile ma possibile, è vivere allo stesso tempo nell'eterno e nel presente" (Assagioli, Freund, 1983).

Per Assagioli la vita stessa produce sintesi a livello sia biologico sia spirituale (1977, p. 32, 95, 99). L'apertura all'Anima ci collega a un essere vitale, potente, *ardente* che *vuole* qualcosa dalla nostra vita.

Assagioli vede questo canale come "elastico" (non datato 2). È "un canale di comunicazione" (Assagioli, Freund, 1983) o, con altra immagine, "un ascensore" (Assagioli, Keen, 1974) che prendiamo per "ascendere" all'Anima.

Vediamo come Assagioli ha contribuito a darci un'idea della natura di questo canale.

In *Principi e Metodi della Psicosintesi Terapeutica* Assagioli scrive in merito all'attivazione del canale: "L'apertura del canale di comunicazione fra il livello della coscienza e quelli supercoscienti, fra l'io e il Sé e l'afflusso di luce, gioia ed energia che ne consegue, producono spesso una liberazione meravigliosa" (1973, p. 47). Descrive anche il graduale incontro tra io e Anima: "Prima di arrivare alla riunificazione c'è tutto il periodo del drammatico 'colloquio interno', dell'invocazione, della domanda, della risposta, poi via via dell'avvicinamento, delle scintille sempre più frequenti e più vivide fra i due poli che si avvicinano, e che, in qualche attimo, si 'toccano'. Poi di nuovo si separano, fino al momento della grande pace, quando i due divengono Uno" (1988, p. 71).

L'influenza diretta dell'Anima raggiunge l'io attraverso il Ponte della Coscienza (passando indirettamente attraverso il supercosciente); l'io sperimenta l'influenza diretta "come una 'attrazione' o 'chiamata'" (1977, p.88).

Come possiamo allora utilizzare questo Ponte della Coscienza? Assagioli specifica che deve essere sgombrato prima di diventare trasparente alla coscienza dell'Anima, e che vi sono due metodi principali per farlo: uno è attraverso la pratica della disidentificazione e della meditazione di consapevolezza, che facilita il silenzio interiore; l'altro è attraverso l'invocazione all'Anima per richiedere il suo intervento, a cui segue l'attesa della sua risposta.

Assagioli descrive l'effetto del silenzio: "Dopo ciò occorrono il conseguimento e la pratica del 'silenzio mentale', che elimina tutti gli ostacoli dal canale che collega la mente con le funzioni conoscitive superiori dell'intuizione e della illuminazione. Su più vasta scala, questo significa eliminazione di tutte le impurità dal canale che unisce l'io personale con il Sé transpersonale. Significa in realtà la purificazione dell'intera personalità e una cosciente disidentificazione da essa per mezzo della coltivazione di una 'divina indifferenza' alle sue pretese, e quindi l'identificazione col Sé" (1988, pp. 140-141).

Rivolgendosi ai suoi allievi, così Assagioli li istruiva nella meditazione:

"Ma anche con il Sé possiamo usare ogni giorno, per un momento, prima un rapido raccoglimento dell'io personale, calmandolo il più possibile in breve tempo, rilassando il corpo, placando le emozioni e chiedendo alla mente di essere così brava da starsene tranquilla. E poi, nella misura in cui riusciamo a farlo, l'elastico tira, il filo tra l'io personale e il Sé transpersonale può essere considerato come un elastico, un eccellente elastico. E quando tutte le cose che legano l'io personale al livello ordinario vengono in una certa misura eliminate, l'attrazione continua a operare e l'io personale viene gioiosamente tirato verso l'alto, verso il Sé.

Nel silenzio cerchiamo, per quanto possibile, di avvicinarci al Sé, senza sforzo o ansia, ma con calma, allegria e facilità, aiutati dalla fondamentale affermazione:

Noi siamo quel Sé, quel Sé siamo noi.

Cercate di realizzarlo nel silenzio" (non datato 2).

Secondo Assagioli il processo suggerito è decisivo per arrivare a un'unione diretta con l'Anima. Dobbiamo essere disidentificati non solo dalla nostra personalità, ma anche dagli stati transpersonali del supercosciente. Potremmo infatti perderci facilmente in estatiche esperienze delle vette e dimenticare che lo scopo dell'Anima è portare luce all'umanità (non datato 2).

Una volta disidentificati da tutti gli stati di coscienza, ci risvegliamo all'aspetto statico dell'Anima: "In questi casi vengono momentaneamente eliminati o dimenticati *tutti* i contenuti (sensazioni, sentimenti, pensieri, ecc.) della personalità tanto quelli al livello normale quanto quelli supercoscienti. Resta soltanto la pura, intensa esperienza del Sé" (1973, p. 170). Per rafforzare la pura consapevolezza dell'osservatore, sono necessari periodi sempre più lunghi di silenzio mentale per creare il vuoto interiore o il senso di vuoto. Questo è il motivo per cui il canale di comunicazione viene definito "sentiero silenzioso".

In una conversazione con uno dei suoi allievi Assagioli suggerì la seguente tecnica per facilitare il processo di disidentificazione:

"Vi sono alcune tecniche che possono essere d'aiuto per disidentificarsi. La prima e più efficace è la comprensione dell'infinito, dell'eternità e dell'universalità; e questo è completamente scientifico. L'universo è praticamente infinito, l'universo non ha fine né inizio; forse, in milioni e milioni di anni, ma questo, per noi, praticamente coincide con l'eterno. E poi è universale perché ogni cosa, tutto, agisce e reagisce con ogni altra. Quindi, se meditate, o semplicemente pensate, e provate a comprendere questo fatto dell'infinità, eternità e universalità, si creerà un'atmosfera di pace e di serenità" (Freund, 1983).

Nella stessa conversazione con Diana Freund, Assagioli descrive un secondo metodo che possiamo usare per sgombrare il canale, ovverossia l'invocazione dell'io personale al Sé o Anima transpersonale.

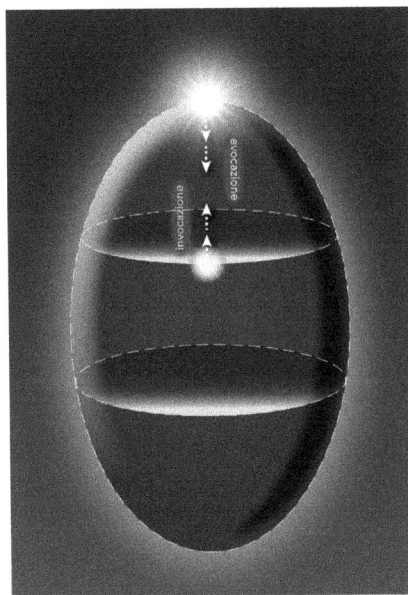

Illuminazione tramite l'invocazione

"L'invocazione è la strada reale. L'invocazione pulisce il canale. Quel filo tra l'io personale e il Sé transpersonale è in realtà un canale, un canale di comunicazione. E il metodo più efficace è l'invocazione".

"Vi sono due modi principali per liberare quel canale: uno è quello di elevarsi verso l'alto tramite tecniche e autodisciplina: l'io personale aspira al Sé Transpersonale e sale verso di esso, talvolta raggiunge il livello del supercosciente e poi può avere esperienze delle vette e ampliamenti di coscienza e illuminazione. L'altro metodo è attrarre afflussi dall'alto, ciò che i religiosi chiamano grazia, ma non è grazia, è cosa scientifica; è la risposta a un appello. E quell'attrazione può essere innalzata, forse ancora più efficacemente, quando l'io personale è nei guai. Conosci il detto: 'ciò che è emergenza per l'uomo, è un'opportunità per Dio?'. Tradotto in termini scientifici: in una crisi psicologica l'appello dell'io personale per essere aiutato offre al Sé Transpersonale l'opportunità di riversare la sua energia o la sua luce o il suo amore. Lo capisci?

Freund: Roberto si interruppe per dire che naturalmente i due modi, che scaturiscano da una condizione armoniosa o da una angosciosa, di fatto non sono separati. Il canale che sgombrano è il medesimo, solo che l'approccio può essere diverso. "Spesso l'io personale cerca di elevarsi fino a un certo punto e ci riesce, ma non può andare oltre e, a quel punto, invoca".

Assagioli continua la conversazione con esempi di invocazioni specifiche:

"Possa la luce del Sé illuminarmi.

Possa l'amore dell'Anima pervadermi.

Possa la pace dello Spirito avvolgermi".

(Freund, 1983)

IL LAVORO TERAPEUTICO DI CONNESSIONE CON L'ANIMA

Il modo migliore per aiutare i nostri clienti a liberare il canale di comunicazione tra l'io e l'Anima è istruirli nella meditazione fondata sulla consapevolezza[1]: prima si disidentificano dalla personalità e diventano osservatori; segue poi un periodo prolungato di silenzio nel quale devono usare la volontà per distogliersi da tutte le distrazioni e scegliere consapevolmente di tornare al silenzio. Possiamo praticare il silenzio mentale con o senza invocazione, ma è una tecnica utile per focalizzare l'attenzione.

La più grande sfida di questo lavoro è che la personalità si annoia facilmente ed è impaziente. Pensieri come "non sta succedendo niente" o "è troppo scomodo stare fermi", non sono insoliti. In tal caso è opportuno far rilevare ai clienti che questi pensieri rappresentano il loro attaccamento alla personalità. Quando si osservano, si accettano e si lasciano andare questi stati, si crea uno spazio interno che si espande gradualmente.

Il silenzio è saturo di qualità dell'Anima. Quando l'io guarda "verso l'alto", l'Anima

---

1   Vedi in Appendice la meditazione fondata sulla consapevolezza.

guarda "verso il basso" e questo contatto può essere percepito come silenzio. Alcuni sperimentano questo silenzio come il trovarsi in cima alla montagna più alta del mondo; altri si sentono come se fossero sdraiati sul fondo del mare. Entrambe sono metafore per l'inesprimibile, un'apertura silenziosa al grande mistero.

È sufficiente dedicare 15 minuti a seguire queste istruzioni: durante tale periodo è possibile registrare importanti impressioni grazie all'effetto del silenzio. È come la luce del sole o della luna che si riflettono su un *mare* perfettamente *immobile*. Questi 15 minuti non sono però sufficienti a stabilire un contatto permanente con questo silenzio interiore: è necessaria una pratica quotidiana e molto più tempo per sviluppare la sensibilità richiesta.

L'essenza della Psicosintesi è l'unione di amore e volontà. L'arte più grande è la creazione d'una sintesi vivente nei nostri cuori. Siamo qui per dimostrare che siamo punti di luce in una luce più grande, e il nostro scopo è quello di portare amore alla vita sulla terra.

Concludiamo questo capitolo – e il libro – con un'istruzione di Assagioli che illustra magnificamente come la disidentificazione sia sostituita dall'identificazione con l'Anima.

«Nella stanza scura come la notte, con soltanto il globo dell'universo illuminato, entrambi seduti per meditare, gli occhi abbassati, i corpi rilassati e comodi, Roberto iniziò, parlando lentamente: "Più radioso del sole (*commento di Assagioli*: ciò significa che la radiosità spirituale, la radiosità del piano superiore è maggiore dell'enorme radiosità del sole fisico. Ti rendi conto di ciò che significa, più radioso del sole?)".

"Più puro della neve (ciò significa che non è per niente identificato con tutti i contenuti inferiori. Il Sé è identificato con le cose più pure che possiamo concepire, come la neve)".

"E più sottile dell'etere (perché stando su quel piano elevato le vibrazioni sono più sottili e più potenti) è il Sé, lo spirito dentro di noi (ma siamo nello spirito e nella verità, e siamo così da tutta l'eternità). Io sono quel Sé, quel Sé sono io (solo realizzare che il Sé, per ognuno di noi, fa parte dell'unico Sé Universale, poiché a quel livello non ci sono separazioni, né solitudine, né distanze)".

"Ora capisci meglio il significato di questo. Quindi meditiamo su di esso e comprendiamo ...".

E intonò molto lentamente

Più radioso del sole,
più puro della neve,
più sottile dell'etere
è il Sé, lo Spirito entro di noi. Noi siamo quel Sé,
quel Sé siamo noi.

(Freund, 1983)

"Sei qui con tutto il tuo passato.
Sono qui con tutto il mio passato.
E poi procederemo nel nostro futuro.
Ma le nostre anime, i nostri Sé, lì siamo uno".

Roberto Assagioli

APPENDICE

- Roberto Assagioli – Biografia

- L'allenamento in psicosintesi – Indicazioni di R. Assagioli

- L'esercizio di auto-identificazione di Assagioli

- Meditazione sulla consapevolezza

- Meditazione creativa sul Modello ideale

- Il Metodo SoulFlow

- Meditazione creativa sull'intuizione

- Bibliografia

DI KENNETH SØRENSEN

ROBERTO ASSAGIOLI
LA SUA VITA, IL SUO LAVORO

Roberto Assagioli era molto riluttante a rilasciare interviste sulla sua vita, poiché pensava che fosse sbagliato concentrarsi sulla sua persona; il focus doveva essere piuttosto sulla Psicosintesi. Tuttavia, spinto dai suoi allievi, verso la fine della sua vita decise di fare una biografia e scelse per realizzarla Eugene Smith, uno psicoterapeuta di Boston. Assagioli però morì poco dopo, nel 1974, e la biografia non fu mai portata a termine. Quindi ciò che conosciamo della sua vita proviene dalle sue pubblicazioni e dalle persone che hanno lavorato con lui, o che in qualche modo lo hanno conosciuto.

INFANZIA E GIOVINEZZA DI ASSAGIOLI

Roberto Marco Grego nacque il 27 febbraio 1888 a Venezia, ove trascorse la sua infanzia. Suo padre morì quando Roberto aveva 2 anni e sua madre, Elena Kaula (1863-1925) si risposò nel 1891 con il dott. Alessandro Emanuele Assagioli, che lo adottò (da qui il cognome Assagioli).

Assagioli crebbe in una famiglia ebrea agiata, appartenente all'alta borghesia, sensibile all'arte, alla musica, alla letteratura e alla cultura in genere. Potette così ricevere un'istruzione di ampio respiro, coadiuvata anche da lezioni private, secondo una prassi al tempo in voga tra i ceti benestanti. Ciò ebbe senz'altro il suo peso nella formazione del giovane Roberto, avvicinandolo precocemente alla bellezza, all'arte e alla musica e facendogliele apprezzare. Tutti interessi che in età adulta influenzeranno non poco la sua elaborazione di quella che diventerà la Psicosintesi.

A ciò contribuiranno senza dubbio, e per certi aspetti anche in modo importante, l'interesse e lo studio della teosofia, per merito soprattutto della madre, da anni studiosa di questi insegnamenti. Sarà proprio nella frequentazione di questi ambienti spiritualistici che Assagioli verrà in contatto con la spiritualità e con varie filosofie, anche a carattere esoterico, e in particolare con quelle orientali che in quegli anni venivano veicolate e diffuse in ambito teosofico. Proprio in quel periodo, a cavallo tra l'800 e il '900, Elena Blavatsky, figura emblematica di notevole interesse, filosofa e medium di grande spessore, aveva dato nuovo vigore a tutto il movimento teosofico, che si era poi diffuso dall'India un po' in tutto il mondo.

Altro aspetto importantissimo fu che in famiglia si parlassero normalmente varie lingue, soprattutto l'inglese che divenne la seconda lingua di Assagioli, cosicché egli ebbe nella maturità la possibilità di leggere di prima mano testi psicologici e spirituali, tradotti solo molti anni più tardi in Italia. Avviato con profitto agli studi classici al Foscarini di Venezia, amò giovanissimo interessarsi agli aspetti sociali della sua città, anche attraverso qualche suo articolo apparso sul *Giornale di Venezia*, come per esempio "Desideri inconsci e Lavoro consapevole".

Già in giovane età si interessò alle relazioni internazionali e viaggiò molto, anche da solo: a 17 anni si recò in Russia e tale visita stimolò i suoi ideali di libertà, da perseguire per mezzo di sistemi sociali non violenti e non dogmatici. Nei suoi numerosi viaggi si convinse dell'uguaglianza tra gli esseri umani, indipendentemente dal paese di provenienza, e che nel profondo di ognuno c'è il desiderio di sviluppare il proprio più alto potenziale.

Nel 1904 i suoi genitori trasferirono la famiglia a Firenze, dove poi egli visse, con alcuni intervalli, per gran parte della sua vita. Studiò medicina all'Istituto di Studi

Assagioli con la sua famiglia

Superiori, così si chiamava allora l'università fiorentina, ove conseguì la laurea con una tesi innovativa titolata *La Psicoanalisi*. Successivamente si specializzò in neurologia e psichiatria.

Dopo la prima guerra mondiale ed essersi sposato a Firenze nel 1922 con Nella Ciapetti (vedi foto), visse e lavorò per alcuni anni a Roma. Nel 1923 nacque il figlio, a cui fu dato il nome di Ilario. La loro unione, che durò 50 anni, fu intima e amorevole.

FORMAZIONE CULTURALE E PRIMI ARTICOLI

Nel 1907 iniziò la sua tesi di dottorato, quasi tutta preparata tra Ginevra e Zurigo, e terminata a 22 anni con la discussione di laurea. In essa espose la sua visione d'un approccio olistico alla psicologia, focalizzandosi sulla crescita umana e sulle esperienze che presentavano una dimensione spirituale. Questa visione mirava a contemplare una vita più completa e, per usare le sue parole, a "vivere nel miglior modo possibile e guardarsi con un sorriso".

Quasi nel medesimo periodo pubblicò un articolo critico sulla Psicoanalisi, che egli riteneva limitata e incompleta. Tuttavia continuò a rimanere fattivamente coinvolto nell'esplorazione e nello sviluppo delle scoperte di Freud riguardanti l'infanzia e l'inconscio. In un'intervista a Sam Keen pubblicata su *Psychology Today* nel dicembre 1974, Assagioli così rispose alla domanda sulle principali differenze tra Psicoanalisi e Psicosintesi:

"Diamo molta più attenzione all'inconscio superiore e allo sviluppo del Sé transpersonale. In una delle sue lettere Freud disse: "Io sono interessato soltanto alla cantina dell'essere umano". La Psicosintesi è interessata a tutto l'edificio. Cerchiamo di costruire un ascensore che dia l'accesso a ogni livello della nostra personalità. Dopo tutto, un edificio con soltanto una cantina è molto limitato. Noi vogliamo aprire la terrazza dove si può prendere il sole o guardare le stelle" (Keen, 1974).

La sua principale critica alla Psicoanalisi era che si focalizzasse troppo sul lato patologico della psiche e non riuscisse a concentrarsi e a rafforzare, in un percorso di guarigione, ciò che è sano. Inoltre Assagioli sosteneva che la coscienza umana include più livelli di coscienza rispetto al modello freudiano. Voleva creare una psicologia che contenesse gli impulsi, ma anche l'amore, la volontà, la saggezza e la spiritualità: in altre parole una psicologia che si occupasse dell'intero essere umano.

Dopo la tesi, Assagioli completò il tirocinio psichiatrico presso l'Ospedale psichiatrico di San Salvi a Firenze.

Nel 1909 pubblicò le sue idee innovative nell'articolo *La psicologia delle Idee-forza e la psicagogia*, ma la risposta del mondo accademico dimostrò una notevole riluttanza ad accettare le sue ipotesi.

I suoi numerosi articoli, alcuni ancora prima della laurea, trattano argomenti che spaziano tra medicina, pedagogia, filosofia, cultura e religione, e in seguito costituiranno l'impalcatura della Psicosintesi. Uno dei suoi elementi fondanti, l'ottimismo, è già presente ne *Gli effetti del riso e le loro applicazioni pedagogiche* del 1906. Nella fattispecie, Assagioli si richiama al *Motto di spirito* di Freud; lo scritto apparve sulla *Rivista di psicologia applicata alla pedagogia e alla psicopatologia* del Ferrari, e affronta il significato del ridere e il suo rapporto con l'educazione. Oggi l'articolo compare con il titolo *Saggezza sorridente* (non datato 8).

Assagioli coltivò un grande interesse per la filosofia con la partecipazione come relatore a vari convegni e si distinse per l'assidua frequentazione degli ambienti culturali, stimolato dalle avanguardie di cui in quel periodo era ricco l'ambiente fiorentino. Divenne assiduo frequentatore di gruppi composti da giovani liberi pensatori controcorrente che animavano la Firenze di quel tempo. Fu uno di loro, tanto che fino al 1907 si adoperò come uno dei più attivi redattori della rivista culturale *Leonardo*: luogo di incontro di una schiera di giovani intellettuali irregolari, era stata fondata nel 1903 da Giovanni Papini, geniale autore autodidatta e intellettuale, al quale Assagioli sarà legato da un'amicizia profonda.

Gli editori di Leonardo: Assagioli, Papini e Vailati

Già dagli inizi Assagioli ebbe il netto convincimento che l'essere umano non fosse solo un animale di rango elevato, o una macchina. La sua era un'ipotesi in contrasto con il concetto allora dominante, che voleva relegare medicina e psicologia allo stesso rango di altri campi tecnici.

Nel 1911 iniziò a formulare i concetti chiave della Psicosintesi e a questo compito dedicò con continuità tutta la sua vita professionale.

CARRIERA PSICHIATRICA E SVILUPPO DELLA PSICOSINTESI

Dopo aver terminato gli studi nel 1910, Assagioli continuò la formazione in psi-chiatria nell'ospedale psichiatrico Burghölzli di Zurigo, diretto da Eugen Bleuler. Questi era stato il primo a definire la schizofrenia con questo nome ed ebbe an-che il merito di essere uno dei pochi medici ad accettare la Psicoanalisi. Fu dopo questa esperienza svizzera che Assagioli iniziò a praticare la Psicoanalisi in Italia: si dice però che non fosse soddisfatto né della sua attività né dei risultati del suo lavoro clinico.

In Italia continuò a sviluppare la sua psicologia, che dapprima chiamò bio-psico-sintesi e, successivamente, solo Psicosintesi; anche se non fu il primo a usare que-sto termine, perché prima di lui lo avevano fatto Bezzola, Jung e altri.

Agli inizi della sua pratica clinica Assa-gioli utilizzò tecniche psicoanalitiche, ma la sua visione dell'essere umano lo spinse a mettere insieme un vasto e coerente apparato di analisi, per inclu-dere anche amore, saggezza, creativi-tà e volontà: considerava la psicanalisi non errata, ma piuttosto incompleta.

Già nel periodo in cui frequentava Zu-rigo, si impegnò negli studi psicologi-ci, con un interesse particolare per le opere di William James e Henri Berg-son. Nell'ospedale svizzero conobbe Carl Gustav Jung e ne nacque una sincera amicizia: secondo Assagioli, la psicologia di Jung era la più vicina alla Psicosintesi (1967b).

Assagioli, giovane professionista

Assagioli fu l'unico italiano membro della *Freud Society* di Zurigo, composta da pionieri della Psicoanalisi; fu anche membro de *The International Psychoanalytic Society*. Si dedicò in modo convinto all'esplorazione della Psicoanalisi, contri-buendo con Freud e Jung alla prefazione del *Jahrbuch für Psychoanalytische und Psychopathologische Forschungen*, dove comparve un suo scritto intitolato "Le Teorie di Freud in Italia". Contribuì con articoli e commenti al secondo periodico di Freud, *Psicoanalisi*, e con altri 19 membri dette l'avvio a un gruppo di studio per comprendere la psiche umana.

In una lettera a Jung, Freud manifesta la speranza che Assagioli divenga il diffusore della Psicoanalisi in Italia:

"Una conoscenza molto gradevole e forse preziosa, il nostro primo italiano, il dottor Assagioli della clinica psichiatrica di Firenze; il Prof. Tanzi gli ha assegnato come tesi il nostro lavoro. Il giovane è molto intelligente, sembra estremamente ben informato ed è un entusiasta seguace, che sta entrando nel nuovo territorio con il brio appropriato. Vuole venire a farci visita la prossima primavera" (Ferrucci et al., Roberto Assagioli 1888-1988, 1988).

Assagioli non incontrò mai Freud di persona, ma intrattenne con lui una fitta corrispondenza.

Per una storia della Psicoanalisi, Assagioli è da annoverare come uno dei primi pionieri italiani, posizione che di per sé lo distingueva in un'epoca in cui tutti gli studi sulla mente umana venivano considerati con scetticismo. Contemporaneamente si dedicò – come abbiamo visto – allo sviluppo della Psicosintesi. Fondò *Psiche*, rivista bimensile di psicologia, che uscì regolarmente tra il 1912 e il 1915, anno nel quale dovette chiudere a causa della guerra; la rivista aveva lo scopo "di diffondere, in forma viva ed agile, fra le persone colte, le nozioni psicologiche più importanti e più feconde di applicazioni pratiche" (Berti, 1988). Vi comparvero articoli non solo di Assagioli, ma anche di altri specialisti in materia, tra cui il primo scritto di Freud in lingua italiana tradotto da Assagioli. Gli articoli assagioliani di Psiche confluiranno successivamente nel periodico *Ultra*: si dice che abbiano avuto un effetto dirompente sulla cultura in materia del tempo.

Durante la Prima Guerra Mondiale Assagioli prestò il suo servizio di leva come tenente medico e psichiatra.

LO SVILUPPO DELLA PSICOSINTESI

Nel 1926 Assagioli aprì a Roma l'Istituto di Cultura e Terapia Psichica, presieduto non dal fondatore, ma dalla contessa Gabriella Spalletti Rasponi, che era anche presidente del *Consiglio nazionale delle donne italiane*. Già nella lettera di invito all'inaugurazione, Assagioli precisava che il suo discorso di presentazione avrebbe trattato su come sviluppare la volontà. In seguito uno dei suoi libri più importanti, uscito in lingua inglese poco prima della sua morte nel 1974, si intitolò *The Act of Will*. Nel 1927 l'Istituto pubblicò *Un nuovo metodo di trattamento: la Psicosintesi*. Qualche anno dopo, nel 1933, l'Istituto romano prese il nome di Istituto di Psicosintesi.

Sono del 1928 una serie di lezioni tenute da Assagioli presso l'Istituto dal titolo *Le energie latenti in noi e il loro uso nell'educazione e nella medicina*, che in seguito avrebbero costituito le basi teoriche del lavoro con gli opposti. In breve, la psicosintesi opera basandosi sull'ipotesi che ogni emozione o reazione abbia un suo contrario, laddove il compito è quello di unire e creare una sintesi tra i due. Ciò che determina la sintesi è in primis l'io attivo, l'osservatore, il fattore di controllo nell'essere umano e, in un secondo tempo, il Sé superiore.

Assagioli concordava con Freud che la guarigione dai traumi infantili e lo sviluppo di un ego sano fossero obiettivi necessari. Ma, a grandi linee, il suo lavoro cercò di dimostrare che lo sviluppo umano non si ferma qui e che la persona sana ha un potenziale di crescita, al quale in seguito Maslow diede il nome di "auto-attuazione". Assagioli andò ancora oltre e si impegnò a dimostrare che il potenziale umano ha anche una possibilità di sperimentare le dimensioni spirituali e transpersonali.

Quindi la Psicosintesi precorre la psicologia umanistica e transpersonale degli anni '60, che costituiscono la terza e quarta forza della psicologia, nel contesto della sua storia in occidente.

Con questi interessi, Assagioli divenne co-editore sia del *Journal of Humanistic Psychology* sia del *Journal of Transpersonal Psychology*.

Assagioli in divisa sotto le armi

Per lui era importante che la psicosintesi fosse considerata un sistema psicologico aperto in continuo sviluppo, piuttosto che una dottrina religiosa o filosofica. Nel suo primo libro *Principi e Metodi della Psicosintesi Terapeutica* scrive:

"La psicosintesi non mira né tenta di dare una spiegazione metafisica o teologica del grande Mistero: conduce alla sua porta, ma si ferma lì" (1975, pp. 6-7).

Per lui era altrettanto importante che le varie scuole e istituti, sorti negli Stati Uniti e in Europa, fossero indipendenti e non controllati a livello centrale: Assagioli infatti non era per nulla interessato a guidare alcun tipo di movimento o organizzazione e si rifiutava di avere un controllo amministrativo sullo sviluppo della Psicosintesi.

La sua visione fondamentale include sia l'individuo sia la società, con particolare attenzione alla sintesi e all'unificazione, piuttosto che all'analisi e alla suddivisione in parti più piccole. Assagioli tenta di creare una psicologia di sintesi tra misticismo e filosofie orientali e Psicoanalisi e logica occidentali; per lui era importante che la psicosintesi rimanesse scientifica.

I FILONI ISPIRATIVI DI ASSAGIOLI

Come Jung, anche Assagioli fu ispirato dal misticismo e dall'esoterismo orientali e occidentali. Si è accennato in precedenza che sia sua madre sia la moglie fossero teosofe e il fatto che la teosofia affondi le sue radici nella tradizione indù/neo-platonica è di non poca importanza nella formazione del suo pensiero. L'affinità di Assagioli con le tradizioni mistiche orientali e occidentali è infatti evidente nel suo concetto di Sé, che ricorda molto la descrizione orientale di "Atman".

Per Assagioli il Sé è un nucleo di coscienza e volontà, che non è sinonimo di corpo, emozioni o pensieri: l'autorealizzazione di Assagioli è un'evoluzione della coscienza, le cui espansioni ancora più elevate portano a un'unificazione con il Sé universale. Queste concezioni sono caratteristiche anche delle tradizioni yoga orientali, mentre l'elemento neoplatonico è presente nel concetto di emanazione ripreso da Assagioli. Nel suo libro *Lo Sviluppo Transpersonale* scrive:

"Siamo ora giunti al quindicesimo gruppo di simboli, quello della resurrezione e del ritorno: quello che nel Vangelo è detto il ritorno del figliuol prodigo alla casa del Padre. Questo è un ritorno a stadi anteriori; esso indica il ritorno all'Essere primordiale, originario e presuppone una dottrina emanentistica dell'Anima, la quale è discesa, si è immersa nella materia e poi ritorna alla sua 'Casa', alla patria celeste, ma non quale era prima, bensì arricchita dall'esperienza dell'autocoscienza maturata nel travaglio e nel conflitto" (1988, p. 83).

Assagioli si riferì spesso anche a diversi mistici occidentali, come Giovanni della Croce e San Francesco d'Assisi. Nell'ambito della psicologia occidentale, non v'è dubbio che William James, C. G. Jung e Viktor Frankl fossero autori affini legati spiritualmente. Per tutta la vita, nei suoi sforzi per comprendere le condizioni patologiche dell'inconscio inferiore, Assagioli attinse a molte teorie psicodinamiche: riteneva corretto che, prima dello sviluppo spirituale, dovesse esserci una psicoanalisi, intesa non nel senso classico della parola, ma come profonda trasformazione psicologica.

Roberto Assagioli con Alice Bailey e alcuni amici comuni

Volendo stabilire le sue vere affiliazioni spirituali, la teosofia è senz'altro la componente più forte. Assagioli fu legato da una forte amicizia con l'esoterista e scrittrice Alice Bailey, e all'inizio degli anni '30 si avvicinò alla *Scuola Arcana*, da lei fondata. Scrisse anche la prefazione all'edizione italiana del commento della Bailey agli *Yoga Sutra* di Patanjali.

Non voleva però che ciò fosse noto, mentre desiderava essere visto prima di tutto come uno scienziato. Quando lo psicologo Jim Fadiman visitò Assagioli nel 1972, notò nella sala d'attesa un ritratto di Madame Blavatsky, fondatrice della Società teosofica. Alla domanda perché fosse opportuno tacere sulle sue affiliazioni esoteriche, Assagioli rispose: "È la mia religione, e fino alla mia morte voglio il silenzio" (Schuller, 1988).

Non fece mai mistero che la sua religione includesse anche la reincarnazione. In un'intervista a Sam Keen racconta:

"La morte mi appare soprattutto come una vacanza. Ci sono molte ipotesi sulla morte e l'idea della reincarnazione mi sembra molto sensata. Non ho alcuna conoscenza diretta della reincarnazione, ma la mia credenza mi mette in buona compagnia con milioni di orientali, con Buddha e con molte altre persone nell'Occidente" (Keen, 1974).

Ma Assagioli faceva chiare distinzioni tra la sua religione e il suo lavoro di psicologo e psichiatra transpersonale. Non era un intellettuale nel senso normale della parola; era molto di più un mistico, e le sue teorie sull'uomo erano in gran parte basate sulla sua esperienza interiore.

SVILUPPI IMPORTANTI

Negli anni '30 pubblicò numerosi articoli, che in seguito fecero parte del suo primo libro *Principi e Metodi della Psicosintesi Terapeutica* del 1965. Il testo contiene due dei più importanti articoli sulla Psicosintesi: "Psicologia dinamica e Psicosintesi" e "Autorealizzazione e disturbi psichici". Nel primo, del 1933, presentò per la prima volta il diagramma dell'Ovoide, chiamato anche "diagramma a uovo", inteso come rappresentazione simbolica della psiche umana, dove viene raffigurato il rapporto tra conscio, inconscio e inconscio collettivo, stabilendo così le fasi della psicosintesi. Il secondo articolo riguarda le crisi connesse allo sviluppo spirituale.

Nel 1938 l'Istituto di Psicosintesi fu chiuso dal governo fascista di Mussolini, critico nei confronti del background ebraico di Assagioli, del suo umanesimo e internazionalismo. Nello stesso anno Assagioli fu arrestato, imprigionato e messo in isolamento per un mese, fatto che si rivelò di grande importanza per l'ulteriore sviluppo della Psicosintesi. Si dice che egli abbia confidato agli amici che il suo tempo in prigione era stata un'esperienza interessante e preziosa, che gli aveva dato la possibilità di esercitarsi nella pratica psico-spirituale. Pur sentendosi privo di potere, fece però un'importante scoperta sulla volontà, cioè che lui stesso era libero di scegliere come reagire alla sua prigionia.

Trasformò così la prigione in un'opportunità per indagare sulle aree interiori della coscienza, meditando diverse ore al giorno e scrivendo articoli sulle sue esperienze. In seguito riferì di non aver mai provato una simile pace né di essersi mai sentito così vivo. Poco prima della sua morte raccontò questa esperienza in un articolo intitolato *Freedom in Prison*.

La seconda guerra mondiale fu un periodo difficile per tutta la sua famiglia, costretta a vivere alla macchia e spesso a dormire sotto le stelle. Nel 1943 i nazisti gli dettero la caccia e dovette trovare nascondigli più sicuri tra le montagne appenniniche, dove incontrò un soldato paracadutista britannico e diversi prigionieri evasi, condividendone la sorte. I nazisti non risparmiarono le sue case e in particolare saccheggiarono e distrussero la villa della sua famiglia a Strada in Chianti, vicino a Firenze.

Le dure esperienze vissute durante la guerra ebbero senz'altro l'effetto di indebolire la salute di Assagioli e del figlio Ilario, che di lì a breve trovò la morte a soli 28 anni per l'aggravarsi della già grave malattia polmonare da cui era affetto.

Dopo la fine della guerra, nel 1945, Assagioli fu in grado di riprendere la diffusione e lo sviluppo della Psicosintesi: a Firenze, dove funziona tuttora, venne riaperto l'Istituto di Psicosintesi. Nel 1951 fondò l'Unione Italiana per l'Ebraismo progressista, un ramo dell'Unione Mondiale per l'Ebraismo Progressista, basato sul concetto di apertura, comprensione e cooperazione tra popoli e religioni, allo scopo di creare una sintesi organica e creativa dell'intera umanità.

La Psicosintesi iniziò a diffondersi negli Stati Uniti e in Europa dopo la seconda guerra mondiale. Nel 1957 fu fondata la *Psychosynthesis Research Foundation* nel Delaware, negli Stati Uniti, che in seguito fu trasferita a New York e che pubblicò diversi scritti di Assagioli in inglese. Nel 1958, in seguito alla visita di Assagioli, fu fondata a Valmy, sempre negli Stati Uniti, una scuola che si occupò dell'educazione e della ricerca in psicosintesi. Più tardi si aprirono altre scuole in molti luoghi negli Stati Uniti, Svizzera, Austria e Gran Bretagna. In quegli anni Assagioli collaborò con A. Maslow, il cui articolo *The Creative Attitude* fu pubblicato da *The Psychosynthesis Research Foundation*.

Durante gli anni '70 e '80 la Psicosintesi si espanse in Nord America ed Europa: fiorirono diverse scuole, ma molte di queste furono in seguito chiuse. Oggi è possibile ottenere un master in psicosintesi nei due Istituti di Londra.

In Scandinavia sorgono Istituti di Psicosintesi in Svezia, Norvegia, Finlandia; sono in corso preparativi per aprirne uno in Danimarca.

Oggi la Psicosintesi è riconosciuta da *The European Association for Psychotherapies (EAP)* e dalla sua organizzazione ombrello *The European Federation for Psychosynthesis Psychotherapists*.

Durante la vita Assagioli scrisse diverse centinaia di articoli e saggi, molti dei quali sono stati tradotti in diverse lingue; se ne può trovare un gran numero su www.psicoenergetica.it e in inglese su www.kennethsorensen.dk/en/. I suoi libri più noti sono *Principi e Metodi della Psicosintesi Terapeutica* del 1973 e l'*Atto di Volontà* del 1974. Lavorò inoltre fino alla sua morte a un libro, pubblicato postumo (nel 1988), intitolato *Lo Sviluppo Transpersonale*. Esiste poi un altro libretto, *I Tipi Umani*, che illustra brevemente le sette vie di autorealizzazione.

ASSAGIOLI VISTO DA PIERO FERRUCCI

Concludiamo questa biografia della vita e delle opere di Assagioli con una testimonianza di Piero Ferrucci, uno dei suoi allievi e lui stesso terapeuta e autore affermato: grazie alla sua collaborazione con Assagioli, durata molti anni, è probabilmente una delle persone che lo ha conosciuto meglio. Tra gli altri libri è autore di *Crescere* ed *Esperienze delle Vette*. Nella prefazione ad *A Psychology with a Soul* di Jean Hardy, Ferrucci scrive:

"Per quanto ne so, Roberto Assagioli è l'unico individuo che partecipò personalmente e attivamente al dispiegarsi di due distinte e fondamentali rivoluzioni nella psicologia del ventesimo secolo.

La prima rivoluzione fu la nascita della Psicoanalisi e della psicologia del profondo all'inizio del secolo: Assagioli, allora giovane studente di medicina, presentò la sua tesi di dottorato sulla Psicoanalisi, scrisse nell'Annuario ufficiale fianco a fianco di Freud e Jung, e fece parte della Freud Society di Zurigo, il gruppo dei primi pionieri psicoanalitici. L'idea che nella mente si attivassero processi inconsci gli lasciò un'impressione duratura, un'impressione che successivamente sviluppò in una varietà di ipotesi ben oltre i confini della Psicoanalisi ortodossa.

La seconda rivoluzione alla quale Assagioli partecipò fu la creazione negli anni '60 della psicologia umanistica e transpersonale, della quale A. H. Maslow fu il pioniere. L'idea principale di queste nuove correnti psicologiche era semplice: pur non negando i risultati delle altre scuole, piuttosto che concentrarsi sulla patologia per classificare l'essere umano (come troppo spesso aveva fatto la psicoanalisi) o sulle somiglianze strutturali tra il sistema nervoso umano e animale (come il comportamentismo), occorreva invece enfatizzare principalmente sia l'impegno dell'organismo verso la propria completezza sia le caratteristiche del potenziale di crescita, espansione della coscienza, salute, amore e gioia dell'essere umano.

La ricchezza di contatti e di scambi fu decisamente importante nel background di Assagioli: basta pensare alle conoscenze così diverse (alcune brevi, altre durature) che intrattenne con l'idealista italiano Benedetto Croce, l'esoterista russo P.D. Ouspensky, il filosofo tedesco Hermann Keyserling, il poeta indiano Rabindranath Tagore, il mistico Sufi Inhayat Khan, lo studioso Zen D.T. Suzuki, l'esploratrice del Tibet Alexandra David Neel, oltre agli psicologi Viktor Frankl, il fondatore della logoterapia, Robert Desoille, creatore del sogno da svegli guidato, e lo stesso C.G. Jung, prima e dopo la sua parentesi psicoanalitica. Tali contatti, uniti a una vita di sperimentazione e riflessione, dettero senza dubbio ad Assagioli una prospettiva ampia per la sua creazione, che chiamò Psicosintesi".

BIBLIOGRAFIA

(Il documento contrassegnato con * è reperibile in inglese presso
www.kennethsorensen.dk/en/)

(Il documento contrassegnato con ** è reperibile in italiano presso
www.psicoenergetica.it)

- Assagioli, Roberto, 1983, *La vita come gioco e come rappresentazione*, Istituto di Psicosintesi FI
- Berti, Alessandro, 1988, *Roberto Assagioli. Profilo biografico degli anni di formazione*, Istituto di Psicosintesi FI
- Ferrucci et al., *Roberto Assagioli 1888-1988*, Centro Studi di Psicosintesi R. Assagioli, Firenze, 1988
- Firman, John, *Dimension of Growth*
  https://kennethsorensen.dk/en/transpersonal-dimensions-of-growth/
- Firman, John, *A psychology of the Spirit*, Suny, 2002
- Hardy, Jean, *A Psychology With a Soul*, Woodgrange Press, 1996
- Keen, Sam, 1974, The Golden Mean of Roberto Assagioli, Psychology Today, December 1974, *; e Istituto di Psicosintesi FI, tradotto in italiano con titolo La proporzione aurea di Roberto Assagioli. **
- Löfwendahl, Peter, *Upptäck Psykosyntesen*, Huma Nova Förlag, 2003.
- Russell, Douglas, *Psychosynthesis and Western Psychology*
  https://kennethsorensendk/en/psychosynthesis-and-western-psychology/
- Schuller, Michael, *Psychosynthesis in North America*, 1988 published by the author
- Sconosciuto, *In Memoriam: Roberto Assagioli (1888-1974)*, Synthesis Journal II, 1975
- *The Life and Work of Roberto Assagioli*, Sunypress.edu (autore sconosciuto)

L'ALLENAMENTO IN PSICOSINTESI
Indicazioni da parte di R. Assagioli

1. Allenarsi alla pratica della psicosintesi significa imparare a conoscerla e sperimentarla su noi stessi, per metterci in grado di aiutare gli altri a fare altrettanto. Prima d'essere in grado di trasmettere la psicosintesi ad altri, dobbiamo noi stessi averla sperimentata in profondità: il conoscerla intellettualmente non è sufficiente. Ogni tecnica deve essere sperimentata a lungo su noi stessi, perché solamente così saremo in grado di acquistare l'autorità di comunicarla agli altri.

2. Sebbene la Psicosintesi possa essere considerata come una sintesi di varie terapie e metodi di educazione, è bene tener presente che il nucleo centrale che ne forma l'essenza è originale. Questo è importante per non presentarne una visione distorta e diluita, e neppure una che sia eccessivamente colorita dai concetti e tendenze delle varie scuole contemporanee. Alcuni fattori fondamentali e la loro elaborazione concettuale sono irrefutabili e le esperienze in profondità ne formano il nucleo centrale e costituiscono la condizione "sine qua non" dell'allenamento psicosintetico.

   Queste esperienze sono:
   - la disidentificazione
   - l'Io personale
   - la volontà (buona, forte, abile)
   - il modello ideale
   - la sintesi (nei suoi vari aspetti)
   - il supercosciente
   - il Sé transpersonale (nella maggior parte dei casi non è possibile averne un'esperienza completa, ma è bene avere una certa conoscenza teorica delle sue caratteristiche e l'esperienza della sua guida).

3. Diversi livelli di significato, nessuno dei quali ben definito e completo, sono associati a ognuna delle esperienze, ma la persistenza nell'allenamento porta alla rivelazione di aspetti nuovi e più interessanti, che formano un legame tra di esse. Cioè, ogni esperienza non sarà più vista come qualcosa a sé stante, ma come parte di altre esperienze. Perciò non è realistico esprimersi in termini di "aver compreso o non aver compreso". Dato che la comprensione di una cosa è sempre parziale, il credere di aver compreso tutto indica mancanza di comprensione, la quale è il portato di un processo graduale.

4. Il punto precedente implica che il miglior atteggiamento da adottare per ottene-re rapidi progressi nell'allenamento – e anche il più realistico, il più onesto ed effi-cace – è quello di effettuare una fusione di umiltà, pazienza e sperimentazione.

5. La Psicosintesi non può essere identificata con alcuna tecnica o metodo o attuazione pratica. Sebbene nel lavoro di gruppo si faccia spesso uso degli esercizi di immaginazione guidata e di visualizzazione, la psicosintesi non può essere limitata a tali tecniche, né identificata con esse.

6. Si possono conoscere tutte le tecniche e non aver penetrato lo spirito della Psicosintesi. E viceversa. Il vero allenamento comporta questi due fattori: com-prensione intuitiva dello spirito della Psicosintesi e solida conoscenza tecnica.

    La Psicosintesi opera in cinque campi principali:
    -   *terapeutico* (psicoterapia: rapporto tra medico e paziente)
    -   *integrazione personale e auto-attuazione* (realizzazione delle proprie potenzialità)
    -   *educativo* (psicosintesi a opera dei genitori e degli educatori nelle scuole di ogni tipo e grado)
    -   *interpersonale* (matrimonio, coppia, ecc.)
    -   *sociale* (retti rapporti sociali in seno ai gruppi e tra i gruppi)

    Ognuno può scegliere un campo particolare di attività e specializzarsi in esso, ma la conoscenza degli altri campi è molto importante e utile, perché tutti sono interconnessi. Il campo della integrazione personale e della auto-attua-zione è quello basilare della psicosintesi e quindi la sua conoscenza approfon-dita è necessaria per chiunque voglia operare anche negli altri campi.

7. Per divenire un buon psicosintetista è necessario il raggiungimento d'un certo livello di polarizzazione mentale: ciò non significa sviluppare la mente e repri-mere o ignorare le emozioni. Al contrario: significa coltivare la mente e non solo le emozioni, e acquisire al tempo stesso un centro di gravità personale in una specie di "ragionevolezza" (nel senso più profondo e ampio della parola) equilibrata e amorevole, anziché una emotività incontrollata.

8. L'allenamento in psicosintesi non può mai essere considerato finito. A un certo punto l'etero-allenamento (cioè quello fatto sotto la guida d'un altro) deve cedere il posto all'auto-allenamento. L'auto-allenamento psicosintetico non dovrebbe mai essere considerato completo perché la psicosintesi è un sistema aperto: non si può, quindi, mai parlare di fine, ma di tappe tempora-nee successive.

9. Solamente quando sia stato raggiunto un allenamento completo per quanto possibile (a parere e giudizio di chiunque lo conduca o diriga) si può cominciare a impegnarsi professionalmente con singoli o gruppi. È impossibile stabilire in precedenza quanto tempo ciò richieda, perché bisogna tenere conto di molti fattori che variano in ogni persona e anche a seconda delle fasi di sviluppo di ognuno.

10. Dato che l'allenamento non ha mai fine, è opportuno modificare la durata e l'intensità dell'etero-allenamento: per intensità si intende qui il numero di sedute mensili.

11. Dato che ognuno può essere solo un'espressione parziale di ciò che chiamiamo "Psicosintesi", è bene fare l'esperienza della psicosintesi attraverso i metodi e le personalità di vari psicosintetisti.

12. Come qualsiasi tipo di allenamento, dopo un certo periodo di tempo, anche l'allenamento in psicosintesi tende a essere distorto o sminuito, soprattutto quando non viene esercitato attivamente in modo continuo. Perciò bisognerebbe sottoporsi di tanto in tanto a periodi di allenamento con psicosintetisti diversi.

DI ROBERTO ASSAGIOLI

ESERCIZIO DI AUTO-IDENTIFICAZIONE
Disidentificazione e Auto-identificazione

"Siamo dominati da tutto ciò con cui il nostro Io si identifica.
Possiamo padroneggiare, dirigere e utilizzare
tutto ciò da cui ci disidentifichiamo"

L'esperienza centrale e fondamentale dell'autocoscienza, la scoperta dell'io, è implicita nella coscienza umana[1]: è ciò che distingue la nostra coscienza da quella degli animali, che sono consapevoli, ma non autocoscienti. Ma generalmente questa autocoscienza è davvero "implicita" piuttosto che esplicita, in quanto vissuta in modo nebuloso e distorto, poiché di solito è mescolata ai *contenuti* della coscienza e da essi velata.

Questo costante input di influenze vela la chiarezza della coscienza e produce identificazioni spurie dell'io con i contenuti della coscienza, piuttosto che con la coscienza *stessa*. Se vogliamo rendere l'autocoscienza esplicita, chiara e vivida, dobbiamo prima disidentificarci dai contenuti della nostra coscienza.

Più specificamente, per la maggior parte di noi lo stato abituale è quello d'essere identificati con ciò che, momento per momento, sembra darci il più grande senso di vitalità o che ci sembra più reale o più intenso.

Questa identificazione con una parte di noi stessi è generalmente correlata alla funzione predominante o a dove la nostra consapevolezza è concentrata o al ruolo predominante che svolgiamo nella vita. Può assumere molte forme: alcune persone sono identificate con i loro corpi. Sperimentano se stessi e spesso parlano di se stessi principalmente in termini di sensazioni; in altre parole funzionano come se *fossero* i loro corpi. Altri sono identificati con i loro sentimenti; sperimentano e descrivono il loro stato di essere in termini affettivi e considerano i sentimenti come la parte centrale e più intima di loro stessi, mentre pensieri e sensazioni sono percepiti come più distanti, forse in qualche modo separati. Coloro che sono identificati con le loro menti probabilmente descrivono se stessi con costrutti intellettuali, anche quando viene chiesto loro come *si sentono*. Spesso considerano i sentimenti e le sensazioni come periferici, o addirittura li ignorano. Molti sono

---

1   "Autocoscienza" è qui usata nel senso puramente psicologico di essere consapevoli di se stessi come individuo distinto e non nel senso consueto di "centramento su se stessi" egocentrico e persino nevrotico.

identificati con un ruolo e vivono, funzionano e sperimentano se stessi *in termini di quel ruolo*: come "madre", "marito", "moglie", "studente", "uomo d'affari", "insegnante", ecc.

Questa identificazione con solo *una parte* della nostra personalità può essere soddisfacente a breve termine, ma presenta gravi inconvenienti: ci impedisce di realizzare l'esperienza dell'io, il profondo senso di autoidentificazione, di sapere chi siamo. Esclude, o diminuisce notevolmente, la capacità di identificarsi con tutte le altre parti della nostra personalità, di goderne e di utilizzarle al massimo. Ne consegue che la nostra espressione "normale" nel mondo è limitata in qualsiasi momento a solo una frazione di ciò che potrebbe essere.

La consapevolezza conscia – o addirittura inconscia – che per qualche motivo non abbiamo accesso a molto di ciò che è in noi può provocare frustrazione e sentimenti dolorosi di inadeguatezza e fallimento.

Infine, una identificazione prolungata con un ruolo o una funzione predominante porta spesso, e quasi inevitabilmente, a una situazione di vita precaria, che si traduce prima o poi in un senso di perdita, persino di disperazione, come nel caso di un atleta che invecchia e perde la sua forza fisica; di un'attrice la cui bellezza fisica sta svanendo; di una madre i cui figli sono cresciuti e l'hanno lasciata; o di uno studente che deve abbandonare la scuola e affrontare una nuova serie di responsabilità. Tali situazioni possono produrre crisi gravi e spesso molto dolorose. Possono essere considerate "morti" psicologiche più o meno parziali e non si può fare a meno di aggrapparsi freneticamente alla vecchia "identità" che sta svanendo: la vera soluzione può essere solo una "rinascita", ovvero l'entrare in una nuova e più ampia identificazione. Questo a volte coinvolge l'intera personalità e richiede – e porta a – un risveglio o "nascita" in un nuovo e più elevato stato dell'*essere*. Il processo di morte e rinascita è stato simbolicamente attuato in vari riti misteriosofici ed è stato vissuto e descritto in termini religiosi da molti mistici. Attualmente viene riscoperto in termini di esperienze e realizzazioni transpersonali.

Questo processo si verifica spesso senza una chiara comprensione del suo significato e spesso contro il desiderio e la volontà dell'individuo in esso coinvolto; invece una cooperazione consapevole, intenzionale e disponibile può facilitarlo, favorirlo e accelerarlo notevolmente.

Tale cooperazione può essere promossa al meglio con un esercizio deliberato di *disidentificazione* e *autoidentificazione*, tramite il quale otteniamo la *libertà* e il potere di scegliere d'essere identificati o disidentificati da qualsiasi aspetto della nostra personalità, secondo quanto ci sembra più appropriato in ogni situazione. In questo modo possiamo imparare a padroneggiare, dirigere e utilizzare tutti gli elementi e gli aspetti della nostra personalità, in una sintesi inclusiva e armoniosa. Pertanto in psicosintesi questo esercizio è considerato fondamentale.

ESERCIZIO DI AUTO-IDENTIFICAZIONE

L'intenzione di questo esercizio è di essere uno strumento per raggiungere la coscienza dell'io e la capacità di focalizzare la propria attenzione in modo sequenziale su ciascuno dei principali aspetti della propria personalità, ruoli, ecc. In questo modo si diventa chiaramente consapevoli e si possono esaminare le proprie qualità, mantenendo il punto di vista dell'osservatore e riconoscendo che *l'osservatore non è ciò che osserva*.

Nella forma di seguito esposta, la prima fase dell'esercizio – la disidentificazione – consiste di tre parti che si occupano degli aspetti fisici, emotivi e mentali della consapevolezza; segue poi la fase di autoidentificazione. Una volta acquisita familiarità con l'esercizio, esso può essere ampliato o modificato in base alle necessità, come sarà indicato più avanti.

Procedura

Fai assumere al tuo corpo una posizione comoda e rilassata e fai lentamente alcuni respiri profondi (possono essere utili degli esercizi preliminari di rilassamento). Quindi pronuncia la seguente affermazione, lentamente e con attenzione:

"Io *ho* un corpo ma *non sono* il mio corpo: il mio corpo può trovarsi in diverse condizioni di salute o malattia, può essere riposato o stanco, ma ciò non ha nulla a che fare con *me stesso*, il mio vero io. Apprezzo il mio corpo in quanto prezioso strumento di esperienza e di azione nel mondo esterno, ma esso è *solo uno strumento*; lo tratto bene, cerco di mantenerlo in buona salute, ma non è me stesso. Io *ho* un corpo, ma *non sono* il mio corpo".

Ora chiudi gli occhi, richiama brevemente alla tua coscienza la sostanza generale di questa affermazione e poi focalizza gradualmente la tua attenzione sul suo concetto centrale: "Io *ho* un corpo ma *non sono* il mio corpo". Tenta, per quanto puoi, di rendertene conto come d'un fatto da te sperimentato nella tua coscienza. Quindi apri gli occhi e procedi allo stesso modo con le due fasi successive:

"Io *ho* delle emozioni, ma *non sono* le mie emozioni. Le mie emozioni sono diversificate, mutevoli e talvolta contraddittorie: possono oscillare dall'amore all'odio, dalla calma all'ira, dalla gioia al dolore, eppure la mia essenza – la mia vera natura – non cambia. 'Io' rimango. Anche se un'ondata di rabbia può temporaneamente sommergermi, so che col tempo passerà, quindi io *non sono* questa rabbia. Dal momento che posso osservare e comprendere le mie emozioni, e poi gradualmente imparare a dirigerle, utilizzarle e integrarle armoniosamente, è chiaro che esse non sono il mio *Io*. Io ho delle emozioni, ma non sono le mie emozioni".

"Io *ho* una mente ma *non sono* la mia mente. La mia mente è uno strumento prezioso di scoperta ed espressione, ma *non è* l'essenza del mio essere: i suoi contenuti cambiano costantemente mentre abbraccia nuove idee, conoscenze ed esperienze. Spesso si rifiuta di obbedirmi! Pertanto, non può essere me stesso. È un *organo di conoscenza* nei confronti del mondo sia esterno sia interno, ma non è il mio Io. Io ho una mente, ma non sono la mia mente".

Segue la fase di identificazione. Afferma lentamente e in modo ponderato:

"Dopo la disidentificazione da *me stesso*, l' 'io', dai contenuti della coscienza che sono sensazioni, emozioni e pensieri, *riconosco e dichiaro di essere un centro di pura autocoscienza*. Io sono un *centro di volontà*, capace di osservare, dirigere e usare tutti i miei processi psicologici e il mio corpo fisico".

Focalizza la tua attenzione sulla comprensione centrale: "*Io sono un centro di pura autocoscienza e di volontà*". Tenta, per quanto puoi, di assimilarlo come un fatto *sperimentato* nella tua consapevolezza.

Poiché lo scopo dell'esercizio è quello di raggiungere uno specifico stato di coscienza, una volta raggiunto tale scopo, è possibile rinunciare a gran parte dei dettagli procedurali. Quindi, dopo averlo praticato per un po' di tempo – e alcuni potrebbero farlo fin dall'inizio – si può modificare l'esercizio procedendo rapidamente e in modo dinamico attraverso ciascuna delle fasi della disidentificazione, usando solo l'affermazione centrale di ogni fase e concentrandosi sulla sua comprensione esperienziale.

Io *ho* un corpo, ma *non sono* il mio corpo.

Io *ho* delle emozioni, ma *non sono* le mie emozioni.

Io *ho* una mente, ma *non sono* la mia mente.

A questo punto è utile approfondire la fase di autoidentificazione secondo le seguenti considerazioni:

"E allora chi sono io? Cosa rimane di me dopo essermi disidentificato dal mio corpo, dalle mie sensazioni, dai miei sentimenti, dai miei desideri, dalla mia mente, dalle mie azioni? Resta l'essenza di me stesso – un centro di pura autocoscienza. È il fattore permanente nel flusso sempre variabile della mia vita personale. È quello che mi dà un senso di essere, di permanenza, di equilibrio interiore. Affermo la mia identità con questo centro e realizzo la sua permanenza e la sua energia (pausa).

Riconosco e affermo di essere un centro di pura auto-consapevolezza e di energia creativa e dinamica. Mi rendo conto che da questo centro di vera identità posso imparare a osservare, dirigere e armonizzare tutti i processi psicologici e il corpo fisico. Voglio conseguire una costante consapevolezza di questo fatto nel mezzo della mia vita di tutti i giorni e usarla per aiutarmi e dare significato e direzione crescenti alla mia vita".

Man mano che l'attenzione si sposta sempre più sullo *stato di coscienza*, anche la fase di identificazione può essere ridotta. L'obiettivo è quello di sentirsi abbastanza disinvolti nel fare l'esercizio, in modo da poter attraversare ogni fase della disidentificazione in modo rapido e dinamico in breve tempo e quindi rimanere nella coscienza dell' "io" per tutto il tempo desiderato. Si riesce allora – *a volontà* e in qualsiasi momento – a disidentificarsi da qualsiasi emozione prepotente, pensiero fastidioso, ruolo inappropriato, ecc. E, dal punto di vista dell'osservatore distaccato, ottenere una comprensione più chiara della situazione, del suo significato, delle sue cause e del modo più efficace per affrontarla.

Si è accertato che questo esercizio è più efficace se praticato quotidianamente, preferibilmente durante le prime ore del giorno. Ove possibile, deve essere fatto poco dopo il risveglio e considerato come un secondo risveglio simbolico. È anche di grande valore ripeterlo nella sua forma breve più volte durante il giorno, ritornando allo stato di coscienza dell' "io" disidentificato.

L'esercizio può essere opportunamente modificato, in base al proprio scopo e ai propri bisogni esistenziali, aggiungendo fasi di disidentificazione per includere altre funzioni oltre alle tre fondamentali (fisica, emotiva, mentale), nonché subpersonalità, ruoli, ecc. Può anche iniziare con la disidentificazione dal possesso di beni materiali. Di seguito alcuni esempi:

"Io *ho* dei desideri, ma *non sono* i miei desideri. I desideri sono suscitati da pulsioni, fisiche ed emotive, e da altre influenze. Spesso sono mutevoli e contraddittori, con alternanze di attrazione e repulsione; quindi non sono il mio io. Io *ho* dei desideri, ma *non sono* i miei desideri" (Questa affermazione è posizionata al meglio tra lo stadio emotivo e quello mentale).

"Mi impegno in varie attività e ricopro molti ruoli nella vita: devo recitare questi ruoli e li interpreto volentieri nel miglior modo possibile, che si tratti del ruolo di figlio o padre, moglie o marito, insegnante o studente, artista o dirigente. Ma Io sono più di un figlio, di un padre o di un artista. Questi sono ruoli, ruoli specifici ma *parziali*, che io, io stesso, recito, accetto di interpretare; posso guardarmi e osservarmi mentre recito, quindi *non sono* nessuno di essi. Io *sono identificato nel mio io* e non sono solo l'attore, ma anche il *regista* della recitazione".

Questo esercizio può essere eseguito, e viene eseguito, in modo molto efficace in gruppo. Il facilitatore del gruppo pronuncia le affermazioni e i membri del gruppo ascoltano a occhi chiusi, lasciandosi penetrare profondamente dal significato delle parole.

DI KENNETH SØRENSEN

MEDITAZIONE FONDATA SULLA CONSAPEVOLEZZA

Disidentificazione dal corpo

Chiudi gli occhi e siediti in una posizione rilassata. Rilassa il corpo. Diventa l'osservatore notando le varie sensazioni del tuo corpo: il contatto della tua pelle con i vestiti, il tuo essere seduto sulla sedia, l'aria mentre respiri, i suoni che senti, ciò che odori e tocchi. Ora osserva il tuo respiro senza cercare di cambiarlo. Basta che lo osservi senza interferire.

Mentre sprofondi completamente nel tuo corpo, osservalo e abbraccialo con affettuoso apprezzamento ...

Il fatto che tu possa osservare il tuo corpo e le sue sensazioni dimostra che *tu* sei non il tuo corpo, ma una coscienza che usa il corpo come strumento per fare esperienza e agire.

Conferma a te stesso: io ho un corpo, lo apprezzo, ma non sono il mio corpo.

Siediti per un momento e lascia che questa comprensione penetri in te.

Ora sposta la tua osservazione al mondo delle emozioni.

Disidentificazione dalle emozioni

Osserva le tue emozioni senza giudicarle. Non giudicare se le emozioni sono buone o cattive, osservale solo come temporanee e mutevoli. Sei eccitato, depresso, neutrale o qualcos'altro?

Accetta le tue emozioni e crea uno spazio amorevole per lasciarle semplicemente essere.

Se *tu* riesci a osservare le tue emozioni, non possono *essere* te. *Tu* sei una coscienza che usa le sue emozioni come strumento per esperienze e azioni.

Conferma a te stesso: *io ho delle emozioni, le apprezzo, ma non sono le mie emozioni.*

Siediti per un momento e lascia che questa comprensione penetri in te.

Ora sposta la tua osservazione al mondo del pensiero.

Disidentificazione dalla mente

Osserva senza giudicare la tua mente, i pensieri, le idee e le immagini presenti nel tuo campo di coscienza. Puoi pensare di non avere pensieri, ma anche questo è un pensiero. Visualizza i tuoi pensieri come nuvole che vagano nel cielo d'un paesaggio interiore.

Osserva anche il commentatore interiore, la voce dentro di te che spesso associ alla tua stessa voce. Lascia che si zittisca.

Accetta i tuoi pensieri e crea uno spazio amorevole dove possono esistere, fino a quando non scompaiono ... e poi lasciali andare.

Il fatto che tu possa *osservare* i tuoi pensieri dimostra che *tu* non sei i tuoi pensieri. I tuoi pensieri sono oggetti della coscienza. Sei il pensatore, non i pensieri.

Riafferma a te stesso: *ho una mente, apprezzo la mia mente, ma non sono la mia mente.*

Autoidentificazione

Chi sta osservando il tuo corpo, le tue emozioni e la tua mente? È l'osservatore: te stesso come pura autocoscienza. *Chi* è che ha voluto e agito? Te stesso, come volontà. In altre parole, sei un centro di pura autocoscienza e volontà.

Ribadisci a te stesso: *sono un centro di pura autocoscienza e volontà.*

Meditazione dell'Osservatore

Ora focalizza la tua consapevolezza sull'osservatore. Questo ovviamente non riuscirà appieno, ma l'esercizio ti aprirà comunque alla fonte della consapevolezza. Entra ora nell'eterno, che è sempre pura consapevolezza. In questo momento niente è più importante che sperimentare questa consapevolezza.

Lascia che tutto sia come è e poi fai una svolta completa nello stato di veglia del momento.

Con amore e *senza giudizio* lascia andare tutto ciò che entra nel tuo campo di consapevolezza: sentimenti, immagini, pensieri. Non importa quanto belli o interessanti possano essere, lasciali andare con determinazione e amore.

Se perdi la concentrazione o ti identifichi con i contenuti della coscienza, lascia che il respiro sia la tua ancora: respira attraverso il corpo, le emozioni e i pensieri.

Focalizza la tua intera consapevolezza in questo silenzioso presente e sposta tutto il resto sullo sfondo.

Ancoraggio

Per concludere la meditazione, invia consapevolezza ed energia positiva al tuo network.

MEDITAZIONE CREATIVA
sul Modello Ideale: il Loto di Pace e di Armonia

Centramento

Siediti in una posizione comoda e rilassa il corpo. Diventa l'osservatore notando le varie sensazioni del tuo corpo. Prenditi il tempo che ti serve per rilassarti.

Osserva le tue emozioni e il tuo umore. Non provare a cambiare nulla, limitati a osservare. Fai un passo indietro; osserva i tuoi pensieri e il tuo dialogo interno. Diventa consapevole dei tuoi pensieri e gradualmente lasciali andare. Il tuo compito non è quello di cambiare i tuoi pensieri, ma di lasciarli allontanare come nuvole nel cielo.

Osserva la tua consapevolezza e concentrati sulla sua fonte. Riconosci te stesso come l'osservatore.

Stabilire la connessione Io – Sé

Sposta la tua attenzione sul centro del cuore. Visualizza una luce blu-bianca brillante che emana un'energia delicata e femminile in tutto il tuo essere.

Una volta che avverti la presenza di questo tuo essere, invia il flusso bianco-blu dell'energia del cuore al centro della testa, dove pure risplende una luce blu-bianca; ora questa luce inizia a penetrare nelle cellule cerebrali e rilassarle.

Da questo punto ti connetti con tutte le anime risvegliate nel mondo. Percepisci di essere diventato parte di una rete di forze che si aiutano e si sostengono a vicenda.

Quando hai stabilito questa connessione, collega l'energia blu-bianca a una meravigliosa sfera di luce che sta appena sopra la tua testa: è la tua Anima, il tuo Sé divino, che contiene tutto ciò che è buono, vero e bello.

Ora, nel modo che preferisci, invoca il divino. Osserva come la colonna di luce blu-bianca, che congiunge il tuo cuore al punto sopra la tua testa, riempie delicatamente la tua Anima.

Identificazione con il Loto di Pace e di Armonia

Rivolgi ora la tua attenzione al centro del cuore, situato tra le scapole, che si estende fino in mezzo al torace. Senti la sua morbidezza e sprofonda nel suo centro. Nota come questo morbido essere femminile rafforza e colma lentamente l'intero tuo petto. Senti come scorre nel tuo cuore e ti connette con tutti gli esseri viventi.

Percepiscilo come un essere interiore di bellezza e di grazia, che irradia un amore che apre tutti i cuori attraverso la delicata forza della bellezza.

Ora visualizza un bellissimo bocciolo di loto bianco nel mezzo della luce blu-bianca e avverti come esso contiene l'essenza della pace e dell'armonia.

Senti che si apre lentamente, petalo dopo petalo, mentre un profumo di pace e d'armonia si diffonde in tutto il tuo essere.

Identificati sempre più profondamente con questo fiore di loto bianco. Unisciti alla sua essenza e diventa tu stesso lo spirito di pace e d'armonia.

Ancoraggio

Invia pace e armonia a tutto il tuo network e a tutti gli esseri viventi ripetendo tre volte l'OM, forte e chiaro, con tre lunghi respiri.

IL METODO SOULFLOW

I punti descritti di seguito non devono necessariamente essere seguiti nell'ordine indicato: questa infatti è una linea guida e nella pratica le sessioni possono svilupparsi diversamente.

Scegli una subpersonalità con la quale lavorare o inizia l'esercizio concentrandoti su una certa età o un ruolo e invita una sua immagine ad apparirti.

Centramento – il Pilastro di Guarigione

1. Diventa l'osservatore, rilassa il corpo, mantieniti tranquillo e segui il ritmo del tuo respiro.
2. Visualizza nella regione del tuo cuore un sole che irradia accettazione e amore in tutta la tua personalità.
3. Visualizza una luce dorata, emessa dal sole nel tuo cuore, che oltrepassa la gola e, attraverso la sommità del tuo capo, raggiunge un sole dorato sopra di essa: questa è la tua Anima e la tua coscienza superiore che contiene tutta la tua saggezza. Chiedi alla tua Anima guida e saggezza.
4. Osserva come il sole dell'Anima emana una luce calda e amorevole e irradia saggezza in tutto il tuo corpo.
5. Nota come l'energia fluisce attraverso il corpo, le gambe e i piedi, fino al centro della terra, Gaia; qui contatti le energie guaritrici della Madre Terra. Attirale gradualmente verso il cuore attraverso lo stesso canale.
6. Riunisci nel centro del cuore l'energia proveniente dall'Anima e quella che scaturisce dalla Madre Terra.
7. Dal tuo cuore invia un'energia calda e amorevole a tutte le tue subpersonalità, accettale e chiedi la loro collaborazione. Dirigi l'energia verso il tuo plesso solare.

Identificazione della Subpersonalità

Ora concentrati su un problema, una situazione, un sentimento o una subpersonalità e lascia che si manifesti sotto forma di immagine alla luce dell'occhio della mente.

Esplora la situazione, l'ambiente, la strategia e le esigenze della subpersonalità, rivolgendoti a essa come fosse un essere vivente con il quale puoi dialogare.

Trasformazione della Subpersonalità

Contieni la subpersonalità nel cuore e mandale amore e luce.

Comunicale che è una componente apprezzabile e amabile di te e della tua famiglia interiore di subpersonalità.

Falle sapere quando è stata creata – a che età – e spiegale che si trova bloccata in una distorsione temporale; dille inoltre che ora la riporterai al presente, assicurandoti che capisca cosa intendi.

Spiegale che ha la tua stessa Anima e proposito: vivere una vita significativa con più amore e più crescita – scegli tu come formularlo – e chiedile se ti capisce.

Falle sapere che può essere quello che vuole grazie alla luce che porta nel suo cuore.

Spiegale come può trovare la strada verso il cuore attraverso il ponte di luce che collega i vostri due cuori e visualizza quella luce; quindi chiedile se può vederla anche lei. Esplorate insieme la qualità della luce.

Chiedile se vuole entrare nel tuo cuore, in modo che possa scoprire il potenziale transpersonale per diventare la migliore versione di se stessa (perfetto bambino interiore, adolescente ecc.).

Mira il flusso di luce che va dalla tua Anima al tuo cuore, dal tuo cuore al cuore della subpersonalità, e di nuovo alla tua Anima – il sole sopra la tua testa. Lascia che la luce scorra in questo triangolo.

Integrazione della Subpersonalità

Visualizza la subpersonalità mentre entra nel tuo cuore; affida il processo all'Anima e guarda il manifestarsi dell'integrazione.

Ancorala nella nuova realtà parlando della sua nuova vita al di fuori della distorsione temporale.

Ancorala nella realtà esterna – nel qui e ora – assegnandole il ruolo che avrà nella tua vita e spiegale come le sue qualità hanno un'utile funzione positiva nella tua vita.

Sintesi

La sintesi è completa quando gli schemi e i modelli che limitano il cliente e le sue subpersonalità si sono risolti nei loro opposti: quando, per esempio, la loro solitudine si è trasformata in una connessione amorevole con il mondo.

DI KENNETH SØRENSEN

MEDITAZIONE CREATIVA
sulle Impressioni Intuitive

Preparazione

Scegli per la meditazione un argomento sul quale desideri indagare più a fondo.

Centramento

Siediti in una posizione comoda e rilassa il corpo. Osserva le sue varie sensazioni. Prenditi il tempo per rilassarti completamente.

Osserva le tue emozioni e il tuo umore. Non cambiare nulla, limitati semplicemente a osservare. Fai un passo indietro e osserva i tuoi pensieri e il tuo dialogo interno. Diventa consapevole dei tuoi pensieri; poi lasciali andare e allontanarsi come nuvole nel cielo.

Osserva la tua consapevolezza e concentrati sulla sua fonte. Riconosci te stesso come l'osservatore.

Stabilisci la connessione Io – Sé

Sposta la tua attenzione sul centro del cuore. Visualizza una luce blu-bianca brillante che irradia un'energia delicata e femminile in tutto il tuo essere.

Avverti la presenza di questo essere e porta il flusso di energia bianco-blu dal tuo cuore fino a un punto al centro del cervello, dove pure c'è una luce blu-bianca. Ora inizia a rilassare le cellule cerebrali.

Quando hai stabilito questa connessione, collega l'energia blu-bianca a una sfera di luce che sta appena sopra la tua testa. Questa è la tua Anima, il tuo Sé divino, che contiene tutto ciò che è buono, vero e bello.

In questo stato di coscienza trova un tranquillo spazio di serenità e chiedi alla tua Anima di illuminare l'argomento della tua meditazione. Lascia che la tua consapevolezza si soffermi nel punto sopra la testa, nella testa o nel mezzo del torace.

Ora sei completamente aperto e vigile. Ora la tua Anima può innescare lampi spontanei di comprensione e intuizione sull'oggetto della meditazione. Sii paziente e fiducioso. Non insistere a pensare, ma confida che la risposta ti arriverà, forse subito o forse più tardi, mentre cammini o ti rilassi.

Ancoraggio

Invia pace interiore e armonia a tutto il tuo network e a tutti gli esseri viventi, intonando forte e chiaro l'OM tre volte con tre lunghi respiri.

BIBLIOGRAFIA

(Tutti i documenti contrassegnati con * sono reperibili in inglese presso www.kennethsorensen.dk/en/)

(Tutti i documenti contrassegnati con ** sono reperibili in italiano presso www.psicoenergetica.it)

• Assagioli, Roberto, 1934, *Comprendere gli Altri*, Istituto di Psicosintesi FI, **

• Assagioli, Roberto, 1942, *Spiritual Joy*, The Beacon, *; tradotto in italiano con titolo *La Letizia Spirituale*, **

• Assagioli, Roberto, 1960, *L'Educazione dei giovani particolarmente dotati*, Istituto di Psicosintesi FI, **

• Assagioli, Roberto, 1961, *Realizzazione di sé e disturbi psichici*, in *Principi e metodi della Psicosintesi terapeutica*, Cap. 2°, pag. 40, Astrolabio, 1973

• Assagioli, Roberto, 1963, *Creative Expression in Education (It's Purpose, Process, Techniques and Results)*, Psychosynthesis Research Foundation, *

• Assagioli, Roberto,1964a, *Conflitti e crisi spirituali*, Istituto di Psicosintesi FI, Dispensa n° 5

• Assagioli, Roberto,1964b, *Come risolvere i conflitti*, Istituto di Psicosintesi FI, Dispensa n° 6

• Assagioli, Roberto, 1965, *Psychosynthesis: Individual and Social (Some Suggested Lines of Research)*, Psychosynthesis Research Foundation, Issue No. 16, *

• Assagioli, Roberto, 1965b, *Dalla coppia alla comunità umana*, Istituto di Psicosintesi FI, dispensa n° 8, 1965

• Assagioli, Roberto, 1967a, *Medicina psicosomatica e biopsicosintesi*, Istituto di Psicosintesi FI, **

• Assagioli, Roberto, 1967b, *Karl Gustav Jung e la Psicosintesi*, Istituto di Psicosintesi FI, Dispensa, 1966

• Assagioli, Roberto, 1968a, *Notes on Education*, Psychosynthesis Research Foundation, *

• Assagioli, Roberto, 1968b, *The Science and Service of Blessing*, Sundial House, *

• Assagioli, Roberto, 1970, *The Technique of Evocative Words*, Psychosynthesis Research Foundation, Issue No. 25, *

• Assagioli, Roberto, 1972, *L'equilibramento e la sintesi degli opposti*, Istituto di Psicosintesi FI, **

• Assagioli, Roberto, 1973, *Principi e metodi della Psicosintesi terapeutica*, Astrolabio

• Assagioli, Roberto, 1973b, *Il conflitto fra le generazioni e la Psicosintesi delle età*, Istituto di Psicosintesi FI, **

• Assagioli, Roberto, 1974, The Act of Will, Turnstone Press

• Assagioli, Roberto, 1974b, *Appunti sull'allenamento in Psicosintesi dettati in lingua inglese da Roberto Assagioli il 19 maggio 1974*, Istituto di Psicosintesi FI, allegato A allo Statuto

• Assagioli, Roberto, 1975, *Psychosynthesis*, Turnstone Press

• Assagioli, Roberto, 1977, *L'Atto di Volontà*, Astrolabio

• Assagioli, Roberto, 1978, *I Tipi umani*, Istituto di Psicosintesi FI, pubblicazione

• Assagioli, Roberto, 1983b, *Una tecnica della Psicosintesi – Il buonumore*, Istituto di Psicosintesi FI, **

• Assagioli, Roberto, 1983c, *La vita come gioco e come rappresentazione*, Istituto di Psicosintesi FI, pubblicazione

• Assagioli, Roberto, 1987, *Intervista con Sam Keen*, 1974, Centro Studi di Psicosintesi R. Assagioli, FI

• Assagioli, Roberto, 1988, *Lo Sviluppo transpersonale*, Astrolabio

• Assagioli, Roberto, 1988b, *Simboli di esperienze transpersonali*, in *Lo Sviluppo transpersonale*, Cap. 8, pag. 72, Astrolabio

• Assagioli, Roberto, 1993a, *Trasmutazione e Sublimazione delle Energie Sessuali*, in *Armonia della vita*, Cap. 11, pag. 116, Astrolabio

• Assagioli, Roberto, 1993b, *Che cosa è la sintesi*, in *Armonia della vita*, Cap. 3, pag. 27, Astrolabio

• Assagioli, Roberto, 2018, *Libertà in prigione*, a cura di Catherine Ann Lombard, Istituto di Psicosintesi FI, Quaderni dell'Archivio Assagioli

• Assagioli, Roberto, non datato 1, *Psychosynthesis in Education*, Psychosynthesis Research Foundation, Reprint No. 2 *; e Istituto di Psicosintesi FI, tradotto in italiano con titolo *La Psicosintesi nell'educazione*, **

• Assagioli, Roberto, non datato 2, *Talks on the Self*, (Handed out from The Psychosynthesis and Education Trust, London), *; e Istituto di Psicosintesi FI, tradotto in italiano con titolo *Discorsi sul Sé*, **

• Assagioli, Roberto, non datato 3, *The Superconscious and the Self*, The Psychosynthesis and Education Trust, London, scritto da James Vargiu sulla base di un'intervista con RA, *; tradotto in italiano con titolo *Il Supercosciente e il Sé*, **

• Assagioli, Roberto, non datato 4, *Dalla coppia alla comunità umana*, Istituto di Psicosintesi FI

• Assagioli, Roberto, non datato 5, *Come si imparano le lingue con l'inconscio*, Istituto di Psicosintesi FI, pubblicazione

• Assagioli, Roberto, non datato 6, *Discrimination in Service*, The Institute of Psychosynthesis, London, *; tradotto in italiano con titolo *Discernimento nel Servizio* **

• Assagioli, Roberto, non datato 7, *Music as a Cause of Disease and as a Healing Agent*, Psychosynthesis Research Foundation, Issue No. 5, *; e *La Musica come causa di malattia e mezzo di cura*, in *Principi e metodi della Psicosintesi terapeutica*, Applicazioni speciali 6, pag. 195

• Assagioli, Roberto, non datato 8, *Saggezza sorridente*, Istituto di Psicosintesi FI, **

• Assagioli, Roberto, non datato 9, *Sintesi nella psicoterapia*, Istituto di Psicosintesi FI, **

• Assagioli, Roberto, non datato 10, *The Psychology of Woman and Her Psychosynthesis*, Psychosynthesis Research Foundation, Issue No. 24, *

• Assagioli, Roberto, non datato 11, *L'io quale centro unificatore*, Istituto di Psicosintesi FI, **

• Assagioli, Roberto, non datato 12, *Training of the Will*, Psychosynthesis Research Foundation, Issue n° 17, *

• Assagioli, Roberto, non datato 13, *L'ispirazione transpersonale*, Istituto di Psicosintesi FI, **

• Assagioli, Roberto, non datato 14, *Alpinismo psicologico*, in *Lo Sviluppo transpersonale*, cap. 3, pag. 28 e Istituto di Psicosintesi FI, **

• Assagioli, Roberto, non datato 15, *The Seven Ways* (Handed out from The Psychosynthesis and Education Trust, London), *

• Assagioli, Roberto, non datato 16, *Trascendenza del Sé*, Istituto di psicosintesi, * e tradotto con titolo *The Transcendence of the Self*, **

• Besmer, Beverly, Height Psychology: *Discovering the self and the Self*, Interpersonal Development, 4, 1973-4, pp. 215-225, *; e Istituto di Psicosintesi FI, tradotto con titolo *Psicosintesi: la psicologia dell'Alto – la scoperta del sé e del Sé*, **

• Brown, Molly Young, 2004, *Unfolding Self*, the Unfolding of Psychosynthesis, Helios Press

• Davidson, Gordon, 2011, *Joyful Evolution*, Golden Firebird Press

• Ferrucci, Piero, 1981, *Crescere*, Astrolabio

• Ferrucci, Piero, 1989, *Esperienze delle Vette*, Astrolabio

• Ferrucci, Piero, 2014, *La nuova Volontà*, Astrolabio

• Firman, John 1991, *"I" And Self* – Re-Visioning Psychosynthesis

• Firman, John & Gila, Ann, 1997, *La ferita primaria*, Istituto di Psicosintesi FI

• Firman, John & Gila, Ann, 2002, *Psychosynthesis – A Psychology of the Spirit*, SUNY

• Firman, John & Gila, Ann, 2004, *A Suggested Change in the Egg Diagram*

• Firman, John & Gila, Ann, 2007, *Assagiolis Seven Core Concepts for Psychosynthesis Training*

• Freund, Diana, 1983, *Conversations with Roberto*, Psychosynthesis Digest Spring issue, *

• Guggisberg Nocelli, Petra, 2017, *La Via della Psicosintesi*, Xenia Edizioni

• Hardy, Jean, 1996, *A Psychology with a Soul*, Woodgrange Press

• Miller, Stuart, 1972, *The Will of Roberto Assagioli*, Intellectual Digest, October, *

• Miller, Stuart, 1973, *The Rebirth of the Soul*, Intellectual Digest, August, *

• Murphy, Michael, 2012, *The Emergence of Evolutionary Panenteism*, http://www.itp-international.org/library/print/emergence-evolutionary-panentheism

• Keen, Sam, 1974, *The Golden Mean of Roberto Assagioli*, Psychology Today, December 1974, *; e Istituto di Psicosintesi FI, tradotto in italiano con titolo *La proporzione aurea di Roberto Assagioli*, **

• Parfitt, Will, 2006, *Psychosynthesis: The Elements and Beyond*, PS Avalon

• Rowan, John, 1990, *Subpersonalities – The People Inside Us*, Routledge

• Rueffler, Margret, 1995, *Our Inner Actors*, PPPI Press

• Schuller, Michael, 1988, *Psychosynthesis in North America*

• Schaub, Bonney Gulino & Richard, 1994, Freedom in Jail, Assagiolis Notes. Psychosynthesis Quarterly, March 2015.

• Schaub, Bonney Gulino & Richard, 2003, *Dante's Path*, Gotham Books

• Schaub, Bonney Gulino & Richard, 2013, *Transpersonal Development*, Florence Press

• Servan-Schreiber, Claude, 1974, *A Higher View of The Man-Woman Problem*, Synthesis 1, *

• Sliker, Gretchen, 1992, *Multiple Mind: Healing the Split in Psyche and World*, Shamballa

• Smith Huston, 1976, *Forgotten Truth: The common Vision of the World's Religions*, Harper San Francisco

• Sørensen, Kenneth, 2008, *Integral Psychosynthesis: a comparison of Wilber and Assagioli*, *

• Sørensen, Kenneth, 2016a, *Psychosynthesis and Evolutionary Panentheism*, *

• Tolle, Eckhart, 2013, *Il Potere di adesso*, MyLife

• Vargiu, James, 1974, *Subpersonalities and psychotherapy*, *

• Visser, Frank, 1998, *Transpersonal Psychology at a Crossroad*, http://www.integralworld.net/esseng2.html (20.5.2008)

• Visser, Frank, 2003, *Thought as Passion*, SUNY

• Washburn, M. 1990, *Two Patterns of Transcendence*, Journal of Humanistic Psychology, 30 (3), pp. 84-112.

• Wilber, Ken, 1999a, *The Collected Works of Ken Wilber*, Volume Two, Shambhala

• Wilber, Ken, 1999b, *The Collected Works of Ken Wilber*, Volume Three, Shambhala

• Wilber, Ken, 2000a, *The Collected Works of Ken Wilber*, Volume Seven, Shambhala

• Wilber, Ken, 2000b, *The Collected Works of Ken Wilber*, Volume Eight, Shambhala

• Wilber, Ken, 2000c, *Integral Psychology*, Shambhala

• Wilber, Ken, 2003, Excerpt G: *Toward A Comprehensive Theory of Subtle Energies*

• Wilber, Ken, 2006, *Integral Spirituality*, Shambhala

• Wilber, Ken, 2016b, *Breve storia del tutto*, Spazio interiore

• Whitmore, Diana, 2004, *Psychosynthesis Counselling in Action*, third edition, Sage